岩津都希雄

伊藤篤太郎

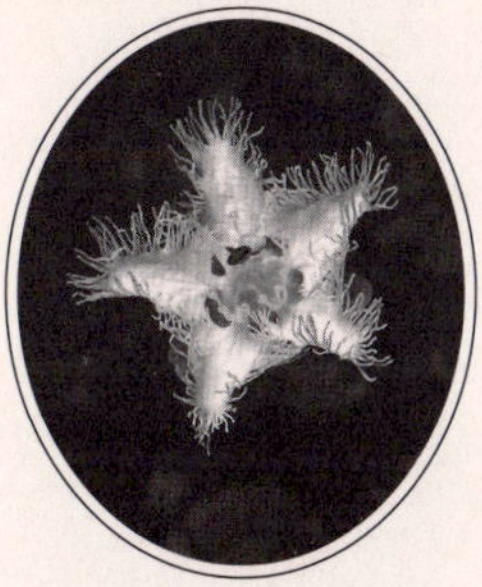

初めて植物に学名を与えた日本人

【改訂増補版】

八坂書房

伊藤篤太郎
慶応元年（1866）～昭和16年（1941）
［伊藤 昭氏所蔵］

「東京小石川小日向武島町より冨士ヲ望ム」
明治31年(1898)6月5日、伊藤篤太郎(33歳)画
[「薩陽雜俎」より][国立国会図書館所蔵]

本郷とともに小石川あたりは篤太郎が愛してやまない地であった。その小石川から西の方角に富士山が望めた。植物学者なので普段から植物を描いているせいか、風景画のスケッチの腕前もなかなかのものであった。

口絵1A　トガクシソウ

Ranzania japonica（T. Ito ex Maxim.）T. Ito

［メギ科］〈尾瀬オオソリ沢（福島県）2007年6月3日〉　別名トガクシショウマ。深山の樹林帯に生える多年生草本。我が国の特産とされ、本州の中部から東北地方にかけての日本海側の多雪地帯に点々と分布。雪解け後の5月下旬から6月上旬に、三出複葉の葉の開展に先立ち、淡紫紅色の花弁状に見える萼片を下向きに開かせる。

口絵1B　トガクシソウ

Ranzania japonica (T. Ito ex Maxim.) T. Ito

［メギ科］〈戸隠大洞沢（長野県）2015年5月23日〉　戸隠の大洞沢上流部は伊藤謙が1875年8月9日にトガクシソウのタイプ標本を採集した所である。140年の年月を経た現在においても、その大洞沢にトガクソウがひっそり自生していた。

口絵1C　トガクシソウ

Ranzania japonica (T. Ito ex Maxim.) T. Ito

［メギ科］〈植栽品（千葉県我孫子市）上右・下：2015年4月6日・上左：2015年5月28日〉　植栽したものは花期が早くなる傾向があり、その後白色の実を結んだ（上左）。

口絵2A　キイセンニンソウ

Clematis uncinata Champl. ex Benth. var. *ovatifolia* (T. Ito ex Maxim.) Ohwi ex Tamura

［キンポウゲ科］〈田辺市奇絶峡（和歌山県）2015年8月22日〉

道端や林縁などの日当たりのよい所に生える蔓性の半低木。紀伊半島南部や熊本県に自生する。十字形に開いた4個の萼片が花弁のように見える。本種を独立種とする考え方もあるが、タイワンセンニンソウの変種として扱われることが多い。

口絵2B　キイセンニンソウ

Clematis uncinata Champl. ex Benth. var. *ovatifolia*

（T. Ito ex Maxim.）Ohwi ex Tamura

［キンポウゲ科］〈植栽品（千葉県我孫子市）上：2012年8月12日・下左：2014年11月15日・下右：2014年8月24日〉　花が終わると花柱が伸び、白くて長い毛が密生する（下左）。この状態を仙人の髭にたとえたという。葉柄に節があることによりセンニンソウと鑑別ができる（下右）。

口絵3A　ユキワリイチゲ

Anemone keiskeana T. Ito ex Maxim.

［キンポウゲ科］〈国立科学博物館附属自然教育園（東京都）　上：2007年2月11日・下左：2008年3月6日・下右：2008年2月8日〉

西日本の山地の渓谷沿いや山麓の樹林内、竹林の縁などに生える多年性草本。春早く淡紫色から白色の花弁状の萼片をつける。根生葉は3小葉からなり、小葉は三角状卵形で鋸歯を有し、裏面は紫色を帯びる。夏から秋まで地上部が枯れて休眠する「春植物」の一種。

口絵3B　ユキワリイチゲ

Anemone keiskeana T. Ito ex Maxim.

［キンポウゲ科］〈上左：津市三多気（三重県）2007年3月15日・上右：河内長野市岩湧山山麓（大阪府）2012年3月20日・下：甲賀市土山瀧樹神社（滋賀県）2013年3月20日〉　保護地では下の写真のように比較的大きな群落を形成している。

口絵4　ナンブソウ

Achlys triphylla DC. var. *japonica* (Maxim.) T. Ito

［メギ科］〈大館市長走風穴（秋田県）2007年5月20日〉　深山の落葉樹林内に生える多年性草本。東北地方北部から北海道に分布。倒卵形ないしゆがんだ卵形の小葉が特徴的。花茎は直立し、白色の花を穂状につける。裸花で、花弁や萼片はない。

口絵5　ルリシャクジョウ

Burmannia itoana Makino

［ヒナノシャクジョウ科］〈奄美大島神屋（鹿児島県）2007年9月28日〉　鹿児島大隅半島から奄美・琉球諸島の常緑樹林内の日陰に生える。葉緑素を持たない小形の腐生植物で、葉は退化し、全草がルリ色を帯びる。茎頂に筒状の花を1〜3個つける。

口絵6　リュウキュウマユミ

Euonymus lutchuensis T. Ito

［ニシキギ科］〈鹿児島県森林技術総合センター　2009年11月29日〉
琉球諸島と九州南部に分布する常緑の小高木。枝は若い時には緑色で四稜がある（左）。果実は1～2個の分果に分かれ、晩秋に熟すと裂開し、橙赤色の仮種皮に包まれた種子が顔を出す（右）。

口絵7　ヒメサザンカ

Camellia lutchuensis T. Ito

［ツバキ科］〈左：名護市名護岳（沖縄県）2014年3月22日・右：東京大学小石川植物園（東京都）2009年3月28日〉　琉球諸島と徳之島の谷間などの日陰気味の所に生える常緑の亜高木。ツバキ属の中では最も香りの強い、小形の白色の花をつける。外方の花弁は裏面が紅色を帯びる。

口絵8　ヒメハギ

Polygala sibirica L. var. *japonica* (Houtt.) T. Ito

［ヒメハギ科］〈高尾山（東京都）2008年5月22日〉　日本全土の日当たりのよい所に生える常緑の多年性草本。花の幅は1cm足らずと小形であるが、類を見ない独特の形をしている。花弁は筒状で、淡紅色、先端は房状となる。左右の弁状のものは萼片。

口絵9　クスノハカエデ

Acer oblongum Wall. ex DC. var. *itoanum* Hayata

［ムクロジ科］〈左：名護市根謝銘城跡（沖縄県）・右：国頭村比地小玉森（沖縄県）・右下：大宜味村田港御願（沖縄県）いずれも2008年3月22日〉　沖縄・奄美諸島に分布する常緑の高木（左）。日本では唯一の常緑のカエデである。和名は葉がクスノキの葉に似ていることによるが、葉は広卵形または卵形で、ときに縁がごく浅く三裂していわゆるカエデ形をしたものも見られる（右）。集散花序に淡黄色～白色の小花を多数つける（右下）。

口絵10　*Itoa orientalis* Hemsl.（イトウノキ、伊藤樹）

［ヤナギ科］〈アメリカ・ロサンゼルス郡植物園　2008年5月8日（下右以外）〉
中国雲南省とその周辺、ベトナム北部の海抜600～1900m の明るい疎林に生育する常緑の小高木（上左）。日本には自生しない。長楕円形の革質、光沢のある長さ15～30cm、幅8～15cm の大きな葉が特徴的（上右）。雌雄異株。雄花（中左、中右）、雌花（下左）ともに淡緑色。蒴果（下右）は大きく、狭卵形または楕円形。種子（下右）は扁平、周囲に翼がある。

口絵11　シロミイイギリ

Idesia polycarpa Maxim. f. *albobaccata* (T.Ito) Hara

［ヤナギ科］〈相模嵐山（神奈川県）2015年11月3日　撮影：一ノ倉正人氏〉イイギリは冬日、実が紅熟して美観を呈すが、その実が赤くならず白っぽい色のものをいう。

口絵12　シマギョクシンカ

Tarenna subsessilis (A.Gray) T. Ito

［アカネ科］〈東京都夢の島熱帯植物館　2010年3月11日〉　小笠原特産の常緑低木で、山地樹林下に生える。枝頂集散花序に白色小花を多数つける。

口絵13　シラヒゲソウ
Parnassia foliosa Hook. f. et Thoms.
var. *nummularia* (Maxim.) T. Ito
［ウメバチソウ科］〈西丹沢下棚の滝（神奈川県） 2012年9月22日〉
本州中部と西部、四国、九州の山地谷沿いの湿地に生える多年性草本。
白色の花弁のふちが糸状に細裂するので、その姿を白髭にたとえた。

口絵14　オオシラヒゲソウ
Parnassia foliosa Hook f.
et Thoms. var. *japonica*
(Nakai) Ohwi
［ウメバチソウ科］〈戸隠奥社参道脇（長野県） 2009年9月13日〉
日本海側の山地の谷沿いの湿地や湿った岩上に生える多年性草本。
シラヒゲソウに似るが全体に大形。

口絵15　タイワンキリ

Paulownia kawakamii T. Ito

［キリ科］〈名古屋市東区徳源寺（愛知県）2008年4月20日・円内：国立科学博物館筑波実験植物園（茨城県）2007年5月13日〉　台湾に自生する落葉高木。我が国にも植栽されて用材に利用されている。生長が速く、材質はキリに酷似するがやや劣る。

口絵16　フジノカンアオイ

Asarum fudsinoi T. Ito

［ウマノスズクサ科］〈左上下：奄美大島金作原（鹿児島県）2008年3月20日・右：奄美大島神屋（鹿児島県）2007年9月28日〉　奄美大島特産で、沢沿いのやや湿った林床に生える常緑多年性草本。葉は大形、卵形または長卵形で、先は鋭く尖り、基部は心形、表面には光沢がある。花の萼筒は緑紫色を帯び、萼裂片は卵形で黄緑色、縁はあまりうねらない。

口絵17　ナワヨツボシオオアリ

Camponotus nawai Ito

［提供：日本産アリ類画像データベース］
篤太郎が学名を命名したアリの一種。種小名は採集者の名和 靖に因む。

口絵18　ナメコ

Pholiota nameko（T. Ito）S. Ito et Imai ex Imai

〈会津蒲生岳（福島県）2007年11月4日〉　山中のハナノキ（別名ハナカエデ、*Acer pycnanthum* K. Koch）の倒木に夥しく群生した若いナメコ。本学名を *Pholiota microspora*（Berk.）Sacc. の異名とする説もある。

口絵19　スズラン　*Convallaria keiskei* Miq.

［ナギイカダ科］〈左：入笠山（長野県）2011年6月23日・右：難台山（茨城県）2009年5月14日〉　よく栽培される欧州原産のドイツスズラン（*Convallaria majalis* L.）とは花茎が葉より低く、花もやや小形で、芳香も弱い点で見分けられるという。北海道や本州中部の高原などの涼しい所に生育するが、右は茨城県の標高350m位の低い山中のものである。

口絵20　マルバスミレ　*Viola keiskei* Miq.

［スミレ科］〈百蔵山（山梨県）2009年4月11日〉　ふくよかな丸い葉と純白な花が特徴的なスミレである。青森県から屋久島までの太平洋側の内陸部に多く、特に崩れやすい斜面を好む。

口絵21　ヒカゲツツジ

Rhododendron keiskei Miq.

［ツツジ科］〈西上州笠丸山（群馬県）2009年4月29日〉　淡黄色の花を持つ清楚なツツジで、関東から西の岩場の多い深山を好んで分布する。

口絵22　オオビランジ

Silene keiskei Miq.

［ナデシコ科］〈日向山（山梨県）2008年9月4日〉　本州中部の低山帯から亜高山帯の岩場に生育する。本種の仲間にビランジ、ツルビランジ、タカネビランジなどがある。

口絵23　イヌヨモギ

Artemisia keiskeana Miq.

［キク科］〈国立科学博物館筑波実験植物園（茨城県）・左：2008年4月29日・右：2007年10月11日〉　ヨモギに似ているが、食用にならないことから和名が付いたという。秋には黄色い小さな花が咲く。

口絵24　イワナンテン

Leucothoe keiskei Miq.

［ツツジ科］〈左上下：植栽品（千葉県我孫子市）2012年6月27日および2011年6月28日・右：名古屋市東山植物園（愛知県）2009年11月23日〉　和名は岩場に生え、葉がナンテン［メギ科］に似ていることから付けられた。関東西部、東海、紀伊半島などに分布する。

口絵25　シモバシラ

Keiskea japonica Miq.

［シソ科］〈植栽品（千葉県我孫子市）左：氷華（2015年1月2日）・右：花（2007年9月26日）〉　秋に咲く花はさほど目立つものではないが、冬に枯れた茎から霜柱のような氷柱（“氷華”ともいう）が立つのが有名で、和名もこの現象から付けられた。

口絵26　セリバシオガマ

Pedicularis keiskei Franch. et Sav.

［ハマウツボ科］〈鳳凰三山南御室小屋付近（山梨県）2011年8月4日〉淡黄色の唇形の花が咲く多年草で、本州中部亜高山帯の針葉樹林内に生育する。タイプ標本は伊藤圭介が木曽御嶽で採集。

口絵27　イワチドリ

Amistostigma keiskei (Maxim.) Schltr.

[ラン科]〈植栽品（千葉県我孫子市）2009年5月3日〉　本州中部から近畿、四国の沢沿いの岩壁に見られる。赤紫色でやや大形の千鳥の形をした花が可愛らしい。園芸的育種が盛んで、さまざまな色や形の花が流通する。

口絵28　アシタバ

Angelica keiskei (Miq.) Koiz.

[セリ科]〈鵜原海岸（千葉県）2009年10月10日〉　葉は食用とし、摘んで翌日見るとまた新しい葉が出ているということから“明日葉”の和名となった。健康野菜として有名で、日本各地で栽培されているが、自生地は関東南部、伊豆半島、伊豆七島などに限られている。

口絵29　アゼトウナ

Crepidiastrum keiskeanum (Maxim.) Nakai

［キク科］〈城ヶ崎海岸（静岡県）2008年11月20日〉　伊豆半島以西から九州までの太平洋岸の岩場に生え、これらの海岸の晩秋を飾る花である。ヘラ形の葉が特徴的。

口絵30　セツブンソウ

Eranthis keiskei Franch. et Sav. (=*Eranthis pinnatifida* Maxim.)

［キンポウゲ科］〈秩父川浦谷（埼玉県）2008年3月13日〉　節分の頃に咲くというが、関東の自生地でこの花がひらくのは3月上旬である。東洋的な味わいを持つ山野草である。

口絵31　クモマグサ

Saxifraga merkii Fisch. ex Sternb. var. *idsuroei*（Franch. et Sav.）Engl. ex Matsum.

［ユキノシタ科］〈木曾御嶽二ノ池（長野・岐阜県境）2014年7月20日（上）・21日（下）〉　日本特産で、木曾御嶽と北アルプスの一部という限られた生育範囲を示す。母種のチシマクモマグサとは葉の先端が浅く三裂することなどで区別されるという。

口絵32　伊藤篤太郎の模写による“セイケイ”図

［「伊藤篤太郎禽譜稿」より］
［国立国会図書館所蔵］

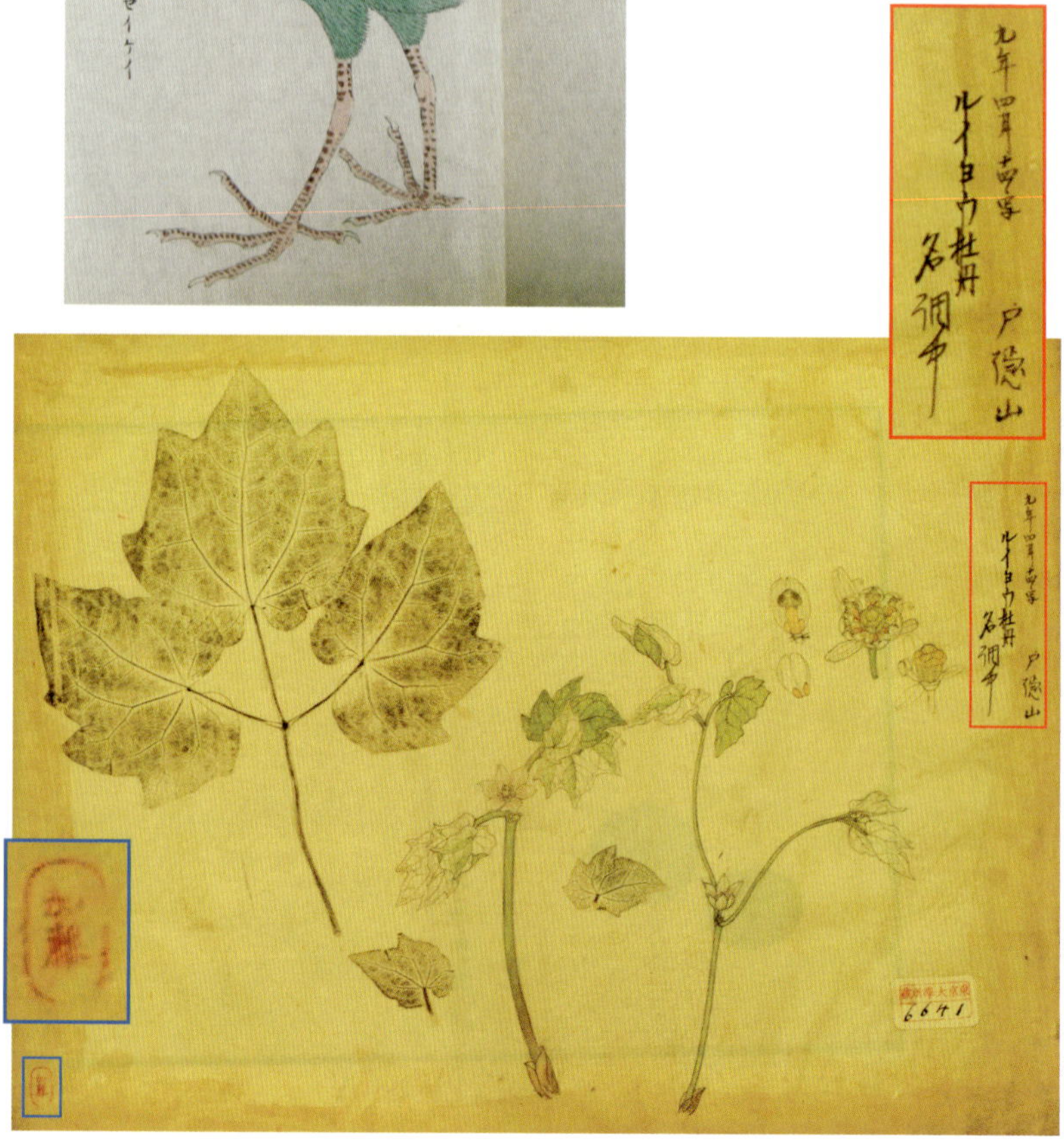

口絵33　「東京大學所藏6641」の図

［東京大学小石川植物園所蔵］　彩色の開花植物の図とその花の解剖図、ならびに成葉と未成長の葉の印葉図。右上の隅には表題として「九年四月十四日写　戸隠山　~~ルイヨウ牡丹~~　名調中」という文字が記入されていて、左下の隅には「加藤」という名前が印章風に印されている。

口絵34　ツチトリモチ

Balanophora japonica Makino

［ツチトリモチ科］〈元宇品島（広島県）2013年12月15日〉 一見キノコの様に見えるツチトリモチ科の植物は、実は他の根に寄生する双子葉植物である。本邦産のこの仲間には、写真のツチトリモチの他にミヤマツチトリモチ、キイレツチトリモチなど7種ほどが知られているが、篤太郎が「日本新産ツチトリモチ属について」の論文を発表した1887年の頃は、本邦においてはまだ種のレベルの分類が進んでいなかった。

口絵35　アケボノスミレ

Viola rossi Hemsl. ex Forbes et Hemsl.

［スミレ科］〈扇山（山梨県）2009年4月11日〉 花弁が丸くふくよかで、サーモンピンク色の色調が華やかな本種は本邦に自生するスミレの中でも人気が高い。中国や朝鮮半島などの大陸にも分布することが知られていて、学名はこの地域における植物の分類を専門とするヘムズレーによる命名である。

口絵36　ギンサカヅキイチゲ

Anemone flaccida F. Schmidt f. *semiplena* (Makino) Okuyama

［キンポウゲ科］〈植栽品（千葉県我孫子市）2010年4月9日〉　ニリンソウ（*Anemone flaccida* F. Schmidt）と比べて、似ているものの、全体が小形でかつ繊細、花も小さく、さらに萼片が八重であるとして、現在はその一品種と位置付けられている。篤太郎は誰よりも早く var. *gracilis* という新変種名を提唱したのだが。

口絵37　ナメコ

Collybia nameko T. Ito

［= *Pholiota nameko* (T. Ito) S. Ito et Imai ex Imai］

佐久間文吾 画［神奈川県立生命の星・地球博物館所蔵］

ナメコの新種命名をする際に、原図を描くもとになったスケッチ画。

口絵38　たいわんきり

Paulownia kawakamii T. Ito

［キリ科］［『大日本植物図彙』第四輯（第一巻）第十六圖より］ N. Kawamura 画　大正2年（1913）［国立国会図書館所蔵］ 新種記載に際しての原図ともなった。

口絵39　くろばなうまのみつば

Sanicula rubriflora F. Schmidt

［セリ科］［『大日本植物図彙』第六輯（第一巻）第二十一圖より］ 佐久間文吾 画　大正13年（1924）［国立国会図書館所蔵］　ウマノミツバの黒花種。岩手県と長野県に分布。子房にかぎ状刺毛が密生する。

口絵40　オオバカンアオイ

Asarum lutchuense (Honda) Koidz.

［ウマノスズクサ科］〈奄美大島金作原（鹿児島県）2008年3月20日〉　奄美大島特産で、常緑林内に生える常緑多年性草本。篤太郎が提唱し、小泉が正式に記載した学名である *Asarum lutchuense* (T. Ito) Koidz. は裸名がたたり、命名者名から篤太郎の名前は消えた。

口絵41　カサノリ

Acetabularia ryukyuensis Okamura et Yamada ex Okamura

〈玻名城海岸（沖縄県）2014年3月20日〉　直径1cmほどの緑色の円錐状のカサと長さが最大10cmになる白い柄を持つ巨大な単細胞性の緑藻類。奄美諸島から沖縄本島付近さらには八重山諸島にかけて生育する日本固有種。

口絵42　和産莨菪図
（はしりどころず）
水谷豊文画・伊藤圭介識
［名古屋市東山植物園所蔵］

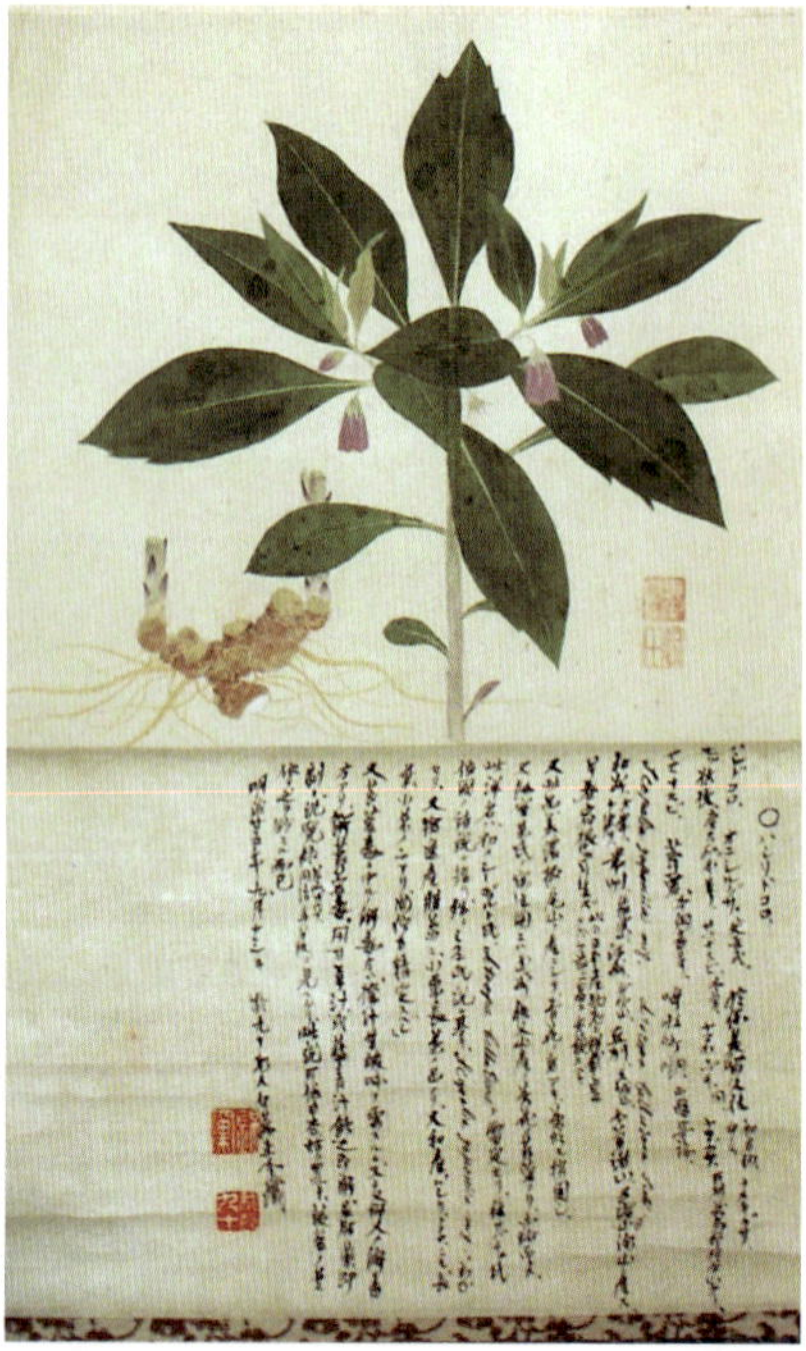

口絵43　ワニグチソウ
Polygonatum involucratum
（Franch. et Sav.）Maxim.

［ナギイカダ科］〈植栽品（千葉県我孫子市）2012年5月14日〉　全国の山地の林内に生える多年性草本。葉腋から下垂する花柄の先に2個の苞がつき、抱かれるように淡緑色の筒状花が2個つく。和名は、花を挟んだ二包葉の形を神社の拝殿に下がっている和爾口にたとえたもの。

岩津都希雄

伊藤篤太郎

初めて植物に学名を与えた日本人

《改訂増補版》

はじめに（旧版）

江戸時代の後期にシーボルトに師事し、本草学から近代植物学の橋渡しをして、明治の世になってからついには日本の理学博士第一号となった伊藤圭介。その圭介に関しては古くは吉川芳秋《よしあき》氏による研究があり、次いで杉本勲氏による伝記『伊藤圭介』が出版されて、圭介研究の基礎が構築された。また平成十五年（二〇〇三）には、圭介の生誕二百年を記念して名古屋市東山植物園から図録『伊藤圭介の生涯とその業績』が刊行され、豊富な図版とともにわかりやすい内容で多くの読者に好評を博したことは記憶に新しい。同じ頃、磯野直秀氏による圭介編著『植物圖説雜纂』を解説した労作の発表があり、その後、土井康弘氏による『日本初の理学博士　伊藤圭介の研究』という膨大な資料を詳細に調査した大著が上梓され、圭介研究の変わらぬ人気の高さの程を示した。さらに遠藤正治氏をはじめ圭介文書研究会のメンバーによる『伊藤圭介日記』の解読にともなう研究がこれらに加わり、東山植物園を中心に圭介に関する調査研究が今なお進行中という感がある。

ところが、その孫の伊藤篤太郎に関しての研究となると、土井康弘氏による「植物学者伊藤篤太郎の生涯―北海道大学北方資料室蔵、伊藤篤太郎の宮部金吾宛て書簡の紹介をかねて―」という論文が唯一主なものであり、まとまった伝記本などはこれまで出版されておらず、圭介の偉大さをさて置いても、圭介研究の多さと比べて物足りない気がしないでもない。

伊藤篤太郎は、圭介の五女小春と養子の延吉との間に、圭介の初孫として慶応元年（一八六六）に名古屋に生まれた。

元来、圭介の子供達は男も女も若くして亡くなる者が多く、また存命した末っ子は傍らにいて自分の面倒を見てくれる孝行息子であったものの、学問を継ぐ気がないようで、後継者問題で圭介を悩ませていたのであった。

「Vita brevis, scientia longa（人生は短く、学問は長し）」というラテン語の箴言《しんげん》は、元気に活躍していたとはいえ高齢の圭介にはさぞ辛い言葉であったであろう。

そこで、圭介の後継者としての期待の矛先が次第に孫の篤太郎に向けられるようになった。そして従来から行われていた祖父による篤太郎へのマンツーマンの教育にさらなる拍車が掛けられた。

こういった教育に対して批判もあったが、篤太郎の成長を促したことも事実で、それがついには実を結ぶことになり、トガクシソウ（トガクシショウマ）とキイセンニンソウに対して、日本人として初めてラテン語による新種としての学名を篤太郎が与えるに至った。そしてこれが日本の科学史上に残る快挙となった。

さらに、篤太郎は英国のケンブリッジ大学やキュー王立植物園での研究留学で実績を上げ、帰国後、先に新種として学名を命名したトガクシソウに対して、新属を日本人として初めて創設するなど画期的な発表を行い、植物分類学者として順調なすべり出しをして、将来を嘱望されていた。

ところが、このトガクシソウの帰属に関する新属創設の優先権争いで、帝国大学植物学教室の矢田部良吉教授の怒りを買い、教室の出入り禁止という、いわゆる「破門草事件」を起こしてしまった。またそればかりではなく、ケンブリッジ大学やキュー王立植物園への研究留学という実績はあるものの、国内での実質的な学歴がない篤太郎にとって、帝国大学を中心とした学閥の壁は厚く、公的な機関での研究職になかなか就けなかった。

こうしたこともあり、「破門草事件」以後の篤太郎の人生は不遇であったと従来から評価されてきた。

そもそも篤太郎には、偉大な祖父の後継者として、祖父の残した膨大な本草関係の資料の整理をしなければならないという宿題があった。またその一方、祖父の頃とは違った時代での新しい植物学において、実績を上げなければならないといった責務があった。そして、それも官学から外れた立場から行わなければならないという条件が加わってきた。その中で家族の生活や自分自身の後継者問題を抱えながら、明治、大正、昭和の初期を必死に生き抜いたのが篤太郎であった。

そうした篤太郎の人生は果たして不遇であったかどうか、異色の植物学者の波瀾に満ちた生涯を、彼の業績を紹介しつつ辿ってみて、その命題に答えを出してみたい。

はじめに（改訂増補版）

本書『伊藤篤太郎―初めて植物に学名を与えた日本人―』の旧版を上梓したのが平成二十二年（二〇一〇）であった。

しかしながら皮肉にも、その前後から伊藤篤太郎に関する新資料が数多く出現してきた。その一つとして、平成二十二年（二〇一〇）七月八日に国立国会図書館が受け入れた篤太郎旧蔵の一群の新資料がある。これらの資料は元々昆虫学者の矢野宗幹《むねもと》が譲り受けたものとされている。なお矢野は、篤太郎の没直後、「伊藤篤太郎博士を悼む」という追悼文を「櫻」誌に書き、また篤太郎所蔵の図書類を国立国会図書館の前身である帝国図書館（上野図書館）へ移管すべき旨を篤太郎の未亡人である京子に提言したことで知られている人物である。矢野が没した後、これらの資料は弟子で昆虫学者の長谷川仁《ひとし》に受け継がれ、さらにその長男の長谷川幹《みき》氏によって保管されていたが、氏の好意により国立国会図書館に寄贈されたとのことである。資料の内容は矢野が関心を寄せていた本草学や博物学に関するものが多いが、篤太郎の自筆原稿、草稿、関係者との書簡等も含まれていた。

これらの資料は同館古典籍資料室において、平成二十四年（二〇一二）二月より一般閲覧が順次可能となり、研究者の便宜に答えられるようになってきている。そこで、著者はこれらの資料を閲覧してみたところ、旧版に書き漏らした重要な事実を内在する資料が多々あることがわかった。

この他にも篤太郎やその身内に関する新資料が少なからず出てきた。

また、平成二十四年（二〇一二）に植物などの命名に関する規則の名称が「国際植物命名規約」から「国際藻類・菌類・植物命名規約」に変更され、それに伴って内容も一部変更があり、条文の文章も多少違ったものになった箇所が出てきた。旧版では旧規約に基づいて論を進めている所が多くあり、今回の規約の変更は見過ごせない問題となってきた。

そして何よりも旧版において訂正すべきは、篤太郎の生まれ年の西暦表記についてである。

伊藤篤太郎の生年月日は和暦では慶応元年十一月二十九日である。

これに西暦を併記するとどうなるかであるが、旧版においては、「慶応元年＝西暦一八六五年」という和暦・西暦変換早見表の表示をそのまま鵜呑みにしてしまい、慶応元年（一八六五）十一月二十九日という表記をしてしまっていた。

歴史に詳しい方なら直ぐに気が付くと思われるが、この表記は誤りである。

明治五年十二月二日をもって旧暦（太陰太陽暦、天保暦）は廃止され、翌日の旧十二月三日から新暦（太陽暦の一つのグレゴリオ暦）が採用され、この日が明治六年一月一日（一八七三年一月一日）になったのである。

つまり、明治五年までのある特定の日の和暦を西暦に変換する際には、その日が年末に近い場合は、和暦・西暦変換早見表の表示よりも繰り上がり一年多い西暦の表記になってしまうことがあるので、十分に注意を払わなければならないのである。

というわけで、旧版における篤太郎の生年月日についての和暦ならびに西暦の表記を左記のごとく訂正しなければならないことになった。

（誤）慶応元年（西暦一八六五年）十一月二十九日

（正）慶応元年十一月二十九日（西暦一八六六年一月十五日）

また、それに付随して、旧版に出てくる篤太郎の年齢（数え年）も一年少なく表記しなければならなくなった。

そこで、ここに本書の改訂増補版を読者の皆様にお届けすることにした。口絵の写真も一部入れ替えや追加を行った。

この改訂増補版が日本の植物学史・博物学史に興味を持つ方々のさらなる参考になれば幸いである。

《本書を読む前に》

本書では、学名に関連した植物分類学上の学術用語がしばしば登場する。

このような用語に慣れない方は、本書の巻末にある《学名関連用語の簡単な解説》を最初にまずざっと一読願いたい。そして、その後に本文を読み進めていただきたい。もしそこで、出てきた用語の意味がわからなくなったり、不明な点が浮かび上がったりしたら、辞書代わりに巻末の解説を参照し、再度その意味を確認していただきたい。こういった作業を繰り返していくうちに、次第にこれらの用語に慣れていただけると思う。

なお、本書では学名に便宜的なカタカナを使わずに、本来のアルファベットを用いた。慣れない方は当初は読みにくいかもしれない。しかし、こちらの方が正式であるし、またアルファベットの文字が表す意味が理解できて、学名の由来が把握しやすく、学名に対する愛着がむしろ増すと考えたからである。

伊藤篤太郎（改訂増補版）

目次

【凡　例】

一、著者による注記は（注：　）あるいは［注：　］として、本文中にその都度示した。

一、引用文、書名、雑誌名はできる限り原文のままとし、旧字体を用いているものはそのままとした。ただし、引用文については、新字体に直したものをさらに引用した場合は新字体をそのまま継承した。

一、引用文については、原文に句読点がなく読みづらい場合は、句読点を付けたり、スペースを挿入したりした。

一、引用文については、原文に明らかな誤りが認められた場合は、文脈に支障がないことを条件として、著者の判断においてこれを訂正した。

一、本文中の算用数字（1）（2）は参考文献を表した。

第1章　誕生から英国留学に至るまで

祖父伊藤圭介が名付け親《ゴッドファーザー》

時は、幕末にあたる慶応元年の秋も深まった頃のことである。

尾張名古屋の医師であり、また本草学者の伊藤圭介《けいすけ》は異郷の地、大坂（後に大阪と表記されるようになる）の土を踏んでいた。ちなみに、本草学とは中国より伝わった薬物ならびにその原料となる植物、動物、鉱物などについて研究する学問のことをいい、我が国では江戸時代に最も隆盛を極めたという。

尾張藩第十五代藩主で、その二年前に藩主の座を徳川義宜《よしのり》に譲っていた徳川茂徳《もちなが》は大坂に来ていたが、圭介は藩よりその奥医師見習として随行を命ぜられていた。(1) 当時、茂徳は玄同《はるあつ》という隠居名を用いていたが、年はまだ三十五歳で、幕末の藩内事情により、一時表舞台から身を引いていたところであった。なお、奥医師見習とは藩医のランクで八段階中の上から三、四番目あたりのことをいい、(2) 圭介の場合は、専属の藩医というわけではなく、普段は町医者として一般の人を診察していた。また、見習といっても年格好が若いということではなく、実際、圭介はすでに六十四歳にもなっていた。

圭介には若くて元気な前藩主の脈を取るというような公務よりも、実はもっと気になる私事があった。それは、近々生まれてくる初孫のことである。それも、その孫が男児か女児かのいずれかという点であった。というのも、圭介の五女である小春にとっての初めての出産が間近に迫っていたからである。小春とその年の正月に入籍した婿養子の延吉《のぶきち》との間にできた子が、彼女のおなかの中で順調に育っていて、そろそろ臨月となっていたのである。

元来、圭介の子供達は男も女も早世するものが多く、小春は圭介の子供の中で長生きした最初の子供であった。もっともこの頃、圭介には、小春の弟で、自分の跡継ぎと考えている息子とさらにその下にもう一人息子がいたが、圭介にしてみれば、できれば男子の孫がほしかったのである。それというのも、しっかり者で画や書に才能のある小春と秀才の延吉との間の子供であれば、さぞや出来のいい子になると考えたのであろう。そしてその子がもし男子であれば、伊藤家の家業である本草学を勉強して、自分や跡継ぎとなる自分の息子を助け、伊藤家のために尽力してくれるのではないかと淡い期待を抱いていたのであった。

そうこうしているうちに、名古屋の自宅から男児が無事誕生したという知らせが入った。圭介はこの吉報を大いに喜び、その孫を「篤太郎《とくたろう》」と命名し、大坂から名古屋の自宅にこの名を書き送ってきたという。つまり、圭介が篤太郎の「名付け親《ゴッドファーザー》」となったのであった。(二)

生まれと家系

伊藤篤太郎は慶応元年十一月二十九日（西暦一八六六年一月十五日）に、名古屋城の近くの名

図1　名古屋呉服町伊藤圭介宅［東山植物園所蔵、昭和13年（1938）頃撮影］　圭介の生家で、篤太郎が産湯を浸かった家でもある。このすぐ近くの七間町に篤太郎の家があった。この圭介宅は戦災で現存しておらず、現在は家の前に圭介生誕碑が立っているのみである。

古屋七間町二丁目十八番地（八十三番戸）に生まれた。現在の名古屋市中区丸の内三丁目あたりである。厳密には、母親が隣町にある実家の伊藤圭介宅（図1）で里帰りお産をして産声を上げたので、誕生地は呉服町一丁目（現丸の内三丁目）ということもできる（二）。

もともと、旧名の七間町や呉服町という町は慶長十六年（一六一一）に名古屋城が清須（清州）より移転した際に、町ごと一緒に移ってきた城下の町人町である。名古屋城のすぐ南に位置し、南北に通りが走っていて、その通りが七間町通りや呉服町通りとして、現在も旧名をとどめている。

篤太郎の父親である延吉はその七間町で町医者をしていた。元来、伊藤家の中には医を業とする者が多く、祖父の圭介も呉服町で町医者をしていたが、前述したように、時には藩医としてお呼びがかかることがあった。当時、医師の身分は、単に町医者だけであれば町人身分、藩医ともなれば藩士身分としての扱いになった。また、圭介についての略伝は後述するが、単なる臨床医というより、本草学者として学問の世界で、当時から名古屋はもとより江戸でも有名であった。

ここで、伊藤家の家系図を見ていただきたい（表1）。

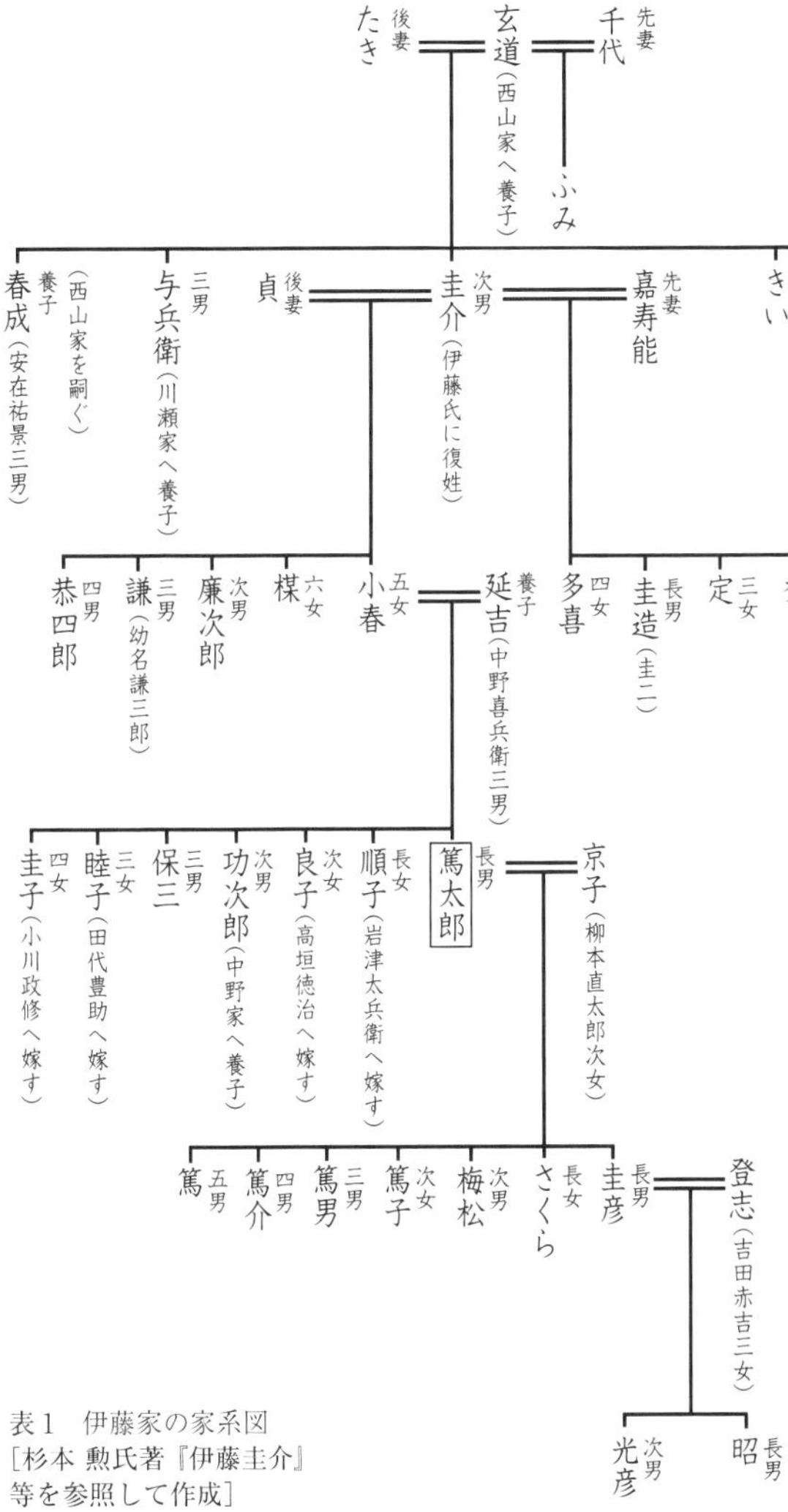

表1 伊藤家の家系図
［杉本 勲氏著『伊藤圭介』
等を参照して作成］

図2　伊藤小春［著者所蔵］　明治42年（1909）7月撮影（小春65歳）。東京小石川林町自宅庭にて。

　篤太郎の母伊藤小春（注：戸籍上は平仮名で「こはる」となっている）（図2）は弘化二年十月十六日（西暦一八四五年十一月十五日）（注：戸籍による生年月日を示したが、杉本勲氏の著書[2]では弘化元年となっている）に圭介の五女として生まれた。

　圭介は享和三年一月二十七日（西暦一八〇三年二月十八日）生まれで、文政八年（一八二五）、二十三歳の時に吉川嘉寿能《かずの》と結婚した。その後、二人の間に五人の子供を儲けたが、長女隆《たか》、次女秀《ひで》とも十歳を越えた幾ばくもない年齢で他界し、妻嘉寿能も天保十一年（一八四〇）に三十一歳の若さで没した。

　圭介はその後、佐藤貞《さだ》と再婚した。天保十四年（一八四三）の頃といわれ、とすると、圭介四十一歳、貞二十八歳前後となる。その二人の間の初めての子となるのが小春であった。また、先妻との間の子供で残った三女定《さだ》、長男圭造《けいぞう》（圭二）、四女多喜《たき》も、なぜか、十代から二十代前半で次々と息を引き取った。

　その後、六女楳《うめ》（梅）、次男廉次郎《れんじろう》、三男謙《ゆずる》（謙三郎）、四男恭四郎《きょうしろう》が生まれたが、この中でも廉次郎は生まれてすぐに死に、謙も二十九歳で惜しまれながら帰らぬ人となった。

以上のように、圭介の子供の中で天寿を全うしたといえるのは、小春、楳、恭四郎の三人だけとなったのである。

小春は、現在名古屋市東山植物園伊藤圭介記念室に残されている彼女直筆の花鳥図（図3）、花虫図、草木の画や書を見る限り、かなりの腕前で、父親の才能を何かしら受け継いでいた節がある。もし、彼女が男だったら、おそらく圭介の後継者として白羽の矢が立ったに違いないと思われる。

図3　伊藤小春筆の花鳥図（雁二羽・草）［東山植物園所蔵］

図4　伊藤延吉［東山植物園所蔵］明治12年（1879）3月撮影（延吉38歳）。

篤太郎の父伊藤延吉（図4）は天保十三年六月八日（西暦一八四二年七月十五日）に名古屋末広町にて箙屋《えびらや》を営む中野喜兵衛の三男（注：戸籍では弐男となっているが、ここでは土井康弘氏の論文(3)と著書(4)に従った）として生まれた。兄には画家で、『吾妻日記』の著者である中野月嶠《げっきょう》（本名延年、通称鍵太郎）がいる。(5)

延吉は幼少時より頭脳明晰と評判で、安政六年（一八五九）の十八歳の時、圭介に就いて医学と蘭学を学び始め、次第に才能と人柄が認められるようになった。一方、圭介は文久元年（一八六一）九月、江戸幕府より蕃書調所《ばんしょしらべしょ》物産学出役を命ぜられ、十月になって名古屋より江戸に出て勤務することになった。ちなみに蕃書調所とは安政三年（一八五六）に発足した幕府直轄の洋学教育研究機関で、後に洋書調所、さらには開成所から開成学校と改称された。東京大学の源流諸機関の一つでもある。さてその際、圭介の三男謙や門人の田中芳男らが圭介に同行したが、延吉も彼らにやや遅れて江戸に向け出発した。一行は江戸市ヶ谷の尾張藩上屋敷の北長屋に同居し、圭介と田中は殖産興業の振興業務に専念し、延吉は西洋医学所に入学して医学の研鑽を始めた。しかし、延吉のもう一つの国内遊学先として語学、博物学を学ぶはずの蕃書調所については、延吉が町人身分であり藩士身分でなかったため、ここでの勉学は許可されず、文久二年（一八六二）に一年にも満たずして名古屋に帰らなければならなかった。この延吉の身分が問題になった際、伊藤家は藩士身分であったので、延吉を圭介の娘小春の婿養子にして、蕃書調所の入学を許可させようという話が持ち上がった。(2、4) しかしながら結局、延吉はここでの入学はならず、名古屋にとどまる羽目になってしまったが、しばらくの後にその養子の話が正式となり、元治二年（一八六五）一月一日に小春の婿養子として入籍した。

延吉にとっての江戸遊学は、結果的には医学に関しては得るものがあったものの、語学と博物学の方は十分な成果が得られなかった。しかしながら、この頃、越前福井から蕃書調所に英語の勉強に来ていた柳本《やぎもと》直太郎と、謙を通じて顔見知りになったのは何かの縁であった。四十一、二年後に、この柳本直太郎の娘と自分の息子である篤太郎とが結婚することになったからである。

名古屋に帰ってからの延吉は、尾張の洋学所で教授方手伝に戻り、慶応二年（一八六六）には『醫療雑纂・初編火傷部』を訳述した。さらに明治元年（一八六八）には『舊藥新説』を訳した。しかし、延吉の得意とするところは学術的な研究よりも、実地医家として日常の診療に励むことであった。それがまた、医師としての圭介の家業を継ぐことにもなり、伊藤家の婿としての役目を果たすことにもなるのであった。というわけで、呉服町に程近い七間町の家で「同済堂」という診療所を開いた。

それでは、延吉の医師としての評判はいかがなものであったのであろうか。

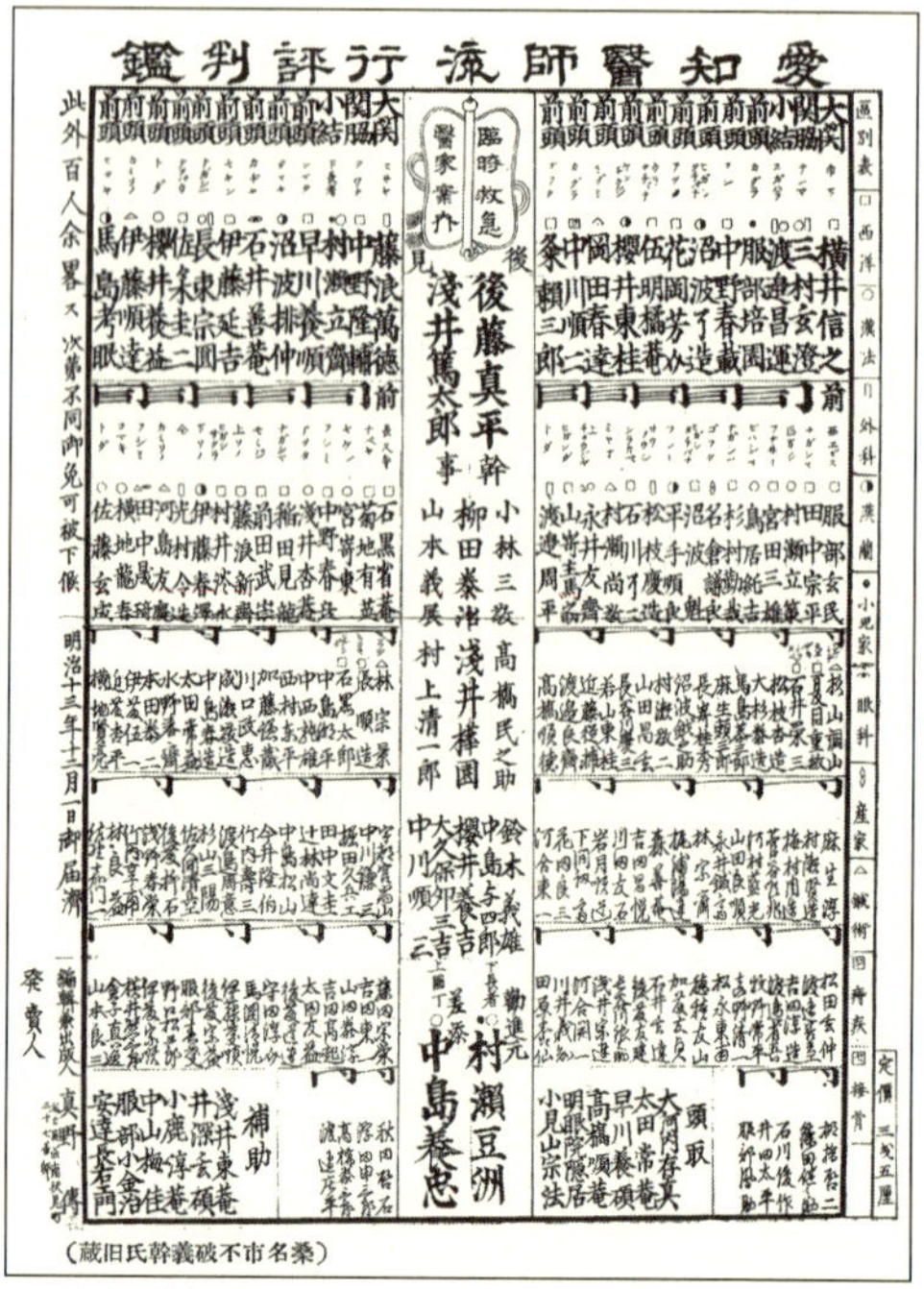

図５　愛知醫師流行評判鑑　［『尾張郷土文化医科学史攷拾遺』より］　延吉は西方前頭４番目を占める。

その答えになるかどうかはわからないが、当時流行った医者の評判番付の愛知版なるものの中に、延吉の名前が実に登場している。明治十三年（一八八〇）十二月に出版された「愛知醫師流行評判鑑」[6]（図５）というもので、定価は三銭五厘。二〇一六年現在の貨幣価値に換算すると七百円ちょっとになると思われる。

その頃、庶民はその位のお金を払ってでも、質の良い情報を得て腕の確かな医者に掛りたかったのであろう。この明治十三年はというと、その五年程前に西洋医学を試験内容とする医術開業試験が導入されたこともあり、医者の中でも漢方医は次第に廃れはじめ、患者は西洋医を受診するのが一般的になってきた時代であった。この番付を詳しく見てみると、右の欄に「区別表」というものが示されていて、「西洋」、「漢法」、「外科」、「漢蘭」、「小児家」、「眼科」、「産家」、

「鍼術」、「痔疾」および「接骨」という区別がなされ、番付上位の医者の名前の上に得意とされる分野を表わす記号が添えられている。つまり、明治初期のこの時代においても、現代社会と変わらない患者の専門医志向というものが窺えるのである。そこで、延吉の名前を番付上に探してみると、「西洋」医としてのマークが付けられて、西方前頭四番目（四枚目）を占めているのが確認できた。この西方前頭四番目という地位は大関、関脇、小結などの三役クラスには及ばないものの、番付の一番上の段にあり、また書かれた文字も太く大きく、比較的高いランクなのであろう。

というわけで、延吉は天下の名医とまではいかないまでも、かなりの評価は得られていたようであった。

また興味深いことに、圭介の名前も嘉永年間に出版された同様の評判番付である「名古屋町医者番附」に登場していて、西方前頭三番目の地位を占めていた[2]。両番付を比較して、延吉の番付の地位が圭介のそれを上回らないでよかったと思われるが、それもそのはずで、「愛知醫師流行評判鑑」には頭取と呼ばれるお目付け役的な役職として大河内存真の名前があり、圭介の実兄で延吉の義理の伯父にあたる存真が、案外、裏でその辺の調整をしていたのかも知れない。

延吉と小春との結婚後、まもなくして篤太郎が長男として誕生した。

その後、篤太郎の下に妹が四人、弟が二人生まれた（図6）。

すぐ下の長女の順子（注：戸籍上は「志゛ゅん」となっている）は明治三年十月十一日（西暦一八七

図６　後年の伊藤篤太郎の兄弟たち［著者所蔵］
昭和 16 年（1941）10 月撮影。後列左より中野功次郎（65 歳）、小川圭子（55 歳）、前列左より田代睦子（60 歳）、岩津順子（72 歳）、高垣良子（69 歳）。

〇年十一月四日）生まれで、篤太郎とは四歳違いであった。

圭介は初の女児の孫の誕生を見届けるようにして、翌月になって東京へ出、明治新政府の下、新たな仕事に就くことになった。そんなこともあり、圭介は篤太郎ほどではないが、順子に対しても初の女児の孫ということで可愛がり、圭介日記にもその名前が時々登場している。特に、順子が幼き頃、病の床にあった時には、「尾へ状出ス、其後尾ヨリ状着、お順病キ之事中来ル、来二十七日必見舞状可遣事」と心配した様子を見せている(7)。

順子は二十三歳の時の明治二十五年（一八九二）に東京の弁護士、前川太郎と結婚した。そしてまもなく男子を出産したが、夫の過ぎた女道楽ぶりに耐えきれず、ついに離婚となった。子供の親権は父親のものとなったが、子供は養子に出された。

その後の明治三十四年（一九〇一）八月、順子は名古屋菅原町三丁目十一番地（現在の中区錦二丁目三番一、二、三号付近）に店があった金庫商岩津太兵衛と再婚した。

太兵衛は当時どんな火災にも耐えられると評判になった金庫の製造販売で財をなしたが、妻に先立たれ、残された一男三女を抱えて後妻を探していたのだった。なお、南鍛冶屋町三丁目十四番地（現在の中区栄町三丁目三十一番付近、拡張された久屋大通と久屋大通公園の一部になっていて松坂屋名古屋店南館の南東方向にあたる）にあった「岩津別荘」という別宅の写真が東山植物園伊藤圭介記念室に残されていて、かなり大きな屋敷であったようである。

順子は再婚後、継子たちを育て上げ、また明治四十三年（一九一〇）には、著者の父である道二郎を、また大正二年（一九一三）には太三郎という自分の腹を痛めた子を次々産んだ。なお、道二郎は末松春野と結婚し、瓔子《ようこ》、道雄および著者である都希雄という三人の子供を儲けた。

その後まもなくして太兵衛は亡くなり、順子は二人の子供の養育料としての財産分与を受け、兄の篤太郎を頼って上京した。当時、篤太郎は小石川林町に屋敷を構えていたが、母小春とともに、妹と甥達を快く迎え入れたという。

その後、篤太郎が滝野川に転居してからは、順子は兄の屋敷の片隅に小さな家を建て、子供達を育てた。

結婚生活では随分苦労した順子であったが、元来、母である小春譲りの才能を受け継いでいたようで、結婚直前の明治二十五年（一八九二）の九月、『萩花集説《はぎのはなしゅうせつ》』(8)と題して萩の花をめぐる古今の和歌などを編輯し、また自ら小文を添えた女性らしい小冊子を刊行している。なお、『萩花集説』については第3章で詳述する。

次女良子《よしこ》は明治六年（一八七三）生まれ、成人して高垣徳治と結婚し、その後、夫が中国の遼東半島や山東半島で郵便局長をしていた関係上、中国での生活が長くなった。当時の外地では郵便局が情報の発信基地であったようで、明治三十一年（一八九八）九月三十日に、芝罘（チーフー、現在の煙台）郵便局長高垣徳治は林逓信大臣（第一次大隈重信内閣の閣僚）宛に「北京政変ニ関スル報告書」（早稲田大学図書館 大隈関係文書 請求記号：イ14 a0858）を送ったことがある。

良子は植物に興味があったらしく、芝罘その他の地で夫と伴に採集した植物の標本を兄に送り、篤太郎は彼女らの採品を調べてシリーズの論文を書いている。

良子は大陸から帰国した後は秋田県横手市に居住し、筝曲の師匠として活躍した。

徳治との間の長女清子は小川家（圭子の嫁ぎ先）に、また次女営子は外山家にそれぞれ嫁いだ。長男順はビルマで戦死したものの、次男健は満州国の官吏を勤め、戦後は県立高校の生物担当教諭となって、妻恵子との間に柚子、汎《ひろし》、至《いたる》、伸《しん》といった四人の子供を儲けた。

次男の功次郎《こうじろう》は明治十年（一八七七）十月二十九日に生まれた。明治二十一年（一八八八）に中野幸之助の養嗣子となったが、名ばかりの養子縁組で、祖父や両親の期待を一身に背負って大事に育てられた兄篤太郎とは対照的に、「どこへ飛ぶのか次男坊がらす」の如く、身一つで北の大地にロマンを求めて流浪の半生を送った。功次郎は愛知県尋常中学校を卒業後、北海道に渡り、日本キリスト教会による虻田郡洞爺村における孤児院の事業に参加。その後、同地にて牧場の経営を行ったり、郵便局長を務めたりしたが、新天地を求めてさらに樺太に渡り、真岡にて郵便局長として活躍した。功次郎の五男、五郎氏は「父は伊藤家からはまるで継子のような扱いを受け、随分苦労した」と遠い昔を回想しておられる。この頃は、子供の中で跡継ぎの長男だけを大事にする時代であったことは確かであるが、家学の伝承を一番とする伊藤家においては、長男と次男との扱いの差は歴然たるものがあったようである。

三男の保三《やすぞう》は幼き日、名古屋で開かれた「錦窠翁九十賀壽 博物會」にハリセンボンの標本を出品したことがあった。(9) ちなみに、錦窠《きんか》とは圭介の号である。ところが保三は、兄の功次郎を訪ねて北海道を旅行中に若くして客死した。

三女の睦子《ちかこ》は明治十五年（一八八二）生まれ、成人して医学者の田代豊助と結婚した。田代豊助は長崎医大にて、病理学、細菌学、衛生学の教授を務めた。

末っ子の四女圭子は明治二十年（一八八七）に生まれ、代々加賀藩の藩医を務める小川家の直系である小川政修《まさなが》と結婚した。小川政修は九州大学の初代細菌学の教授となり、細菌学や医学史で多くの著書を残した。また、政修の弟である恂臧《じゅんぞう》は高垣徳治と良子との間に儲けられた長女清子と結婚し、浪速および多摩の少年院の院長を勤めた。その二人の間に生まれた長男政亮《まさあき》と次男政浩は福祉、三男政直は教育、四男政邦は現代ロシア語といったそれぞれの分野で活躍した。

篤太郎は、母に圭介の娘で、ある種の才能を持つ小春、父に養子ながら優秀な医師の延吉、そしてなによりも高名な本草学者の圭介を祖父に持つ家に生まれたのであり、このことが彼の人生を決定づけたのである。

偉大な祖父、伊藤圭介

ここで、篤太郎の祖父、伊藤圭介の略伝を紹介したいと思う。圭介については、その伝記や業績についての研究に幾多の優れたものがあり、[2, 4, 6, 10〜12] また、最近では彼の日記の解読が進みつつあって、詳細はこれらの成書や名古屋市東山植物園発行、圭介文書研究会編集の『伊藤圭介（錦窠翁）日記』のシリーズに譲るが、篤太郎を語るには圭介を理解しないと始まらないので、少々お付き合いいただきたい。

伊藤圭介（図7）は享和三年（一八〇三）、尾張国名古屋呉服町一丁目（図1）に西山玄道《げんどう》と後妻たきとの間の次男として生まれた（表1）。父の玄道は美濃国可児《かに》郡久々利《くくり》の生まれで、伊藤家から母の実家西山家の養子となり、少年期から名古屋に出て医を業としていた。玄道は本草が好きで、水谷豊文《ほうぶん》（助六とも称す）の弟子であった。豊文は尾張藩の御薬園御用をしていた程の本草学の大家で、西山家から大河内家の養子になった玄道の長男の存真《ぞんしん》も、また伊藤家の養子となった次男の圭介も豊文の弟子となった。圭介は早くから父の玄道から医学を学び、十八歳の時にすでに藩から医業を許され、町医の資格を得ていた。

また、豊文に入門してからは、師に随行して尾張、伊勢、志摩、美濃、信濃などの諸州で採薬した。ちなみに「採薬」とは、現代でいう「採集」と同義である。

その後も大和諸山や知多半島など機会あるごとに採薬修業に努めた。この採薬による実物の収集・観察こそが圭介の本草博物学の原点であったという。(12)

圭介の本草学の師や友の多くは小野蘭山の門下であり、圭介もこの蘭山学統の影響を受けているとされている。

文政九年（一八二六）三月、水谷豊文、大河内存真、伊藤圭介の三人は、長崎のオランダ商館医シーボルト（P. F. von Siebold）一行が長崎から江戸に上る機会を捉え、尾張の宮（現在の熱田）の宿で面会したが、この時、シーボルトは三人の学識の高さに目を見張ったという。その五月、帰路尾張に立ち寄ったシーボルトは、七つ年下の圭介に長崎へ来るように言ったとされている。

図7　伊藤圭介　［Journal of Botany : British and foreign 第25巻より］　篤太郎によって、圭介の業績とともにその姿が欧州の植物学者達に伝えられた。

文政十年（一八二七）の八月から翌年の三月まで、圭介はその勧めに従い長崎留学を果し、当時長崎に滞在していたシーボルトから植物学の教えを受けた。そこでの圭介の植物学の学習法は、多くの医学生が鳴滝塾で学んだ方式とは全く異なり、圭介が携えて行った腊葉標本を材料にして、シーボルトがそれらの植物を同定してそのラテン名を教え、圭介がその和名を教え、通訳は岡研介が行い、傍らで友人の賀来佐之《すけゆき》（佐一郎とも称す）が筆記するという、対話形式でなされたとされている。(12) そして、こういった検討をもとに、シーボルトが圭介との協力でまとめられた稿本である『日本植物目録』が生まれた。(12)

留学を終了した圭介が長崎を去るにあたって、その年に帰国を予定していたシーボルトは、数多くの弟子の中で最も植物に詳しい圭介に彼の愛蔵書、リンネ（C. von Linné）の弟子のツュンベリー（C. P. Thunberg）の著である『日本植物誌（Flora Japonica）』を与えた。

圭介はこの本の和訳を行い、『泰西本草名疏《たいせいほんぞうめいそ》』と名付けて文政十二年（一八二九）十月に出版し、その中でリンネの二十四綱目の分類法を日本に紹介した。なお、この出版は自費出版で、圭介は土地・家屋を担保に、当時の金額で三百二十五両の借金をしたという記録が残っている(11)（二〇一六年現在の貨幣価値からすると千六、七百万円位と思われる）。この書の中で、圭介によって造語された「雄蘂《おしべ》」、「雌蘂《めしべ》」、「花粉」などの用語が使われている。また分類の階級を表す「種」、「目」、「綱」なども圭介の訳語として使用されている（なお「属」は宇田川榕菴《ようあん》による造語であり、圭介は「類」と訳したが、これについては一般的とはならなかった）。

その後、圭介は我が国における本草学、薬品学の指導者として名古屋を中心に活躍し、医学においても『イギリス種痘奇書』を出版し、牛痘の知識を紹介、後に自宅に種痘所を設け施術した。文久元年（一八六一）九月に幕府より蕃書調所出役を命じられ、十月に江戸に出て二年余を過ごし、また名古屋に戻った。

やがて、明治の世となり、明治三年十二月に地名も改まった東京に出て、大学出仕を命ぜられた。

明治八年（一八七五）四月、『日本植物圖説』草部イ初篇を圭介著・謙編次として刊行し、六月には小石川植物園に時々出仕すべきとの文部省からの沙汰を受けた。

さらに明治十年（一八七七）九月、東京大学理学部員外教授として小石川植物園の植物取り調べを担当したのは、彼が七十五歳の時であった。四年後東京大学教授となり、明治十九年（一八八六）まで続いた。また、明治十二年（一八七九）には東京学士会院の創立会員に選出され、この年より「本邦博物學起源沿革説」など数編の論文を会員雑誌に寄稿した。

この間、『日本産物志』、『小石川植物園草木目録』、『小石川植物園草木圖説』などの著書を世に出した。そして、明治二十一年（一八八八）、八十六歳で我が国最初の理学博士の称号を受け、世紀も改まった明治三十四年（一九〇一）一月二十日、九十九歳で生涯を閉じた。同二十二日東京帝国大学名誉教授の称を受け、また男爵の位が授けられた。

圭介の名前に因む種小名や属名が学名として付けられた植物が幾つかある。その代表的なものを示すと、君影草という愛らしい別名を持つスズランは *Convallaria keiskei*（口絵19）で、白い花弁と丸い葉が特徴的なマルバスミレは *Viola keiskei*（口絵20）、深山渓谷の崖に生え、淡黄色の花が美しいヒカゲツツジは ***Rhododendron keiskei***（口絵21）である。またピンクの花が目立つオオビランジは*Silene keiskei*（口絵22）で、イヌヨモギは*Artemisia keiskeana*（口絵23）、イワナンテンは*Leucothoe keiskei*（口絵24）となり、厳冬の頃、枯れた茎から見事な氷華が立つことで有名なシモバシラは*Keiskea japonica*（口絵25）とされている。

これらの命名者はいずれもオランダの植物学者ミクェル（F. A. W. Miquel）だが、フランスのフランシェ（フランセー）（A. R. Franchet）とサヴァチエ（P. A. L. Savatier）によりセリバシオガマが*Pedicularis keiskei*（口絵26）と命名され、また後述するように日本人では篤太郎が春植物の一種のユキワリイチゲに*Anemone keiskeana*（口絵3A・3B）なる学名を与えている。

この他にも、西日本の沢沿いの岩壁に見られ、赤紫色の花が可愛らしいイワチドリが*Amistostigma keiskei*（Maxim.）Schltr.（口絵27）として、健康野菜として各地で栽培されているアシタバが*Angelica keiskei*（Miq.）Koiz.（口絵28）として、また伊豆半島以西の太平洋側の海岸を秋遅く飾るアゼトウナが*Crepidiastrum keiskeanum*（Maxim.）Nakai（口絵29）として、いずれの学名の中に圭介の名を見る。さらに、山野草として高い人気を誇るセツブンソウの学名として*Eranthis pinnatifida* Maxim.が一般的であるが、*Eranthis keiskei* Franch. et Sav.（口絵30）を用いる研究者もいる。

そして、圭介と篤太郎の「二人の伊藤」にささげられた属名として、英国のヘムズレー（W. B. Hemsley）による*Itoa*があるが、これについては著者の拙稿(13)があり、また本書においても第4章で詳しく述べることにする。

幼き日を圭介の身近で過ごす

篤太郎は物心がつくかつかない頃より、七間町の自宅からすぐ近くにあった呉服町の圭介の家に、毎日のように遊びに行っていたようであった。

篤太郎の幼年期の回想（一）によると、

> 先生の名古屋呉服町の家には　一株の見事な老松があって　枝が屋上に蟠屈して四方に擴り隣家の屋根に及ぶ程であった。また庭園には「ハナノキ」があって花時には紅花が地上に落ち散ったのを小供が集めて遊んだりした。又西北の隅には「ラウリール」の大樹があって　毎年樹幹に小孔を穿ち之から流出する液汁を蘭引《らんびき》にして「ラウリール水」を採取したりした。其他の庭木には「アンラクワ」・「ホルトノキ」（ポルトガルト呼ンダ）・「イヌビハ」・「シラクチ」などがあり「フウ」（楓）の大樹があって　毎年毬果《きゅうか》（注：まつかさのように、堅く木化した鱗片が球状に集まり、それぞれの内側に二個の種子を持つもの）を結ぶのを余は覚へて居る。甘柘榴《あまざくろ》もあった。

と、幼くして植物に興味があったようである。

明治三年十二月、圭介は上京し、当時六十八歳という高齢にもかかわらず、明治政府から大学出仕を命ぜられた。そして、翌年の明治四年頃に東京本郷の本妙寺坂上にあたる本郷真砂町十四番地に屋敷を構えるに至ったとされている。

ということで、篤太郎は生まれてから圭介が上京するまでの五年程の間、名古屋にて圭介の身近で過ごしたことになる。また、圭介にとっては、可愛い盛りの篤太郎と日々接したことで、当然ながら初孫が目の中に入れても痛くない存在となったのであった。

篤太郎の不登校癖、入学と中途退学を繰り返す

圭介上京後の二年半程、篤太郎は圭介と離れて暮らしていたが、明治六年（一八七三）（注：この篤太郎上京の年については、篤太郎自身が書いた文章(一)によると明治五年となっているが、圭介日記によれば明治六年となっており、後者の方が正しいと思われる）になって、八歳になった篤太郎は親許を離れて圭介の手許で教育を受けることになり、六月十七日に東京に呼び寄せられた。(14)まだ幼少だった篤太郎を親許から無理やり切り離した圭介の態度は、現在の常識からみれば感心できないものであるが、それだけ圭介は初孫が可愛くてしかたがなかったのであろう。二年半程離れて暮らしてみて、そのことが初めてわかったのかも知れない。また、同時に期待も大きかったと思われる。

しかし、この過剰ともいえる祖父の愛情が、この先篤太郎をかえって苦しめることになった。上京する篤太郎にとっては、圭介の門人の丹波《にわ》修治とお供の万助に付き添われての六日間の初めての長旅であった。もしかすると、前年開通したばかりの横浜・新橋間の鉄道にも乗って、文明開化を実感したかもしれない。

篤太郎上京早々の六月二十日、圭介は孫のために入学予定の小学校に下見に行っている。ちょうど前年の明治五年(一八七二)に学制で義務教育が定められたばかりであった。圭介の日記には「そこで稽古するのは単語篇、手習楷書、西洋算術などで、教師に西洋人がいない。この日には十五、六人程の子供がおり、年齢は八、九歳から十二、三歳までの者で、服装は無袴、無羽織である」と記している。また、入学に備えて篤太郎の印を注文したり、文房具を買い与えたり、さらには博覧会に連れて行ったりしている。(14)

七月二日、篤太郎はお供の十助に荷物を持たせ、いよいよ湯島小学校に晴れて入学した。同日、名古屋から篤太郎の荷物も届き、これから充実した小学校生活が始まるはずであった。ところがその後、篤太郎はなぜか学校に行きたがらないのであった。(14)

今でいう、「不登校」である。

親許から離れて東京という地でホームシックにかかってしまったためか、篤太郎の性格が集団生活に馴染めなかったためか、とにかく学校に行きたがらないのである。圭介日記の八月九日の条に、名古屋の延吉、小春夫婦宛に「篤学校へ不出込り入申候」と実情を手紙で報告したとある。[14]

その後、圭介は文部省編輯課事務局に公務で出勤する際にも篤太郎を同行させ、役人に孫のことを頼んだり、いろいろ画策をしてみたものの、[14]状況は変わらないのであった。とはいうものの、当時は学制が始まったばかりの頃で、明治十年頃で就学率はわずか三〇パーセントにも満たず、しかも就学者の八〇パーセントが一年以内に退学するという状況が一般的であったため、今日の世の中ほど周囲は深刻に受け止めなかったかも知れない。

そうこうしているうちに、翌年の明治七年（一八七四）に名古屋の地に官立の愛知外国語学校が設置されることになり、開校への準備が急ピッチで進められているという話が世に流れた。「この際、親許に戻り、この新しい学校に入って一から出直すのはどうであろうか」と圭介と名古屋の両親との間で相談した結果、篤太郎は名古屋で再出発をすることになった。

明治七年（一八七四）四月二十二日、祖母の貞と叔父の謙に連れられて、篤太郎は十カ月ぶりに名古屋に戻った。そして、いったん小学校に入った後、九月になり、七間町にあった成美学校の校舎を改築修理して新装なった愛知外国語学校に、九歳になった篤太郎は入学することになった。そして十二月、同校は愛知英語学校と改称された（後に愛知県中学校、愛知県尋常中学校などと校名が変更され、さらには愛知県立旭丘高等学校に発展・統合される）。この学校は英語の通訳を養成するための専門教育と上級学校に進学するための語学教育という二重の目的があり、修業年限が当初六年（後に四年に短縮）と長く、外国人教員も何人かいて本格的な教育がされていた。当時の在学者名簿によれば、士族が半分以上で残りが平民であり、前者の中には坪内雄蔵（逍遥）の名もあった。

篤太郎にしてみれば、今度は自宅の両親の許から登校できるようになったことが幸いしたか、また同級生の中に幼馴染みの友達がいたためなのか、「不登校」することなく学校に行くようになり、ひとまず両親や東京に居る圭介を安心させたのであった。

通学は無事になんとか二年余続き、このままうまく行くかと思っていた矢先、再び休みがちになり、明治十年（一八七七）、ついには退学せざるを得ないことになった。

しかし、ここでの語学教育が、実は将来役に立ったのである。

この頃、篤太郎が描いた鳥類の模写図に「伊藤篤太郎禽譜稿」[15]があり、七十七枚の鳥の絵から成っている。これには次のような明治二十三年（一八九〇）に書かれた篤太郎の識語が添えられている。

此禽類ノ図巻ハ明治九、十年ノ頃余ガ十壹、二歳ノ時、自ラ之ヲ模寫セシモノニシテ、今日之ヲ観レバソノ拙劣亦笑フニ絶タリト雖モ聊カ懐舊ノ為メ爛紙籠底ヨリ摘出シ以テ［蟲］魚ノ患ヲ防グト爾云

明治廿三年九月廿一日

於尾州名古屋七間街十二花楼上

伊藤　篤太郎　識

つまり、この禽譜稿は明治九、十年の頃（篤太郎が数え年で十一、二歳時）に自身が描いた鳥類の模写図とのことである。これらの中には月耕写、雪斎写、雪湖写といった記入のあるものがあり、溝口月耕、服部雪斎らの絵を模写したとわかるものがあるが、無記入のものが圧倒的に多い。

模写図は口絵32で示すように、筆の運びといい、色遣いといい、なかなか丁寧に書かれている。とても十一、二歳の子供が描いたものとは思えない程である。

また、これらの模写図の中には、伊藤圭介編で、後年篤太郎が整理し、編集も加えた資料集の一つの『錦窠禽譜』(16)の中に収められている図と共通するものが何枚かある。両者を比較してみると、『錦窠禽譜』の図の中には篤太郎が模写をした際のモデルとなったと考えられる図があり、篤太郎自身の模写図そのものと思われるものも含まれている。

さて、この模写図が描かれた明治九、十年というと、篤太郎は愛知英語学校を休みがちになり、ついには退学してしまった頃である。不登校癖があった当時の篤太郎は、圭介や延吉・小春夫婦をはじめ周囲の人間に随分心配をかけたようであった。篤太郎は名古屋の七間町の家で、学校にも通わずに引き篭もり、一心不乱に鳥の絵を模写していたのであろうか。また、絵を模写することで自身の心の平静を得ようしたのであろうか。それだけに、模写された絵は内向的にまた緻密に書かれていて、篤太郎の少年時代の心の内面を覗くようで、興味深いものがある。

明治十年（一八七七）、東京開成学校と東京医学校が統合して東京大学ができたが、名古屋の学校を退学後しばらく家でブラブラしていた篤太郎は再び東京に出て、十二月四日にその医学部の予科の門を叩いた。[17] しかし再々のチャレンジはむなしい結果となり、やはりすぐに退学している。

ついに圭介、篤太郎を自ら本格的に教育する

相次ぐ挫折で失意に沈む孫を不憫に思ったのか、圭介は十三歳になった篤太郎をそのまま東京にとどまらせて、手許を離さず自ら本格的な教育をすることにした。

篤太郎は「家王父伊藤圭介先生を想ふ」と題した回想録[一]の中で、

> 先生の膝下で　余が嗜好する植物や　昆虫や其他の動物の名称などを先生から教へられ　愛撫せられて　余は先生を師と仰ぎ親とも思ふて生長し　先生の薫陶により　遂に植物學者となったのである。先生は藏書家で　殊に動植物に関する書籍は書庫に殆んど網羅してあり　腊葉《さくよう》(注：押し葉のこと)も亦豊富であったから　自由に是等を検閲して解らぬところは先生

に質問したりした。

と述べている。

圭介は明治八年（一八七五）六月より、文部省の命令にて小石川植物園にて植物を調べていたが、明治十年（一八七七）九月二十日からは東京大学理学部の員外教授としてのポストに就き、同園において引き続き植物取調を担当することになった。時に七十五歳であった。この前後、小石川植物園はその所属を頻繁に変えることになったのであるが、これらの経緯については、桜田氏ら[18]の論文が詳しい。なお、この頃の小石川植物園の姿を偲ばせるものとして、加藤竹齋が明治九年（一八七六）四月に描いた「植物園一覧圖」という画があり、現在も小石川植物園の園長室の壁に飾られている。竹齋は圭介・賀来飛霞《ひか》共著の『小石川植物園草木圖説』などに多くの日本画的画風の植物画を描いた画家として知られている。

圭介は植物園に出勤の際にも、常に孫の篤太郎を連れて行ったという。後年、篤太郎による「伊藤圭介翁と小石川植物園」[19]と題した追想記にこのことが出ている。かなり長い文章ではあるが、当時の小石川植物園の様子が窺える興味深いものなので、ぜひ引用してみたい。

祖父圭介は教室（注：東京大学理学部植物学教室）とは關係無く専ら植物園に出勤して居た。植物園には若い畫工が居て矢田部教授（注：東京大学理学部矢田部良吉教授）のために羊齒類や海藻類を寫生して居た様である。矢田部教授は分類が苦手であつた様である。松村助手（注：松村任三助手、後の教授）は顯花植物の識名等を勉強して居て植物園へも時々來て居られた。矢田部教授は植物園へは出勤無く專ら祖父が植物園を擔任して居たのである。祖父は學問の方を擔任して居たが出勤毎に必ず一回は園内を巡視することにして居た。私は祖父が出勤の時は常に植物園へ祖父に連れられて行つた。當時植物園の事務は澤田駒次郎氏が執つて居た。其外一兩名の若い事務員が居たかと思ふ。又渡部鍬太郎といふ若い畫工が居た。渡部畫工は矢田部教授の羊齒類などの畫を寫生して居た。併し矢田部氏自身は植物園へは來られなかつた様である。

祖父は植物園で植物の取調に從事して居た。この取調の爲め祖父は先年長崎でシーボルト（Ph. Fr. von Siebold）當時の學友賀來佐一郎氏の弟で植物の研究に熱心である賀來飛霞（睦之）氏を東京へ呼び寄せて小石川植物園へ推擧した。また植物畫工には日本畫殊に寫生に巧な加藤竹齋氏を採用した。この兩氏が祖父の雙手で、賀來氏が説明を書く手傳ひをし加藤氏が寫生をした。事務は祖父の下で澤田駒次郎氏が働いてゐて、且植物園の監督にも當つて居た。此人は植物の取調にも熱心であつた。植物學教室から矢田部教授や松村助手などが植物採集に諸方へ出張の時は若い園丁《えんてい》（注：庭師のこと）の内山富次郎氏が常に隨行した。内山氏は植物園で植物の日本名を次第に覚えて委しくなつて、矢田部教授等の一行に隨從の節は内山氏が矢田部教授の先生であると專ら風評されて居た。

祖父が植物園へ出勤の節は事務所に居た。事務所は南向の平家で中央部は二室に分かれて居て、祖父は南側の一室に居た［注：先に述べた加藤竹齋の画の中にこの事務所と当時最新の設備としてできたばかりの風車式の揚水ポンプが描かれている（図8）］。私は此室の祖父の傍らに置いて貰つて植物を學び、退屈すれば時々園内を遊び廻つたりして居た。一日園内の築山の傍らの小松に小鳥の巣を見出して卵を取らむとして居た時、監督の澤田氏が折悪く廻つて來て叱ることも出來ず眺めて行かれた事もあつた。また當時の園丁に小澤又右衛門といふ老人も居た。

祖父が植物園の勤務は任意出勤であつたが、賀來、加藤兩氏が來任してからは頻繁となり、植物園の歴史や草木の目録殊に植物の取調が進捗して『小石川植物園草木圖説』の編輯が

図8　小石川植物園の事務所と風車式揚水ポンプ［明治9年（1876）4月、加藤竹齋画『植物園一覧圖』（部分）］［提供：東京大学大学院理学研究科附属植物園］篤太郎は13歳となる明治11年（1878）の頃から数年間、圭介に連れられて小石川植物園に通った。後年、自身が「深い深い親しみ」があると表現した小石川植物園は、圭介との想い出が一杯詰まった場所であった。

次第に出來て、祖父と賀來氏とが説明を記載し、加藤氏が圖寫し、説明の原稿と寫生圖とが澤山に出來て、之を植物園では大切に保存してあつた。先づ木部を最初に出版すること〻なり―是は飯沼慾齋の名著『草木圖説』が唯草の部だけ出來てゐて木の部の出版が出來て居らぬところから―新たに木部を先きに出版する事となつた。

是より先き祖父の編輯した『小石川植物園草木目錄』二冊卽ち前編雙子葉之部一冊明治十年出版と、後編單子葉之部及液管隱花部一冊明治十三年出版が發行になり、その第二冊には祖父が取調べた植物園の歴史と植物傳來のことが「小石川植物園創始沿革」と題して附記してある。是は植物渡來考の稍々纒つた興味の深い一つの試みである。

明治十四年十二月には祖父と賀來氏の二人で編輯した『東京大學小石川植物園草木圖説』の表題で彩色圖版入りの大形フォリオ本一冊が出版された。當時私はその説明を英文に譯した草稿を書いて置いたが未だ出版になつて居らぬ。明治十七年二月にはこの圖説の第二冊が發行された。この第二冊には松村任三氏の英文譯が添へてある。明治十九年四月には第三冊の第八として柑橘類の一部が發行された。

以上が私の記憶して居る祖父と小石川植物園の關係の大略である。其他は思ひ出づるままに追加する事としたい。私は幼年の頃から祖父に隨伴して小石川植物園を出入して居たから、植物園の職員は勿論、園丁に至るまで誰れも能く知つて居た。また園内も隅から隅まで能く知つて居た。それで、後年に至り私が洋行した時には、内山富次郎氏が園丁を代表して園内の興味ある植物を美麗な腊葉に調整し、之を餞別として寄贈され、明治十七年の春、海外出發の節は内山氏が園丁總代として横濱解纜《かいらん》（注：船出すること）の汽船まで態々見送つて呉れた。それ程私は小石川植物園には深い深い親しみがあるのである。

圭介は本郷真砂町の自宅から小石川植物園まで距離にして一・五キロ位はあろうか、高齢にもかかわらず健脚が自慢であったゆえ、徒歩で元気に通勤していたという。六十三歳違いの可愛い孫を連れての植物園までの往復は、圭介にとってなによりの時間であったに相違ない。そして、篤太郎にとっては、毎日の園内での巡視や事務所内での材料の取り調べは、生きた教材を目の前にして、当代随一の植物に詳しい先生からマンツーマンで直接指導を受けることになるわけで、なにものにも替えがたい教育となったのであろう。言ってみれば、これまで正規に学校を出ていない篤太郎にとっては、小石川植物園こそが学校であり、圭介こそが教師であったと思われる。

こうして、篤太郎は数年間、植物学を中心にして博物学を祖父から学んだ。

なお、追想記には矢田部教授の名が出てくるが、彼こそ後の「破門草事件」の当事者で、篤太郎の人生はこの人によって多大な影響を受けざるを得ないことになってしまうのである。

明治十二年（一八七九）の二月には、十四歳の篤太郎は圭介に命じられて、宇田川榕菴の『菩《ぼ》多尼訶經《たにかきょう》』（一八二二年刊）および吉雄常三《よしおじょうさん》の『西説觀象經《せいせつかんしょうきょう》』（一八二二年刊）を翻刻公刊し、本格的に学者の道を歩み始めている。宇田川榕菴は圭介と一緒に日光に植物採集に行ったこともある仲で、「植物」という語を初めて日本で使った人として知られ、『菩多尼訶経』は経の形式を借りて植物学を説いた本である。また、吉雄常三は圭介の蘭学の師匠で、『西説観象経』はやはり経の形式を借りて天文易学を紹介した本である。これら圭介の先輩二人の業績を偲び、明治の世に再び周知させるために、二書を圭介が自費で翻刻公刊させたのであった。

またこの頃、圭介が収集していた菰野山（現在の御在所山）をはじめこの地方において得られた植物標本や資料などをもとに、『日本産物志』伊勢部の編纂を篤太郎に命じたようであるが、未刊に終わった。さらに同様に、圭介は篤太郎に『日本植物圖説』木部をまとめさせようとしたが、やはり未刊のままとなった。

このように孫の篤太郎に対しての溺愛ぶりが目に余る圭介であるが、その日記にも篤太郎が将来徴兵にとられるのではないかと暗に心配する様子が見て取れる箇所がある。明治十二年五月九日の条には[20]「篤、徴兵之事、聞合可申候」と述べ、五月十一日の条には[20]「篤太郎、今之内早ク医学校へ入学不申候へは、兵隊ニ組入可相成之事、且又年齢サキへ相成候へは又六ヶ敷由、何れ圭、篤同伴、近日犬飼（注：圭介の六女楳の嫁ぎ先）へ可頼置候事」と心配する様子が記されている。

明治六年（一八七三）一月十日に施行された徴兵令では、満二十歳の男子から抽選で選ばれた者に対し、三年の常備軍としての現役の兵役と、その後四年の予備兵役を義務付けていた。

明治十二年といえば、篤太郎はまだ十四歳なのであるが、圭介の心には早くも心配の種が生じてきたようであった。徴兵令は国民皆兵を原則としたが、体格不良者は除かれ、また、「陸海軍学校生徒」、「官吏《かんり》、特定の学校の生徒及び卒業生、洋行修業者等」、「戸主」、「嗣子《しし》、承祖の孫、独子独孫、養子等（要するに戸主の相続者となるべき者）」、「代人料として二百七十円（明治十二年から四百円、十六年に廃止）を納める者」、および「犯罪者」は徴兵免除とされていた。[21] このような除外規定もあり、実際には二十歳以上の男子の三〜四パーセントくらいしか徴兵できなかったようであった。篤太郎は長男であり、分家であるが伊藤延吉の家の跡を継ぐ立場にあったわけではあるが、圭介はそれだけでは徴兵免除の条件としては十分とは思えなかったらしい。篤太郎が東京医学校などの官立学校（特定の学校）の生徒となれば、徴兵問題が一挙に解決すると考えたのであろう。

そうこうしているうちに、明治十二年（一八七九）の八月二十六日に、圭介の三男で、篤太郎の叔父にあたる謙が二十九歳の若さで他界してしまった。これが篤太郎の人生に大きな影響を及ぼすことになった。

叔父 伊藤 謙とその死

伊藤 謙（図9）は嘉永四年十二月（注：これを西暦表記するとなると、もし誕生日が一〜九日であれば一八五一年になり、十日以降であれば一八五二年となる）生まれで、姉にあたる小春より六歳年下であり、圭介と後妻貞との間の待望の男児で、幼名を謙三郎とも称した。圭介は謙を早くから自分の後継者として考えていたらしく、文久元年（一八六一）十月には圭介らに同行して江戸に上り、翌年二月より十二歳という幼い年齢ながら、父が勤務する蕃書調所（のちに洋書調所と改称）に入学して英語と画学を学び、遅れて十二月より西洋医学所にも入った。その後、一旦名古屋に帰ったが、明治四年（一八七一）に再度上京して東京医学校の前身の大学東校に入学した。しかしながら同校を程なく退学したようで、結局は医者への道は選ばなかったのである。

むしろ本草に興味があり、明治四年（一八七一）六月から七月にかけて、圭介の門人で、当時大学南校物産局の主任格になっていた田中芳男とその手伝いの内藤銀次郎ならびに柴田善次の三氏に同行して、富士山、箱根、相模大山《おおやま》などにて植物採集を行った。[22]この採集旅行は『富士紀行』と呼ばれ、芳男自筆の稿本が残されているが、平成二十年（二〇〇八）になってその曾孫にあたる田中義信氏[23]によって翻刻され、解説が加えられた。それによると、記録の中に多くの植物名が記載されているが、芳男の豊富な植物知識が同定を可能にしたという。それゆえ、同行した謙も良き経験をしたに違いない。

図９　伊藤　謙［東山植物園所蔵］晩年の頃と思われる。

また、明治七年（一八七四）の八月から九月にかけて、芳男のグループが行った日光の採集旅行にも参加した。(22) これから採集に行こうとする謙に、採集に当たっての注意事項として、「根掘りは使った場所に置き忘れやすいので、長い紐をつけて腰にさげるとよい」とか「地元の人に植物名の方言や薬用食用の可否を尋ねるとよい」などの文を圭介が扇に書き与えたという。(23) 圭介の親としての老婆心ぶりが感ぜられるが、それ程、謙に期待していたのであろう。

さらに明治八年（一八七五）七月から八月にかけて芳男らと行動をともにした信州方面での採集旅行では、八月に戸隠でサンカヨウに似た珍しい草を見つけ、白色の果実を結んでいるのを見て、「シロミノサンカヨウ」と仮に呼んで標本を作成するとともに、根を掘り、これを持ち帰って小石川植物園に植栽した。そしてこれを翌年開花させた。

戸隠で謙が採集した標本、花と葉の図および花の解剖図などを材料として、後年、篤太郎が研究し、ついには篤太郎が命名者となって、採集から十一年後の明治十九年（一八八六）に、トガクシソウ（トガクシショウマ）が新種 ***Podophyllum japonicum*** Ito ex Maxim. として、ロシアのマキシモヴィッチ（C. J. Maximowicz）の論文に記載された。また翌々年の明治二十一年（一八八八）には同じく篤太郎によって新属 ***Ranzania*** T. Ito が提唱され、同時にトガクシソウはこの属に移され、***Ranzania japonica***（T. Ito ex Maxim.）T. Ito という新組み合わせの学名が英国の論文に発表された。こうして日本人による初めての、新種および新属としての学名の命名が、連続してなされたのである。これらの快挙はまさしく伊藤家のチームプレーによって成就されたものといえる。このことについては後章にて詳しく述べることにする。

また、これより少し前の八月二日には採集旅行中の木曾御嶽において、七合目にあたる田ノ原の山小屋を出発した後の九合目より絶頂までの間の砂礫地において、「砂ノミニシテ樹木少キニ至リ、処々ニ奇草ヲ見ル（クモマグサ）」との記録が残されている。(24, 25) このクモマグサ（口絵31）はその当時学名は付けられていないものの、和名がしっかりあり、御嶽登山をする先達や参詣者の間では比較的名前が知られていた植物だったようである。水谷豊文著の『木曾採薬記』(26) においてにも「石間ニ叢生シテ三尖ノ小葉多ク重リ花茎寸餘ニシテ五辯ノ白花ヲ開ク　按クモマグサ」とある。

謙は帰京後、このクモマグサの標本を作製し、父圭介は時をあまり置かずして当時日本にいたフランス人植物学者のサヴァチエに見せたようである。明治八年（一八七五）九月十五日の『伊藤圭介日記』(27) によれば、翌十六日に横須賀に向け押葉を郵送するとあるが、この中にクモマグサの標本も入っていた可能性が高い。

翌年の明治九年（一八七六）一月三日、圭介は謙を伴ってサヴァチエに会いに横須賀に向け出発した。(28) 二十種の押葉、『菌説』および当時三両もした豊楽焼の上等な焼き物等を土産として持参し、新橋駅から開通してからまだ三年余という近代文明の象徴である汽車に乗って横浜駅まで行き、さらに横浜から横須賀までは航路を採った。横須賀での宿は以前も泊ったことがある三富屋であった。翌日の四日、官舎を訪ねると、そこには通訳も同席していた。この席で、サヴァチエは今月末にフランスに帰国するため、荷物はすでに本国に送ったと語っていた。席上、圭介は長崎産のシダの写生図を見せてもらったり、持参した二十種の押葉について学名を記入してもらったりした。また、サヴァチエ所蔵の植物辞書を懇願して譲り受け、代金として五円を渡した。そしてそのお返しとして、化石、貝類、石の標本、盆栽類、菓子を貰ったとしている。サヴァチエは同行者の謙に対して、今年も植物学に専念するように励ましの声をかけてきたという。(29)

また、フランシェとサヴァチエ著『Enumeratio Plantarum in Japonia（日本植物目録）』の第一巻がプレゼントされた。さらに、先般圭介から送られたクモマグサの標本を調べてみたところ、学問上まだ正式には記載されていないことがわかり、それゆえ新種として発表することにしたという。その際、その学名を採集者である謙に献名し、出版準備中の『Enumeratio Plantarum in Japonia』の第二巻に載せることになっているとも言われた。

その後の明治十一年（一八七八）、クモマグサは *Saxifraga Idsuroei* Franch. et Sav. との学名のもとに『Enumeratio Plantarum in Japonia』の第二巻に正式に記載されたのであった。そもそも種小名の *Idsuroei* とは本来は *Yudsuroei* または *Yudzuroei* と表記しなければならないはずであるが、フランス人のサヴァチエには日本語における i と yu の発音の違いが区別できなかったのであろう。

ところがその後、本種はそれより五十年以上前の一八二二年にすでに発表されていた

Saxifraga merkii Fisch. ex Sternb.（チシマクモマグサ）の変種として位置付けられることが妥当とされ、*Saxifraga merkii* Fisch. ex Sternb. var. *idsuroei*（Franch. et Sav.）Engl. ex Matsum. として現在に至っている。

なお、母種とは葉の先端がしばしば浅く三裂することなどで区別されるという。分布としては、チシマクモマグサが千島、カムチャッカ、シベリア東部、北海道に産するのに対し、クモマグサは木曾御嶽と北アルプスの一部という限られた生育範囲を示し、日本特産とされている。ただし、木曾御嶽の自生地は平成二十六年（二〇一四）九月二十七日に起こった同嶽の噴火による影響が懸念される。

謙は著作においても、明治七年（一八七四）に『薬品名彙《めいい》』と『植學略解』一巻を著わした。翌年の四月には、圭介著・謙編次として『日本植物圖説』のシリーズのまず手始めとなる「草部イ初篇」(30)を刊行した。この書は植物の整理分類方法がリンネの綱目分類を適用せず、旧来の草木書に倣い和名のイロハ順に編纂されていて、まず草の部のイの和名が付く植物から掲載されていた。こういった旧来の整理分類方法を圭介、謙がとったことは残念であったが、サヴァチエにより長文の序が寄せられて、魅力ある出だしで始まっており、後続編の出版が期待されていた。またイの和名が付くものから取り上げられていたお陰でイチゲソウが含まれていて、またその仲間としてルリイチゲ［ユキワリ、*Anemone* sp.（注：*Anemone* 属の一種の意）］（図10）の記載があり、これが後年、篤太郎が新種 *Anemone keiskeana* T. Ito ex Maxim.（ユキワリイチゲ）

の命名者となる栄誉を得ることにつながった。

さらに次の年には安部為任が訳した『植物學譯解』を校補した。

ところが、明治十一年(一八七八)になり謙は胸を患っていることがわかり、その養生のため『日本植物圖説』と『植學略解』の後続編の刊行は進まず、翌年の明治十二年(一八七九)八月二十六日に息を引き取ってしまった。享年二十九歳であった。

本草学者、博物学者あるいは植物学者として、跡継ぎの道を順調に歩み始めたばかりの息子、謙の死は圭介にとって大きな打撃であった。残る唯一の男児、四男の恭四郎は二十五歳になっており、過去において明治三年(一八七〇)に『東遊記行』を著わし、また『訓蒙動物學』を訳しつつあったが完訳までには至らず、どうも跡継ぎになる意志はなさそうであった。

こうなると、孫の篤太郎に期待が集まることになるのは当然であった。

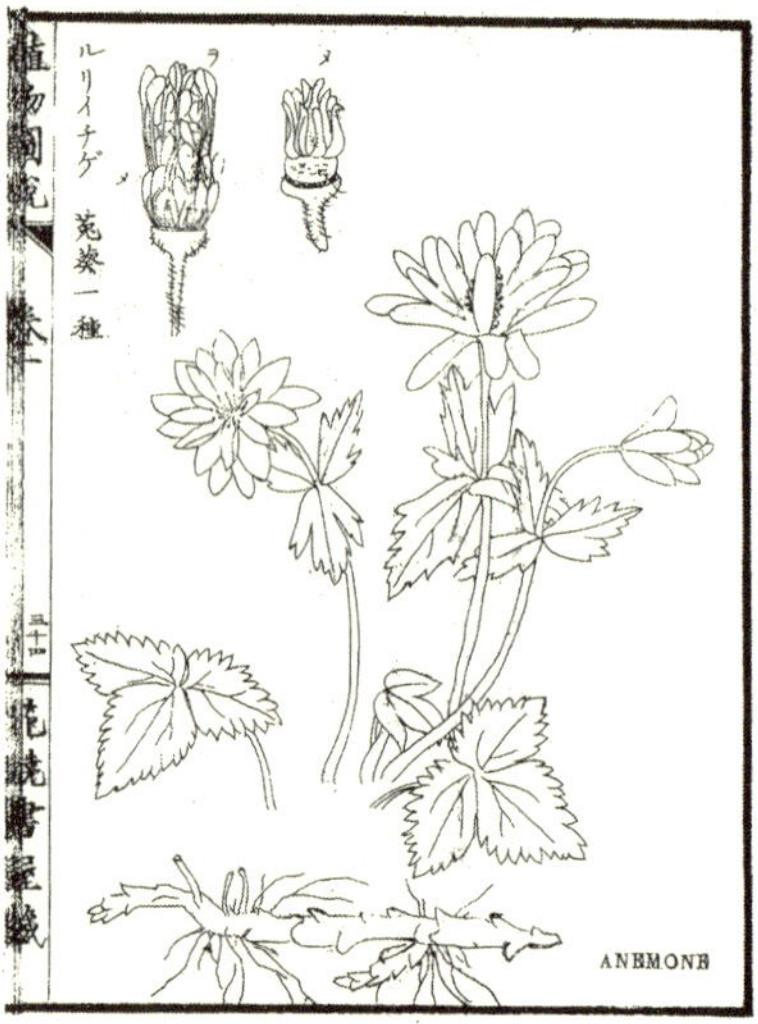

図10　ルリイチゲ(ユキワリ、*Anemone* sp.)の図[『日本植物圖説』草部イ初篇より][国立国会図書館所蔵]　ユキワリイチゲ(*Anemone keiskeana* T. Ito ex Maxim.)のタイプ標本にも添えられた図である。

圭介の後継者の道へ

謙の死による心の傷がまだ癒えぬ圭介であったが、明治十二年（一八七九）の十月八日に、ちょうどその頃横浜に入港していたスウェーデンの北氷洋航海探検船ヴェガ号の船長であるノルデンショルド（ノルデンシェルド）（N. A. E. Nordenskiöld）とその付き添い役の横浜司薬場教師のヘールツ（ゲールツ）（A. J. C. Geerts）による表敬訪問を受けた。翌々日の十日に早速、圭介は篤太郎をお供として横浜に停泊中のヴェガ号を訪ね、ウプサラ大学の植物学者、キェルマン（キゼルマン、**F. R. Kjellman**）博士からシベリア北岸ピトレカイ産のシオガマギクの一種とユキワリソウの一種の標本をもらった。今まで見たこともない酷寒地産の奇品をプレゼントされた篤太郎は感激し、余程嬉しかったのであろう、この経緯を郵便報知新聞の明治十二年十二月十一日号に「北氷洋瀕海之地所産ノ植物幷新薬硫酸規尼涅傑列乙ノ説」として、硫酸キニーネの話とともに「西伯利《シベリア》産ユキワリサウ一種」と題した自らの作図を添えて投稿している[31]（図11）。『伊藤圭介日記』の明治十二年十一月十九日の条に[32]、当時十四歳の篤太郎によるこの投稿文の下書きが残されているが、圭介が何か所か朱を入れているのが見られ、孫の投稿文の文章を心配する圭介の姿が微笑ましく感ぜられる。

明治十三年（一八八〇）七月二十四日に今度は圭介の妻、貞が没した。六十五歳であった。しかしながら、圭介は相次いで本を執筆したり、東京植物学会創立に尽力したりして、老齢ながら仕事に精を出していた。またその傍ら、後継者にさせるべく篤太郎への教育も続けていた。

明治十五年（一八八二）四月十六日、上野不忍《しのばず》生《しょう》池《ち》院《いん》にて、圭介が八十歳になったことを祝った八十賀寿耋《てつ》筵《えん》會が開かれた。圭介は会に先立ち、十七歳になった篤太郎に『錦窠翁耋筵誌』巻一[33]の編輯を命じた。この書に篤太郎は自ら執筆した「トビトビムシ説」の論文（図12）を載せた。このトビトビムシなる和名は江戸時代の本草学者吉田平九郎の虫譜によったもので、現在でいうトビムシのことを指し、体長五ミリメートルにも満たない原始的な小昆虫で、森林土壌に数多く生息するとされている。昭和になってから書かれた内田一の日本のトビムシの総説[34]によると、篤太郎のこの論文は我が国のトビムシ類を記載した最初のものになるという。また内田からの問い合わせに対し、篤太郎は当時の自身の昆虫学や博物学への取り組みについて、返信となる書簡の中で次のように答えている。[34]

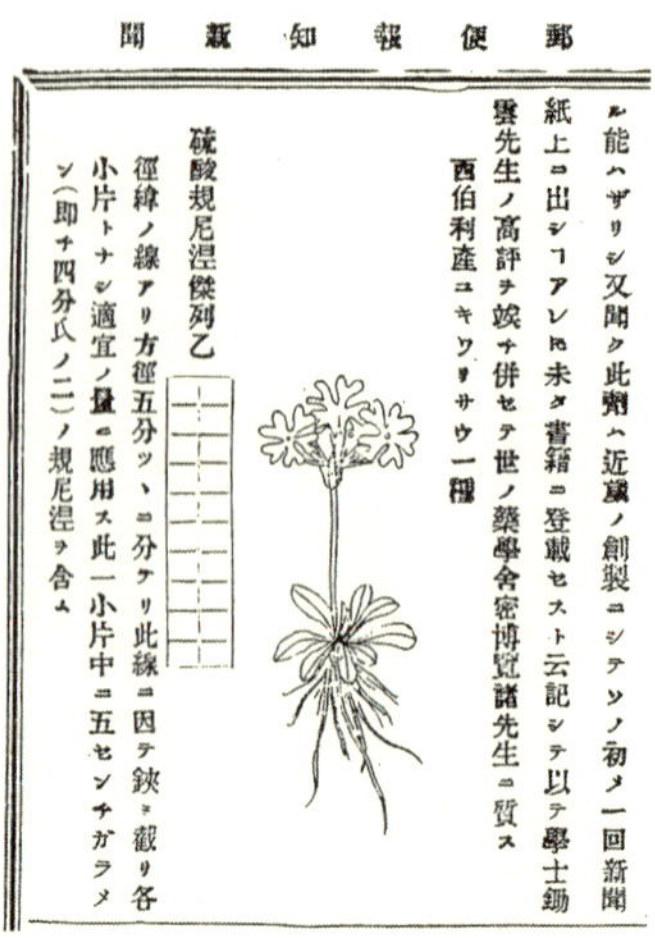
郵便報知新聞

ル能ハザリシ又聞ク此剤ハ近歳ノ創製ニシテソノ初メ一回新聞紙上ニ出シヿアレド未タ書籍ニ登載セストト云記シテ以テ學士錫蛋先生ノ高評ヲ竢チ併セテ世ノ藥學舍密博覧諸先生ニ質ス

西伯利産ユキワリサウ一種

硫酸規尼涅傑列乙

徑緯ノ線アリ方徑五分ツヽニ分チリ此線ニ因テ鋏ヲ截リ各小片トナシ適宜ノ量ニ應用ス此一小片中ニ五センチガラメン（即チ四分氏ノ二）ノ規尼涅ヲ含ム

図11　「西伯利（シベリア）産ユキワリサウ一種」の図　［郵便報知新聞 明治12年（1879）12月11日号より］　篤太郎14歳の時に執筆した投稿文中に挿入された図である。

老生幼少之頃より動物殊に昆蟲類に不尠趣味を有し Harris : Treaties on Injurious Insects を耽讀し 更に Packard : Guide to the History of Insects 1880 を基礎として本邦産の昆蟲類を研究致居候處 同書に Thysanura（當時は彈尾類と假稱致居候）は昆蟲類中最も原始的之者にて蜘蛛類竝多足類に聯絡を有するが如く記載致有之候により 先づ Thysanura より研究を進め度と存じ 當時祖父圭介翁は本郷真砂町に住居し 老生も當時十八歳（注：実際は十七歳）の少年にて同家庭の一人に有之、先づ邸内の彈尾類を取調候次第に御座候。其際の notes、原稿圖の一部より選擇拾出して前記の「トビトビムシ」の圖説を編輯し「耋筵誌」へ掲載致置次第にて 今日より觀れば本邦跳蟲類最初の研究と相成候事と了承致候、研究當時は本邦に於ける科學的昆蟲學と申す程のもの無之且同志之専門家も存じ不申 依て海外へ通信致し欧米の昆蟲學者より教へを受け申候。その人々は米國の甲蟲専門家 John L. LeConte 博士、同フランスの S. A. de Marseul 等數名有之候。尤も

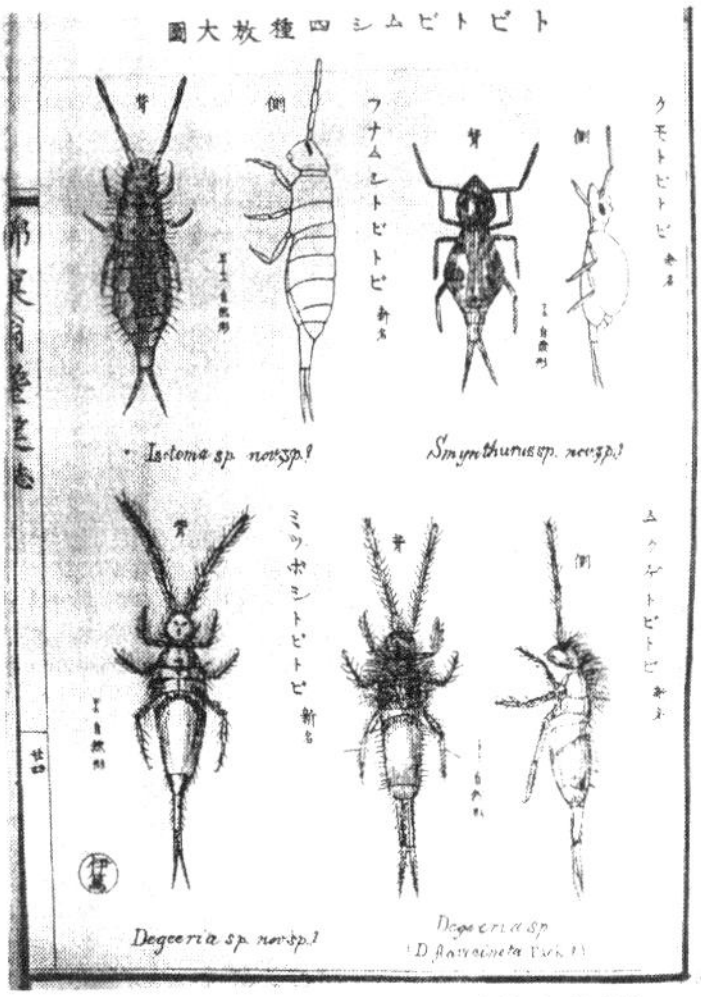

図12　トビトビムシ説の付図［『錦窠翁耋筵誌』巻一より］篤太郎17歳の時に執筆した、現在でいうトビムシに関する論文の中に挿入された図である。我が国のトビムシ類を記載した最初のものになるという。

本邦在留の歐人には英人 H. Pryer と交際致居候。又、ロシアの植物學者 Maximowicz の盡力により St. Petersburg 學士院より東方亞細亞の昆蟲書を種々領収致居候。『錦窠翁耋筵誌』は明治十五年四月祖父八十歳の壽賀で上野不忍池畔生池院に開催致候際の出版物にて當時祖父は東京大學教授在職中故、我國に於ける博物學の初期に有之随て「本草書の最後のもの」とするよりは寧ろ本邦博物學の初期の物とする方適當と存候。例之ば耋筵誌掲載の植物は何れも西洋自然分類の科目に随ひて各その科名を記載せるを以て之を證すべく本草家流の分類は一切放棄して不顧を以て之を證するを得べしと存候。

として、篤太郎の学問の興味の範囲が植物学だけではなく昆虫学にもあることが示され、博物学者としての片鱗が若きこの時期にも窺えるのである。また、海外の学者との交流も活発で、語学の上達ぶりが察せられる。さらに、『錦窠翁耋筵誌』掲載の植物は西洋自然分類に従って記載されたとして、同誌を「本草書の最後のもの」とするより「博物学の初期のもの」と考えるべきと述べている。つまり、旧来の本草家流の整理分類方法をとった『日本植物圖説』草部イ初篇を出版した頃からすでに七年の歳月が流れており、伊藤家の中においても、時代の変革というものが着々と進行している様子が窺えるのである。

そして本来のテーマである植物学に関しても次第に実力が備わってきた。

その事を裏付ける例として、ロシアの植物学者マキシモヴィッチへの英文の書簡がある。まず、明治十五年（一八八二）五月二十六日付で篤太郎からのものが送られた[35]。そして、明治十六年（一八八三）には七月十日付で圭介との連名で、また七月二十一日付で篤太郎からの書簡が出されている[35, 36]。これらの手紙はすべて篤太郎自身が書いたもので、しかも第三の書簡はかなりの長文である。この時点ですでに植物学に対するかなりの知識があることが窺え、さらにマキシモヴィッチから学ぼうとする積極的な姿勢が感ぜられる。以前「不登校児」として何校も中途退学している青年が書いたものとは思えない内容である。また第三の書簡には植物の乾燥標本類一箱が添えられており[36]、篤太郎とマキシモヴィッチとの間のこれらのやりとりは後に日本の植物分類学史上重要な出来事に発展するのであるが、これについては次章で詳しく述べることにする。

さらに、海外の学者との交流は昆虫学や植物学以外の分野においても見られ、アルゼンチンの著名な菌学者（注：ここでいう菌とは細菌つまりバクテリアではなくて、カビやキノコといった真菌のことを指す）でありかつ植物学者であるスペガッツィーニ（Carlos Spegazzini　一八五八―一九二六）との間で、書簡や標本の交換を行っていた。なお、スペガッツィーニは元来イタリア人で、アルゼンチンに渡り、若くしてブエノスアイレス大学の教授となった。植物に病原性を有する微小菌類に関しては世界屈指の研究者であり、また顕花植物についても造詣が深かったとされている。

そもそも篤太郎とスペガッツィーニとの交流のきっかけとなったのはある書簡からである。

明治十六年（一八八三）九月三十日の朝、東京本郷真砂町にある伊藤圭介宅に妙な書簡と小包が届いた。封筒の表にはたどたどしい漢字と片仮名で「トクタロイト　ヲサマニ　十四　マサゴチヨ　ミチホンゴ　東京　日本國」と宛先の住所と宛名が示されていた（図13）。よく見ると、「À Monsieur Tokutaro Ito Masagochio Str. n. 14 Hongo Tokio（Japan）」とフランス語とも英語とも読める文字が添えられていた。差出人の住所や名前は封筒のどこにも書かれていなかったが、貼ってあった切手にはREPUBLICA ARGENTINAの文字が見え、その切手の上にBUENOS AIRES JL 10 83という消印が押されていた。なおその後、封筒の裏には圭介の字で、明治十六年九月三十日朝という受け取った日付が書き加えられた。

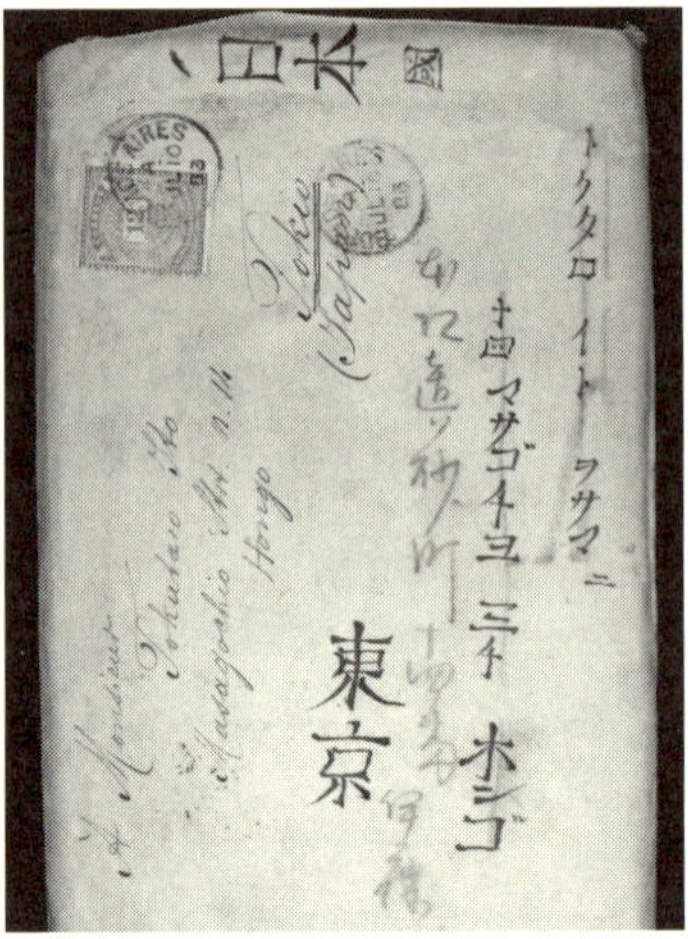

図13　スペガッツィーニから伊藤篤太郎に宛てられた1883年（明治16年）7月6日付の書簡の封筒表面［国立科学博物館植物研究部所蔵］

封書を開けてみると、差出人はアルゼンチンのブエノスアイレス大学教授スペガッツィーニで、差出した日付は一八八三年七月六日となっていた[37]。書簡はフランス語のきれいな字体で書かれていて、封筒の中にはスペガッツィーニがアルゼンチン南部のパタゴニア地方を採集旅行中に現地のインディオ達と一緒に撮った写真が入っていた（図14）。

内容に目を移すと、まず今回の書簡はスペガッツィーニから篤太郎に宛てた初めてのものであったようである。スペガッツィーニは元来イタリア人で、日本に行くために、日本語の勉強をしていたと書いてあった。封書の宛先の住所と宛名のたどたどしい日本語は、おそらくスペガッツィーニ本人が書いたものと思われる。インディオ達と一緒に撮った自分の写真を同封したり、日本語で宛名を書いたりと、イタリア人特有のお茶目で人なつこい一面を覗かせている。

さて、スペガッツィーニの目的は日本の菌類、特に植物病原性微小菌類を調査することであった。来日できれば一番いいのであろうが、移住先のアルゼンチンからは地球を半周することになり、当時としてはかなり遠い距離なので、来日は実現しにくかったのであろう。そこで、要するに日本から標本を送ってくれというのであった。

また、他に菌類に造詣の深い日本の研究者を紹介してほしいとのことも書かれてい

図14　スペガッツィーニとパタゴニアのインディオ達［国立科学博物館植物研究部所蔵］スペガッツィーニ（後列左から三人目）がアルゼンチン南部のパタゴニアを旅行中に現地のインディオ達と一緒に撮った写真。篤太郎は同時にプレゼントされた菌類の標本とともに大事に保管していた。

た。しかしながら、この時代の日本は菌学の黎明期の少し前にあたり、植物病原菌に明るい菌学者はまだ世に出ていなかったのである。後年名を馳せた南部信方、宮部金吾や白井光太郎らもまだ年がいかず、学者としては駆け出しや学生の頃であった。(38)

さらに、スペガッツィーニからは南米の顕花植物と菌類のコレクションを送ったと書いてあった。このうち顕花植物の標本集は、現在のところその所在がわからず詳細は不明であるが、菌類の標本集の方は冊子式のエキシカータ（乾燥標本集）であり、サビキン、クロボキンをはじめとする植物病原菌の標本であった。この菌類標本集については、著者が別稿に詳しい解説をしておいた。(39)

さて、ここで疑問になるのは、スペガッツィーニはいかにして日本というはるか彼方の地に暮らす篤太郎の存在を知り得たのかということである。圭介ならいざ知らず、この頃の篤太郎は世界的には全くの無名だったはずである。ところが、スペガッツィーニは圭介宛ではなく篤太郎宛に宛名を書いてきた。そして篤太郎が隠花植物学に関わっていることを知っていた。はたして、スペガッツィーニに篤太郎を紹介する人物が世界のどこかにいたのであろうか。その書簡には紹介者の名前などは一切書かれていなかったのである。

この直ぐ後の明治十六年（一八八三）十月中旬に、篤太郎は自宅近くにおいて、ツルドクダミ（*Polygonum multiflorum* Thunb.）およびクコ（*Lycium chinense* Mill.）の葉に寄生する真菌を採取した。そこで標本を作製してスペガッツィーニに送り、同定を依頼している。その三年後の一八八六年に篤太郎にとって記念すべき新種の真菌がスペガッツィーニによって発表された。この真菌こそ篤太郎にとって初めて自分の名が学名についた生物となったのである。これについては第2章で詳述したい。

スペガッツィーニは篤太郎との交流中、東洋の無名の若者に対して一人前の研究者として丁寧な対応をしてくれた。これについて篤太郎はかなりの感激を憶えたようで、スペガッツィーニから送られた書簡、写真と冊子式の標本集を一生手元離さず大切に保管していた。こういった意味でも、スペガッツィーニとの間の学術的交流は、後の篤太郎の研究人生に大きな影響を与えたと思われる。

以上のように、明治十五年(一八八二)および十六年(一八八三)という年は篤太郎にとって、大いなる飛躍を予感させるような、生涯の中でもかけがえのない年になったのである。

田中芳男、圭介の篤太郎に対する学習方法に物申す

こういった篤太郎の成長が感ぜられる中で、従来から行われていた圭介の篤太郎に対する学習方法の是非を心配する者も出てきた。

圭介の高弟の田中芳男(図15)である。

田中芳男は天保九年八月九日(西暦一八三八年九月二十七日)に信濃国飯田(現在の長野県飯田

図15　田中芳男［東山植物園所蔵］明治23年（1890）撮影（田中芳男53歳）。

市）で、医官田中隆三（如水）の次男（実際は三男であるが、長男の三蔵は生まれてすぐに死亡したため、次男とされている事が多い）として、芳介との幼名のもとに生まれた。[40, 41] 十代半ばの頃は、『四書五経』をすでに素読し、医師である父が行う種痘の接種を手伝っていたとされている。安政元年（一八五四）、兄文輔死亡により家督を継ぎ、名前を幼名の芳介から芳男に改めた。

安政三年（一八五六）に名古屋に出て尾張藩儒塚田から漢籍の教授を受け、翌年から圭介の門に入って蘭学、本草学、医学を学びはじめた。安政五年（一八五八）五月には圭介、飯沼慾斎ら多数の本草博物家と伊勢菰野山（注：現在の御在所山）に採薬（注：植物採集と同義）に出かけ、圭介の本草博物学の原点とも言える「採薬による実物の収集・観察」ということを体験学習した。後年、田中芳男の博物学者としての実力、特に同定能力についての評価が高いが、その実力はこの頃養ったものと思われる。その後の文久元年（一八六一）、幕府の蕃書調所物産学出役となった圭介とその三男である謙に随行して江戸に出た。この年、再来日したシーボルトに圭介のお供として会っている。

文久三年（一八六三）、師圭介が江戸における物産的な仕事から身を引き始めた頃に、ちょうど入れ替わるように、西洋医学所薬園管理を委嘱され、西洋産植物の栽培試験などを担当した。慶応三年（一八六七）にはパリで開かれた第二回万国博覧会に幕府の物産取調御用掛として出張した。

明治の世になってからも、新政府により開成所の御用掛に任じられ、すぐに大阪に新設された舎密《せいみ》局（「舎密」とは「化学」の意。後の京都大学）の御用掛となる。明治三年（一八七〇）に東京に帰任すると、その翌年、発足したばかりの文部省の博物局掛として、五月には九段坂で日本初の博覧会となる物産会を実施し、六月から七月にかけては伊藤 謙らを連れて富士山、箱根、相模大山などに採集旅行を行った。また、明治五年（一八七二）には湯島聖堂博覧会を開催し、西洋の植物学の書を訳述して『林娜《リンネ》氏植物綱目表』、『垤甘度爾列《デカンドルレ》氏植物自然分科表』を著した。

明治六年（一八七三）にはウィーン万国博覧会、同九年（一八七六）にはフィラデルフィア万国博覧会に事務官として出張。この間の明治八年（一八七五）七月から八月には、信州諸山に内務省博物科のグループの面々と伊藤 謙らを率いて大々的な採集旅行を行っている。さらに、明治十年（一八七七）には第一回内国勧業博覧会を成功させた後、会場となった上野に湯島の博物館を移転させ、さらに動物園を新設するなど、パリ出張以来心に温めていた博物館構想を上野公園において実現した。後に芳男が「博物館の父」といわれている所以である。

その後、農政官僚として、内務大書記官、農商務大書記官などを歴任し、また元老院議官や貴族院議員を務めた。

明治三十四年（一九〇一）一月十四日、伊勢四日市に出向き、北勢物産品評会の審査長としての職務を遂行中であったが、師圭介の突然の訃報を耳にした。この時、「伊藤圭介翁死スルモ、中途ニシテ退キガタク、漸ク会葬ノ間ニ合ヒタリ」と述べている。(40)

大正四年（一九一五）に男爵となったが、翌年の六月十七日に胃潰瘍発病。そして二十日にそれにより東京本郷金助町七十二番地の自邸にて死亡した。二日後に従二位を叙され、この日を没日とされることもある。なお、墓は東京谷中霊園にあり、師圭介の墓にもなぜか程近い。

その師思いの田中芳男が、元老院議官になった頃、篤太郎の父、延吉に宛てた明治十六年（一八八三）十一月十三日付の書簡がある。(42)その文面に従来から行われていた圭介の篤太郎に対する学習方法の是非を心配する事が述べられている。杉本氏の著書(2)ではこの書簡を翻刻している。それを引用してみると、

今年初春申上候篤太郎君之件、今以テ学校之課程を履《ふ》ましむるなし、単に本人之所好《しょこう》ニ従ひ学術研究致来候。右ハ維新前之事を思へハ決して不可なるなく、又目今《もっこん》とても維新前風之学問なすには、又是が外ニ策なし。而して其人物たるや若年の錦窠翁をなすべし。今ノ世に夫では済まず、……錦窠翁の左右に侍し、離れ難く、又離すべからざるものならば、何ぞ是を承嗣《しょうし》の孫とせざる、然らざれバ唯他人を膝下ニ養ふと一般ならん。故に翁の跡継《あとつぎ》

でなくバ、君の嫡子なり。君の世嗣《せいし》ならバ即ち別家の子、本家の世嗣に非ず。然《しか》ば本家翁之を自由にするを得んや。

と、圭介の愛弟子とはいえ、師匠を批判したかなり突っ込んだ内容の手紙である。

「圭介が行っている学習方法は、まさに明治維新前の、家学の伝習そのものであり、篤太郎の意向があるにはせよ、学校教育の課程を全く踏んでおらず、圭介の爺馬鹿ばかりが目立つ片寄った教育のやり方である。また、篤太郎は、延吉の息子、すなわち分家の子であるから、圭介の本家の跡継ぎではないのであり、圭介は篤太郎を自分勝手にできないのではないか」というような内容の意見を延吉に対して述べたのであった。

圭介より三十五歳年下で、篤太郎より二十八歳年上の田中芳男は、師のため、しいてはその孫のために、伊藤家に対してあえてこの直言をしたのであろう。

思えば、圭介は誠にいい弟子を持っていたのであった。そして、圭介と延吉は痛い所を衝かれたのであった。しばしの相談があり、篤太郎の海外留学の話が持ち上がってきた。

一方、篤太郎本人にしても、過去幾度となく失敗した国内の学校での勉学よりも、むしろ海外に留学して、心機一転、勉強や研究をしたいという気になっているようであった。

そこには、以前の精神的にひ弱な篤太郎は影を潜めていた。おそらく自分の心の中に学者としてやっていく自覚とやっていける自信というものが芽生えてきていたからであろう。これには、圭介によるマンツーマンの密度の高い教育を受けたということに加えて、海外の著名な学者との間で書簡や標本の交換を通じての学術的交流をなし得たことが大きな力となっていると思われた。

英国留学へ

こうなると、海外留学の話は急に進んだ。明治十六年（一八八三）の暮から翌年の正月にかけてのことである。

この留学先の具体的な選択については、これまで関係資料が見つかっていなかったため詳細が不明であったが、最近になって長谷川 幹氏によって国立国会図書館に寄贈された新資料の一つからそれが明らかになった。その資料とは「伊藤篤太郎資料(1)」の中の第3袋「東京植物學會創立後並植物学雑誌發行前後に於ける歐州植物學會の状況」[43]と題した篤太郎によって書かれた草稿である。

この中で篤太郎は渡英に際して、「英国前外務次官で植物学者であるジョン・ボールが書いたキュー王立植物園園長ジョセフ・フッカー宛の紹介状を懐に暖めていた」という記述があることから、留学先の具体的な選択は、日本の英国公使館から本国の外務省という外交ルートであったと思われる。おそらくまずは圭介と篤太郎が東京麹町五番町にある英国公使館に出向いて留学先の斡旋を依頼したのではないかと推察される。公使館はそれを本国外務省に伝えたところ、英国前外務次官のジョン・ボールの名が浮かび、そして彼が仲介役となり、事が進められたようである。というのも、ジョン・ボール（John Ball 一八一八―一八八九）はアイルランド出身の政治家であったが、同時に博物学者あるいはアルピニストとしても知られていて、キュー王立植物園（Royal Botanic Gardens, Kew）のウイリアム・J・フッカー（William Jackson Hooker 一七八五―一八六五）およびその息子のジョセフ・D・フッカー（Joseph Dalton Hooker 一八一七―一九一二）と親交があった人物だったからである。ことにジョセフ・フッカーとはモロッコとアトラス山脈を一緒に採集や探険をしたことがあり、親密な関係にあったとされている。それゆえ、ジョン・ボールは親友のジョセフ・フッカー宛に紹介状を書いたのであった。

次に問題になるのは留学費用のことである。英国留学となると、官費留学と違い私費留学では費用がたいへんである。まずは往路の船賃から始まり、しばらくの滞在費と学費が必要である。当初、当時のお金で千数百円程かかるという計算になった。二〇一六年現在の貨幣価値に直すと千数百万円である。また、滞在する期間が長くなれば、それだけ滞在費と学費がかさみ、帰国する際には復路の船賃も用意しなければならない。となると、当初の千数百円だけでは済まされなくなるのは必定であった。

その費用をどうするかという問題が当然ながら出てきた。

まず、両親の延吉と小春は持っていた家作を売ることにした。といっても、こうした不動産はすぐに現金化できないという問題に直面した。もう少し準備期間があれば何とかなったのであるが、それでも手持ちの現金などで数百円を掻き集めた。しかしながら、目標の千数百円には程遠い額であった。

そこで、圭介に相談が及んだ。

ふと、圭介は自分が若かりし時のことが思い出された。ツュンベリー著の『Flora Japonica』を訳した『泰西本草名疏』を自費出版した時のことである。この出版のため、当時のお金で二百九十両の借金をした。[三] これを現在の貨幣価値に直すと千四、五百万円程になる。また実兄の大河内存真にも三十五両の借金をお願いした。[三] これも今でいうと二百万円近くになる。しかし、その時思い切って投資したお陰で今の自分があるのである。可愛い孫のため、そして伊藤家のため、その位の投資はしかたがないと圭介は思ったであろう。東京で同居している家族の中では出資に不服の者もいたが、圭介は思案の結果、明治十七年（一八八四）の二月一日付で名古屋にいる篤太郎の両親の延吉と小春宛に手紙[2, 42]を出し、決意の程を示した。その一部を示すと、

一存ニ付、拙老義前後ヲ顧ミズ、只々遣《つかわし》申度、何卒博物學之大學者ニ致遣度老婆心而巳《のみ》ヲ以テ、右修業入用之内へ　金千圓也　償辯可致遣度候。右大金ハ中々拙老年寄、誠ニ誠ニ大六ケ敷、迷惑之極ニ候へ共、只々当人ヲ博物大學者へ致遣し、拙老之學問之跡ヲ相続致サセ、伊藤家ノ大名誉ヲ得申度一念ニ有レ之候。

とある。

つまり、圭介は篤太郎を「博物学の大学者」にさせたいために、苦心して留学費用の金千円を用立てたのであり、ただただ「自分の学問の跡を継がせ」、さらには「伊藤家の大名誉」を得たい一念であるとしている。

そもそも圭介の息子たちは若くして亡くなる者が多く、また存命した末っ子の息子は学問の跡を継ぐ気はなく、後継者問題で悩んでいた圭介にとって篤太郎は希望の星であった。その篤太郎が飛躍するために自分が力になれるならば、八十二歳になっていた圭介にとって本望であったことであろう。

そして、ついに篤太郎はその年の三月十二日、横浜から米国船に乗り、英国に研究留学することになった。

第2章　英国留学時代

シティ・オブ・トウキョウ号

明治十七年（一八八四）三月十二日、横浜港には五〇七九トン、四本マストを持つ米国籍の汽船、シティ・オブ・トウキョウ（City of Tokyo）号がすでに入港していた。

このシティ・オブ・トウキョウ号は翌年日本人による海外への移民が正式に行われるようになった際、夢と不安に満ちた移民たちをハワイまで乗せたことで有名になった船である。十九歳になった篤太郎も、やはり夢と不安に満ちた想いで船に乗り込んだことであろう。この船はホノルルを経由してのサンフランシスコ行きなので、多くの乗客はハワイやアメリカ本土を目指していたが、ホノルルまでの途中に遠回りして香港にも立ち寄るので、そこで英国行に乗り換える乗客も含まれていた。篤太郎もその一人で、下等船室（steerage）の乗客となったのである。

図16　英国における留学生達［東山植物園所蔵］明治17年（1884）9月25日撮影。左から浅野長之、篤太郎（19歳）、前田利武。

この船には、やはり英国を目指していた二人の日本人の若者が乗っていた。

浅野長之《ながゆき》と浅野長道《ながより》の二人で、旧広島浅野藩の最後の藩主で、昭和まで生きた大名として有名な浅野長勲《ながこと》の従弟と弟であり、後に二人とも長勲の養子となり、長之はその後当主を継いだ。長之は篤太郎より二歳上の二十一歳、長道は一歳年上の二十歳であった。旧藩主の家柄なので、船室は上等（cabin）と篤太郎とは違いがあるが、年の頃もほぼ同じで、目的も同じ英国留学であり、船上で当然仲良くなったことと思われる。話をしてみると、長之も長道の二人とも英国についてよく知っていた。それもそのはずで、実は二人は八年前から三年前までの五年間、英国のイートン校に留学していたのであった。留学について不安があった篤太郎にとって、二人は良きアドバイザーになったに違いない。二人とは英国に着いてからも交際があり、邦人留学生仲間と一緒に写った写真が残されている（図16）。長之は王立理学校を明治二十三年（一八九〇）に卒業し、翌年帰国の後、英国仕込みの作法と流儀に精通している経験を活かして宮内庁に出仕し、式部官、主猟官を歴任した。しかしながら、長道は明治十九年（一八八六）十二月二十四日にロンドンにて客死してしまった。

当時、英国までは五十日ほどかかったとされている。

篤太郎はいかにして英国での留学先の選択をしたか

この留学先の具体的な選択については、国立国会図書館保管の「伊藤篤太郎資料(1)」の中の第3袋「東京植物學會創立後並植物学雑誌發行前後に於ける歐州植物学會の状況」[43]と題した篤太郎によって書かれた草稿によって明らかになった。

この草稿には、昭和六年（一九三一）十一月廿九日という日付の記入があり、おそらくこの前後に書かれたものに間違いない。この頃、東京植物学会の中には会の創立五十年を祝う記念号を作ろうという企画があり、機関誌の「植物學雑誌」に載せる論文を集めていたが、篤太郎にも創立当時を知る学者ということで声がかかったようである。しかしながら篤太郎にしてみれば、創立当時はちょうど英国に留学中であったので、東京植物学会創立に関する具体的な話の材料の持ち合わせもなく、その頃の欧州植物学会の状況を紹介することによって自分の任を果たそうとしたのであった。ただ、この草稿は全くの下書きの段階程度のものであり、結局は仕上げられず、論文として「植物學雑誌」に載ることはなかったのである。また草稿の字体は最初の方は多少とも読みやすく書かれているものの、途中からは乱雑になっていて判読が困難になっている。

その草稿の最初の部分に、篤太郎が英国に到着したばかりのことが瑞々しく書かれていて、留学先がどのようにして決まったのかということが明記されている。以下、その概要を記してみたい。

一八八四年五月九日、ロンドン市東部のガヴァーストリート停車場発リッチモンド行地下鉄に乗車していた篤太郎は、英国前外務次官で植物学者であるジョン・ボール氏の手記した一通の紹介状を懐に暖めていた。列車は間もなく地下から地上に出て、風光明媚な郊外を走り、やがてキュー停車場に着いたのである。そこからキュー王立植物園の正門に至り、その門の高く聳え立つ佇まいに篤太郎は感銘を受けたようであった（図17）。門衛に来訪の目的を告げると、園長事務所に案内された。園の規模の大きさ、壮麗さと比べると、その園長事務所である小舎の簡素ぶりに驚いたようであった。事務室の入口をノックすると、質撲な一老女が顔を出したので、持参した紹介状を渡した。そして、小部屋に案内されたところ、部屋には二人の男性が椅子を並べて座っていた。一人は銀髪の老翁で、まさに田舎の素朴な村長のような風貌であり、これが当時学界にその名を轟かせていた園長のジョセフ・D・フッカー卿であった（図18）。もう一人は壮年で気力みなぎる紳士という感じで、こちらが卿の嫁婿で敏腕の誉れ高い副園長のW・チセルトン・ダイア氏であった。

図18　ジョセフ・D・フッカー

図17　キュー王立植物園正門

二人は紹介状を一瞥した後、「貴君が英国にて植物学を修業したいとのことは了解したが、植物学者として教育に携わることを望んでいるか」という質問を投げかけてきたという。篤太郎が「そうです」と答えると、卿はチセルトン・ダイア氏と何かの協議の後、「それならばケンブリッジ大学に行かれた方がいい。同大学にはヴァインズ博士がいて、同博士は英国第一流の植物学の名教師であるという。同博士にはこちらから通知しておくから。また、もし貴君がケンブリッジ大学を修業した後、キューに来たいのであれば、いつでも貴君の研究に便宜を図りましょう」と言ってくれたという。篤太郎はその温かい言葉に、慈父に接するが如き懐かしみを感じたと述べている。

こうして、篤太郎の英国での留学スケジュールができ上がったのであった。

そしてケンブリッジ大学に行ってみると、当時日本人では末松謙澄《すえまつのりずみ》(後の逓信大臣)がいたので、篤太郎は何かと世話になったとも記している。

というわけで、驚くべきことに、篤太郎の英国における留学先は渡英するまで決まっていなかったのであった。つまり、明治十七年(一八八四)三月十二日、横浜港からシティ・オブ・トウキョウ号で晴々しく留学に旅立った篤太郎は、実はその時留学先は未定だったのである。内心は不安で一杯であったであろう。あるいは「紹介状さえあれば後は何とかなる」とかえって度胸が据わっていたのかもしれない。

当時、私費で欧州に留学するとなると、その費用はかなりかかったはずであった。篤太郎の場合も、その費用を現在の貨幣価値に換算すると、三年半で総計二千数百万円にも達したようであった。そのような莫大なお金をかけての海外留学であるから、失敗は許されず、留学のスケジュールに関してもう少し綿密な計画がたてられていたかと思われたが、全くの見当違いであった。「行き当たりばったりの出たとこ勝負」というべき留学計画であった。

篤太郎はジョセフ・フッカーらによって推薦されるがまま、留学期間の前半はケンブリッジ大学において植物生理学と植物解剖学をテーマに研究し、後半はキュー王立植物園で留学本来の目的である植物分類学を学ぶことになったのであった。そして、それは正に充実した三年半余の留学生活となったのである。

ケンブリッジ大学にて植物生理学と植物解剖学を研究

そして篤太郎は、ロンドン九十キロ北方にあるケンブリッジ大学（Cambridge University）の門をくぐった。そこでジョセフ・フッカーによって推薦された植物学講師のヴァインズ（S. H. Vines、一八四九―一九三四）（図19）とはじめて対面した。

当時、ヨーロッパでは、植物学の新しい一分野としての植物生理学が脚光を浴びはじめていた。ヴァインズは、植物生理学の先駆者とされているドイツ植物学会の重鎮、ザックス（J. Sachs）に学び、前年にケンブリッジ大学の講師になったばかりの若きホープであった。

ジョセフ・フッカーらは、篤太郎がこの新しい分野を学び研究することが彼の植物学者としての研究人生に将来必ずや役立つであろうとの親心から、ヴァインズを推薦したようであった。

図19　ヴァインズ

さらに篤太郎は同じく講師のフランシス・ダーウィン（Francis Darwin）にも指導を受けることとなった。フランシス・ダーウィンは、『種の起源』で世界的に著名なチャールズ・ダーウィン（Charles Darwin）の息子で、父とは違う道の植物生理学を専攻していた。

二人の講師は当時、ネムリソウ（オジギソウ、*Mimosa pudica* L.）の葉に触れると葉柄が下垂し、羽状複葉の小葉も閉じるというような一連の運動を、アトロピンとフィゾスチグミンを使った実験をして解析していた。これまで主に分類学としての形態学しか勉強してこなかった篤太郎にとって、この実験に興じる二人の姿は新鮮であり、かつ驚きであった。この時の印象が余程強かったのか、篤太郎は帰国後、この実験の概要を植物學雑誌に紹介している。[44]

また、この研究室にはガーディナー（W. Gardiner）が在籍していて、植物細胞の原形質における収斂力を、食虫植物として有名なモウセンゴケ（*Drosera rotundifolia* L.）を材料として精力的に実験して調べていた。植物生理学におけるこの研究の重要性を認識した篤太郎は、やはり帰国後、同誌に彼の研究を紹介している。[45]

そして、篤太郎がケンブリッジ大学に留学して自身の研究課題としてまず取り組んだのは、羊歯類に属するアメリカシシガシラ（*Blechnum occidentale* L.）とレガリスゼンマイ（*Osmunda regalis* L.）の粘液分泌細胞の構造についてという植物解剖学に関するものであった。研究は兄弟子のガーディナーを助けるという形で進められた。そして、その成果は論文として **Annals of Botany** 誌にガーディナーと篤太郎との共著として報告された。[46] なお、この論文中の精密な細胞の構造図は篤太郎が描いたものである（図20）。

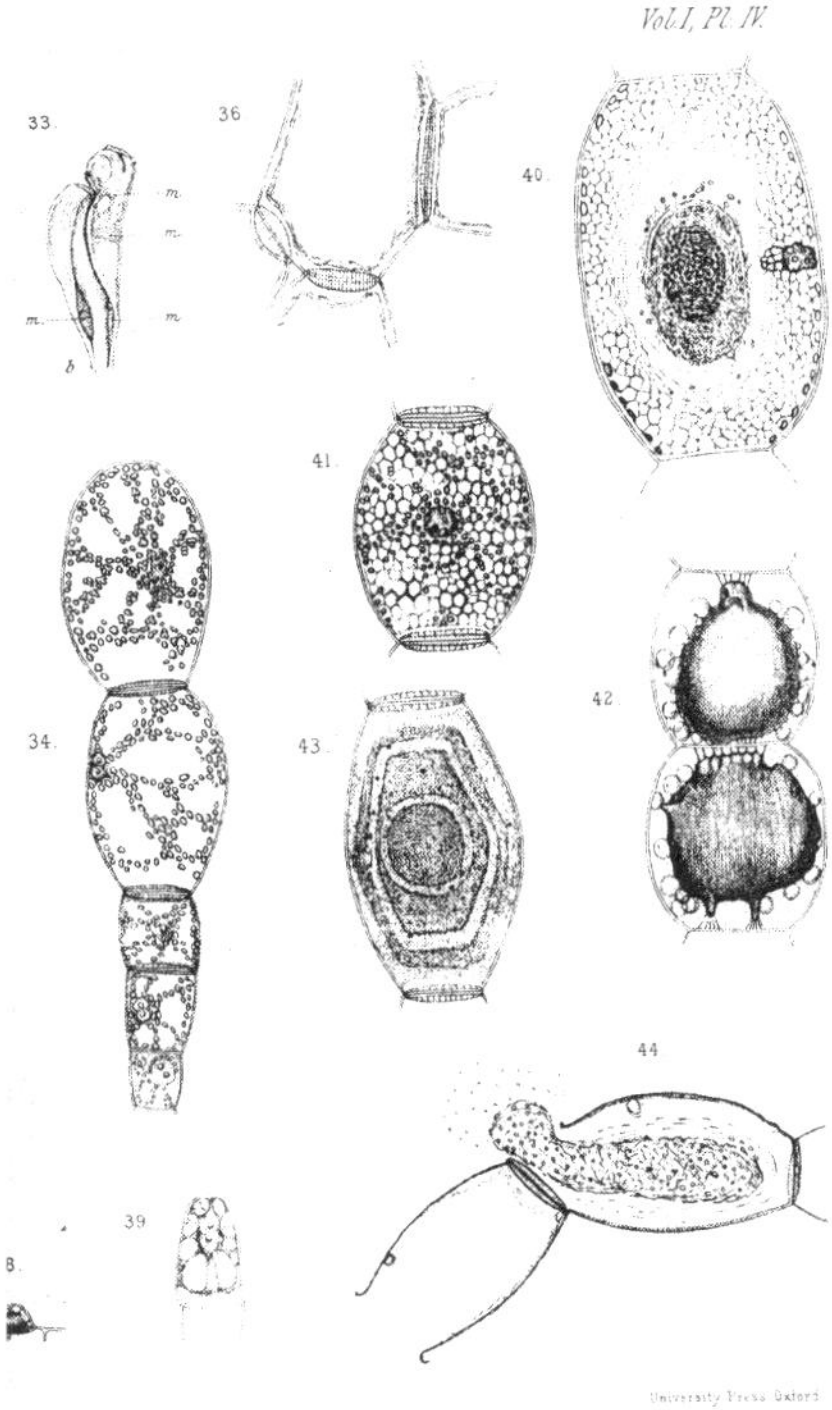

図20　“アメリカシシガシラ（*Blechnum occidentale*）とレガリスゼンマイ（*Osmunda regalis*）の粘液分泌細胞の構造”に関する論文中の図［Annals of Botany 第1巻より］　篤太郎が英国ケンブリッジ大学に研究留学してまず取り組んだのは、植物生理学と植物解剖学の仕事であった。それらはガーディナーとの共同研究であったが、この論文中の精密な細胞の構造図は篤太郎が描いたものである。

キュー王立植物園に研究の場を移し、植物分類学を学ぶ

こうして植物生理学や植物解剖学に大いに啓発された篤太郎であったが、それではこちらの方面の研究をさらに進めたかといえば、それは違っていた。自分が好きなのはやはり植物分類学であり、留学生活も後半に入った明治十九年(一八八六)の三月から翌年にかけてはロンドン郊外にあるキュー王立植物園に研究の場を移した。この植物園の研究室では、植物分類学者達が盛んに研究をしていた。園長はチセルトン・ダイア(W. T. Thiselton-Dyer)に替わり、その義父で前園長のフローラ(植物相)研究の大御所ジョセフ・フッカーも健在であり、この他にもヘムズレー(W. B. Hemsley)やオリヴァー(D. Oliver)らがいて、篤太郎は彼らから指導を受けるとともに自ら植物分類学の研究に没頭した。特にヘムズレーはインドから中国にかけてのアジアの植物の分類学を専門にしていることもあり、最も親交を深めた。

圭介は日本の植物に関する珍しい書物を手に入れると、留学中の篤太郎に送っていた。『日本竹譜』(片山直人著、中島仰山書、田中芳男閲、小野職愨《もとよし》校)もその一つで、明治十九年(一八八六)二月に篤太郎はこれを園長のチセルトン・ダイアに貸し与え、返本にあたり謝意を込めたサインがその書物に残されている。ちょうどこの頃、チセルトン・ダイアは園内にBamboo Garden(竹庭園)の造成を計画中(完成は五年後)であったので、この書は大いに役に立ったで

あろう。また、圭介は篤太郎を介して岩崎灌園の『本草圖譜』の精巧な写しをキュー王立植物園に寄贈している。こうして篤太郎は欧州における日本の本草学や植物学の広報係としての役割も果たしているのだった。

日本人として初めて植物に学名を与える

篤太郎には英国留学前から気になっていた植物が幾つかあった。これは篤太郎個人の問題というより、圭介とその実兄の大河内存真以来の伊藤家にとっての宿題といえるものであり、いずれも未記載種の可能性が高いと考えられていたものであった。以前ならいずれかの外国の植物学者に鑑定をお願いし、それと引き換えに研究の主導権を握られ、新種命名の栄誉を鳶に油揚をさらわれるように逃がすのが常となっていた。日本の植物学者の名誉にかけても、日本人によって学名をつけ、そしてその最初の新種命名の栄誉はぜひ我が伊藤家から出したいと、決意を胸に秘めていたと思われる。

それらの植物の中に、叔父の謙が明治八年（一八七五）八月に戸隠で採集したトガクシソウ（トガクシショウマ）があり、また大伯父の大河内存真が名古屋鍛冶屋町の自宅（注：吉川芳秋が『紙魚のむかし語り』[47]で述べている「中市場町一丁目北側」の家のことと思われる）の庭の塀近くに植栽していた紀伊国熊野産のキイセンニンソウがあった。

まずトガクシソウ（口絵1A・1B・1C）についてであるが、この植物の標本類を留学八ヶ月前の明治十六年（一八八三）七月二十一日付で、当時サンクト・ペテルブルグの帝室科学アカデミーから樺太へ探検のために派遣され、帰路横浜に寄っていたポリアコフ（Poliakoff）に託して、すでにロシアのマキシモヴィッチ宛に送っていたのであった。[48]

図21　マキシモヴィッチ

ロシアの植物分類学者カール・ヨハン・マキシモヴィッチ（Carl Johann Maximowicz）（図21）は、一八二七年十一月二十三日にモスクワ郊外のツーラで生まれた。[36, 49] 父は医師であったが、植物を愛好し、息子を植物学者にするため自宅に花園を作り、多くの草木を植栽して息子に写生をさせていたという。マキシモヴィッチは父の跡を継いで医師になるためドルパット大学に進むが、大学で『ロシア植物誌』の著者ブンゲ教授に出会い、医学の道を捨てて植物分類学を志した。卒業してから三年間大学に残り、ブンゲ教授を助けたが、一八五二年にサンクト・ペテルブルグの帝室植物園（現コマロフ植物研究所）の腊葉室に転任し、生涯ここを研究の本拠地とした。

一八五三年、二十六歳となったマキシモヴィッチはロシアの学術探検隊に加わり、軍艦ディアナ号で世界周遊の途に就いていたが、翌年ちょうど沿海州のデ・カストリー湾に入港していた時に、大陸の反対側のクリミアで戦争が勃発したことを知った。ディアナ号は軍艦ゆえ、急にこの戦争の軍事的任務を命ぜられた。しかし、マキシモヴィッチだけは急遽下船し、三年間この地にとどまり、この間一万キロにおよぶアムール河沿いの植物を研究し、西シベリアの広野を横断してサンクト・ペテルブルグに戻った。その成果を「アムール地方植物誌予報」として発表し、名誉あるデミドフ賞を受賞した。

植物学者としての地位を確立したマキシモヴィッチは、その賞金で満州を調査、ついで日本も調査したいという希望を持った。一八五九年、再び東亜旅行に出発し、そのころ日本の開港を知り、万延元年（一八六〇）の秋、念願の函館に入港した。しかし、当時外国人は開港場を十里以上離れられない規則だったため、陸奥国南部藩領内出身の農民、須川長之助を雇って植物採集の仕方を教え、内陸部の採集に当たらさせた。その後、マキシモヴィッチは船にて、横浜、長崎を訪れたが、実直な長之助は手足となって各地で多くの植物を採集し、元治元年（一八六四）二月にマキシモヴィッチが横浜から喜望峰回りで帰国するまでに、夥しい標本を提供し続けた。帰国後、マキシモヴィッチは東亜植物の研究に専念し、その成果を一八六六年以降論文にて次々と発表し、さらに一八七一年、ロシア科学アカデミー会員となり、植物学における最高権威となった。

当時文献も標本も不足していた黎明期の日本の植物分類学者たちは、マキシモヴィッチの盛名を聞いて標本を送り、鑑定を依頼していた。マキシモヴィッチは極東アジアを広範に踏査した経験から、正確な鑑定と丁寧な回答でそれに応えた。日本の研究者との交流が深まるにつれ、日本植物誌を完成させようとの思いが強くなり、再び長之助を雇って採集に当たらせたが、明治二十四年（一八九一）二月十六日にインフルエンザで急死してしまった。享年六十四歳であった。

なお、マキシモヴィッチの手書きの草稿や図およびマキシモヴィッチへの書簡等は、現在、ロシア科学アカデミー文書館サンクト・ペテルブルグ分館に保存されている。マキシモヴィッチは日本の近代植物分類学の黎明期に多大な貢献をした人物として、牧野富太郎をはじめとする日本の研究者達から「東亜植物学の父」と呼ばれ、尊敬され続けている。

こうした中、マキシモヴィッチと最初に交流した日本人植物学者は圭介とされ、時期的には文久二年（一八六二）からであったという。[35]

篤太郎も圭介の後を継ぎ、マキシモヴィッチとの間に書簡、標本および書籍の交換をしながら、いろいろと教えを受けていた。こういった二人の間の学術的なやりとりについては、日露学術交流をテーマにした竹中梨紗氏[35]や牧野植物園のスタッフら[36]による研究があり、また国立国会図書館所蔵の「明治十六年伊藤篤太郎ヨリ露人マキシモーヴヰッチ氏へ所贈腊葉圖」[48]が有用な資料となる。

まず、明治十五年（一八八二）の五月二十六日付で篤太郎からマキシモヴィッチへ書簡が送られ、また圭介著・謙編次の『日本植物圖説』草部イ初篇など二十八冊の書籍が同時に送付された。[35] さらに、圭介との連名の書簡が翌年の明治十六年(一八八三)の七月十日付で、次いで七月二十一日付で篤太郎の書簡が送られた。この両者の書簡には書籍九十七冊を送付すると書かれており、[35, 36] また後者の書簡には植物の乾燥標本類一箱が添えられていた。[36]

そのマキシモヴィッチへ送付された標本類の中に、トガクシソウのタイプと思われるものがあった。このトガクシソウのタイプについては国立科学博物館の秋山 忍氏の解説が詳しく、[50] さらに、これから述べるトガクシソウ学名命名のいきさつ全般に関しては著者の拙稿が参考になると思われる。[51]

そのタイプと思われるものには、一枚の成葉の標本と伴に「*Podophyllum japonicum* sp. nov.(注:新種という意)。戸隠山で採集。」と篤太郎によってラテン語で書いたラベルが貼られており、印葉図および花の解剖図をともなう開花植物の彩色図が添えられていた(図22)。この標本は八月(注:この植物は通常五月から六月に花をつける)に採集されたためか、花が含まれていなかった。その際、謙はこの植物の根を掘って東京に持ち帰り、小石川植物園に植栽したという。[52, 53] この植物は翌年の春に開花し、そこで、開花植物の図が作成された。篤太郎はこれらの図と成葉ならびに未成長の印葉図を先の標本に添え、マキシモヴィッチに送ったのであった。[36, 48] また、受け取った側のマキシモヴィッチも後述する自らの論文に、[54] これら「**folium 1. et adumbrationem plantae florentis cum figg. analyticis misit**(送付されてきた葉1、及び数点の解剖図をともなう開花植物の図)」に基づいて、トガクシソウの記載を行ったとある。

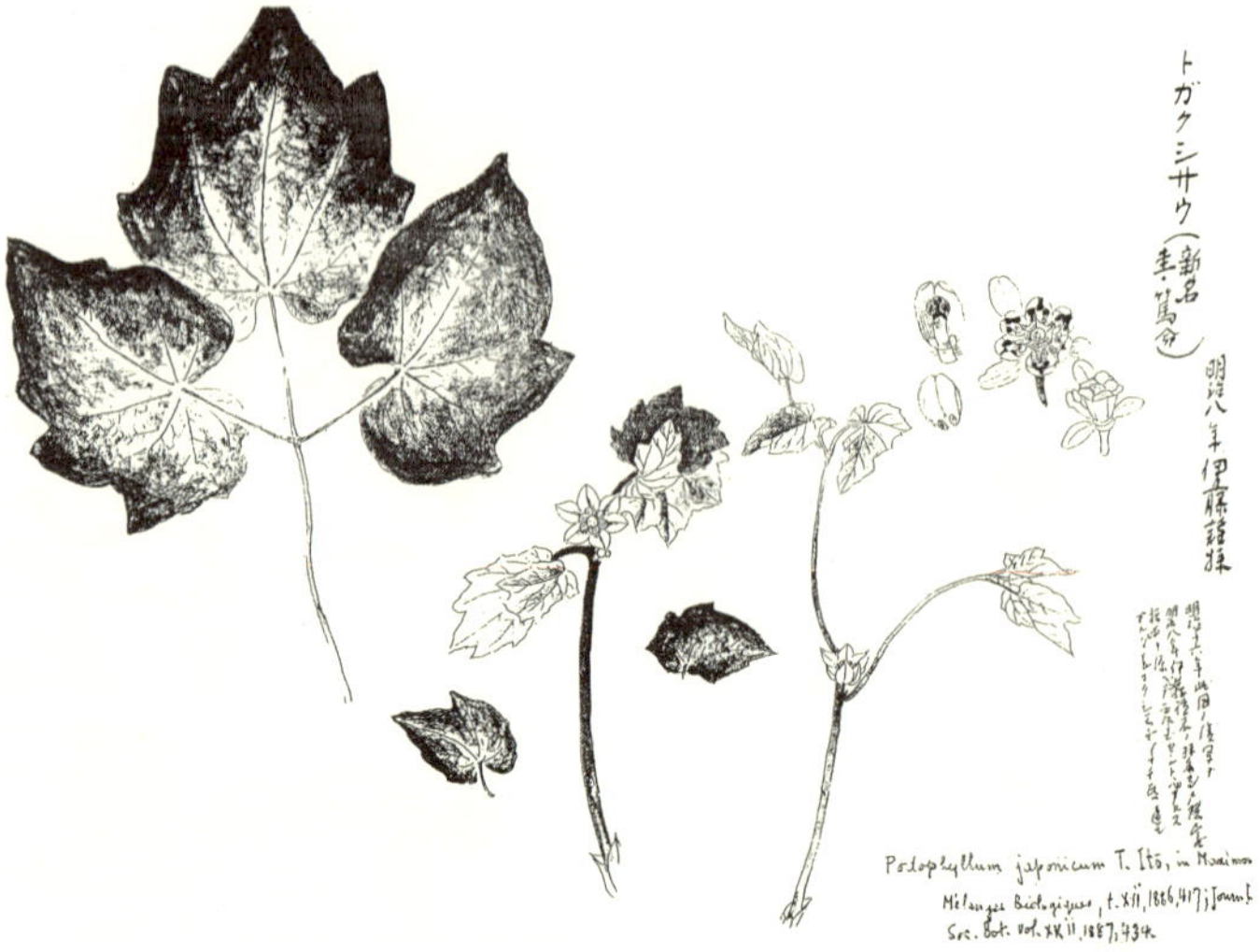

図22 トガクシソウのタイプ標本に添えられた図の写し ［『植物圖説雜纂』冊一九五より］［国立国会図書館所蔵］ 成葉ならびに未成長の葉の拓本と花の解剖図をともなう開花植物の図（原図は彩色されている）。

さて、小石川植物園で明治九年（一八七六）四月に開花したトガクシソウであるが、これをスケッチした人物はいったい誰なのであろうか。

高知県立牧野植物園が平成十二年（二〇〇〇）に発行した『牧野富太郎とマキシモヴィッチ』[36]では「伊藤圭介が描いたものであろう」と推測していて、著者の論文[51]や本書の旧版においてもその説を無条件に受け入れてしまった。

ところが最近、この問題に関して、東京大学小石川植物園の邑田 仁園長および摂南大学薬学部の邑田裕子氏により重要な発見がなされたのである[55]。これを紹介すると次のようになる。

第9号という台帖中の「東京大學所藏６６４１」というラベルが貼られた

頁に、彩色の開花植物の図とその花の解剖図、ならびに成葉と未成長の葉の印葉図が記されていたのを見つけた（口絵33）。そして、この頁の右上の隅には表題として「九年四月十四日写　戸隠山　ルイヨウ牡丹　名調中」という文字が記入されていて、左下の隅には「加藤」という名前が印章風に印されていた。

「九年四月十四日写」とは明治九年四月十四日に開花植物の図とその花の解剖図をスケッチしたということであろうし、「戸隠山」とはその植物の採集場所のことを言っていると思われる。また「ルイヨウ牡丹　名調中」とはこの植物が最初ルイヨウボタンではないかと考えたが、どうも違うようなので名前を調べている最中ということであろう。「加藤」という印《しるし》は、もちろん、加藤竹齋が描いたというサインに外ならない。

竹齋については、『小石川植物園草木圖説』の植物画を多く描いた画家であり、伊藤圭介と一緒の仕事を数多く手掛けたことで知られている。また、日本画風の画風に特徴があり、この図を書いた同じ頃の明治九年（一八七六）四月には『植物園一覧圖』という小石川植物園を通観する大作を描いている。

また同時に、第15号という台帖中の見開き二頁に二つの印葉図が一頁ずつ刷られているのを見出した（図23）。右の頁のものは、「東京大學所藏６６４１」の印葉図のうちの成葉の方のものと全く同じ図であり、「いまた名調中」という書き込みが添えられていた。一方、左の頁には「ルイヤウボタン」の印葉図が刷られていて、その左隅には「九年七月六日寫」という書き込みが

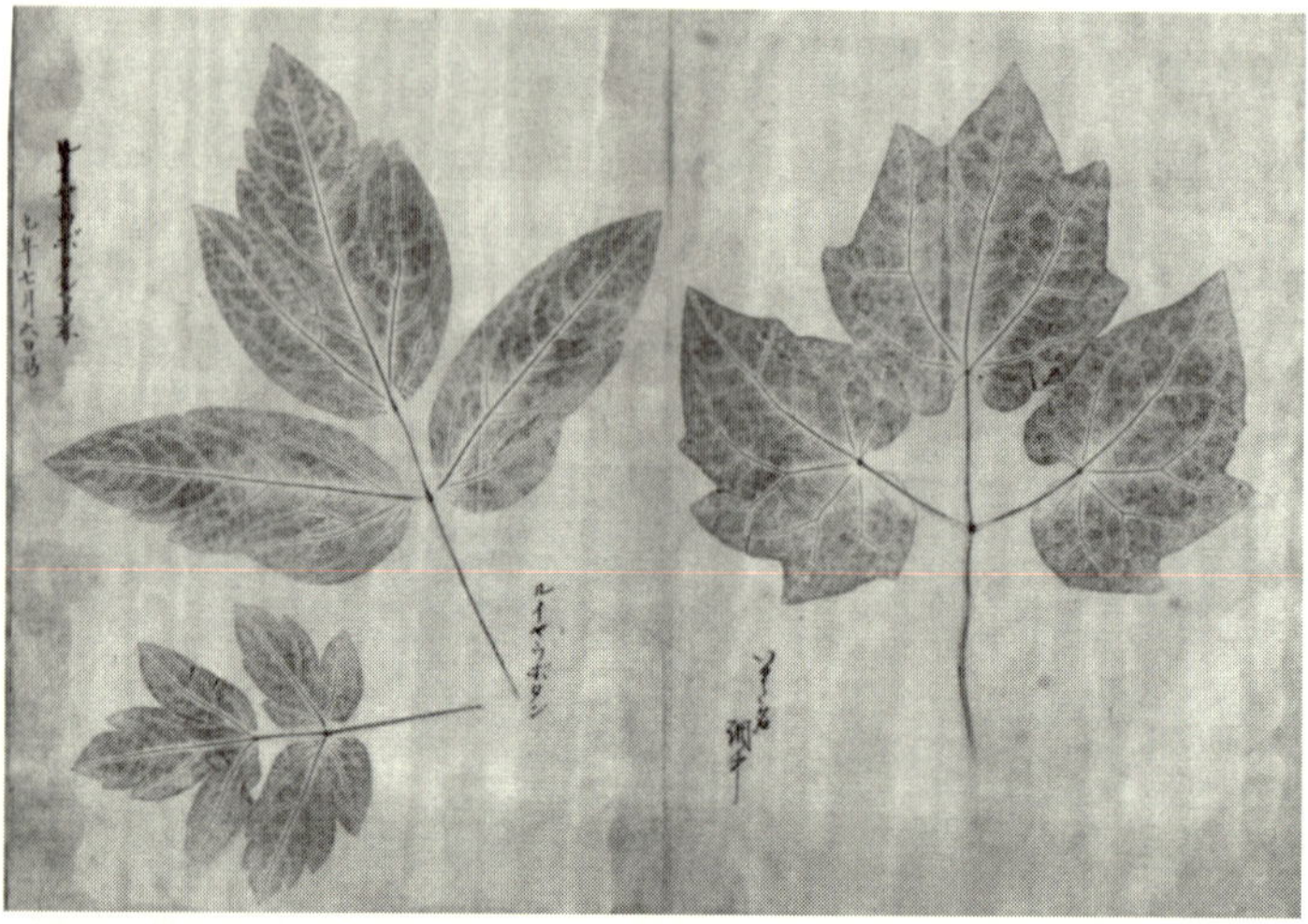

図23　第15号という台帖中の「いまた名調中」との書き込みがある植物（右頁）および「ルイヤウボタン」（左頁）の印葉図［東京大学大学院理学系研究科附属小石川植物園所蔵］左頁の左隅に「九年七月六日寫」という書き込みがある。

あった。

これらの二つの印葉図は問題の植物とルイヨウボタンとの鑑別のために作成されたものであることに間違いない。また、「九年七月六日」いう日付はこれらの印葉図を作成した日付を示しているものと思われる。

さて、トガクシソウのタイプ標本に添えられた図、[36]『植物圖説雜纂』に収められた写しの図[51]（図22）および「東京大學所藏6641」の図（口絵33）の三者を比較してみると、成葉と未成長の葉の印葉図は全く同じものであり、開花植物の図とその花の解剖図はほとんどといっていい位に同一に描かれている。

いずれにしても、これらの開花植物の図を描いたのは、「東京大學所藏

６６４１」の図でサインを残した加藤竹齋ということになる。

つまり、トガクシソウのタイプ標本に添えられた開花植物の図を描いたのは伊藤圭介ではなく、実は加藤竹齋であったということが、今回の発見で明らかにされたのであった。

さらに蛇足であるが、これらの図のうち印葉図の方を作成した人物は誰なのかという疑問が当然浮かぶことになる。印葉図に詳しい河村典久氏[56]によると、竹齋も印葉図の作成に慣れていたようではあるが、この印葉図に関しては、その取り方や墨の濃淡の具合から見ると、圭介が作成したものに相違ないとのことである。

なお、このトガクシソウのタイプはロシアのサンクト・ペテルブルグにあるコマロフ植物研究所に保管されている。そして、これには同研究所員によって後日書かれたと思われるラベルが貼られていて、それには Holo Typus（= holotype）と明記されているが、秋山氏[50]によると、開花時には葉が未成長のトガクシソウは、成葉と開花植物は同時には存在しないため、「葉の標本」と「花の解剖図をともなう開花植物の図」は別のものとして扱われ、holotype は「ただ一つしか存在しない標本あるいは図解」という規約上の決まりに反することになるという。そこで、後世の研究者によってタイプを決める研究が行われることになるのであるが、このトガクシソウの場合、平成十二年（二〇〇〇）に小山鐵夫氏が「標本」の方をタイプ（注：lectotype になると思われる）に選定したという[50]。

また、この標本と同時に作成されたと思われる重複標本（注：isotype と考えられる）は国立科学博物館植物研究部にて保管されている[50](図24)。

そして、篤太郎からのマキシモヴィッチへの書簡には「*Podophyllum japonicum* sp. nov.：この珍しい植物は一八七六年［注：後に篤太郎は『日本百科大辞典』[52]第七巻で明治八年（一八七五年）と訂正している］に戸隠山で今は亡き私の叔父の伊藤 謙（Ito Yudsuru）（サヴァチエ博士はIdsuru と書いています）によって発見され、そしてこれがどの科、あるいはどの属に属するか日本の植物学者にはまだわかっていませんが、私はこれを *Podophyllum* の新種と考え、祖父と私でトガクシソウという新しい和名をつけました。」と記している[36, 48]。

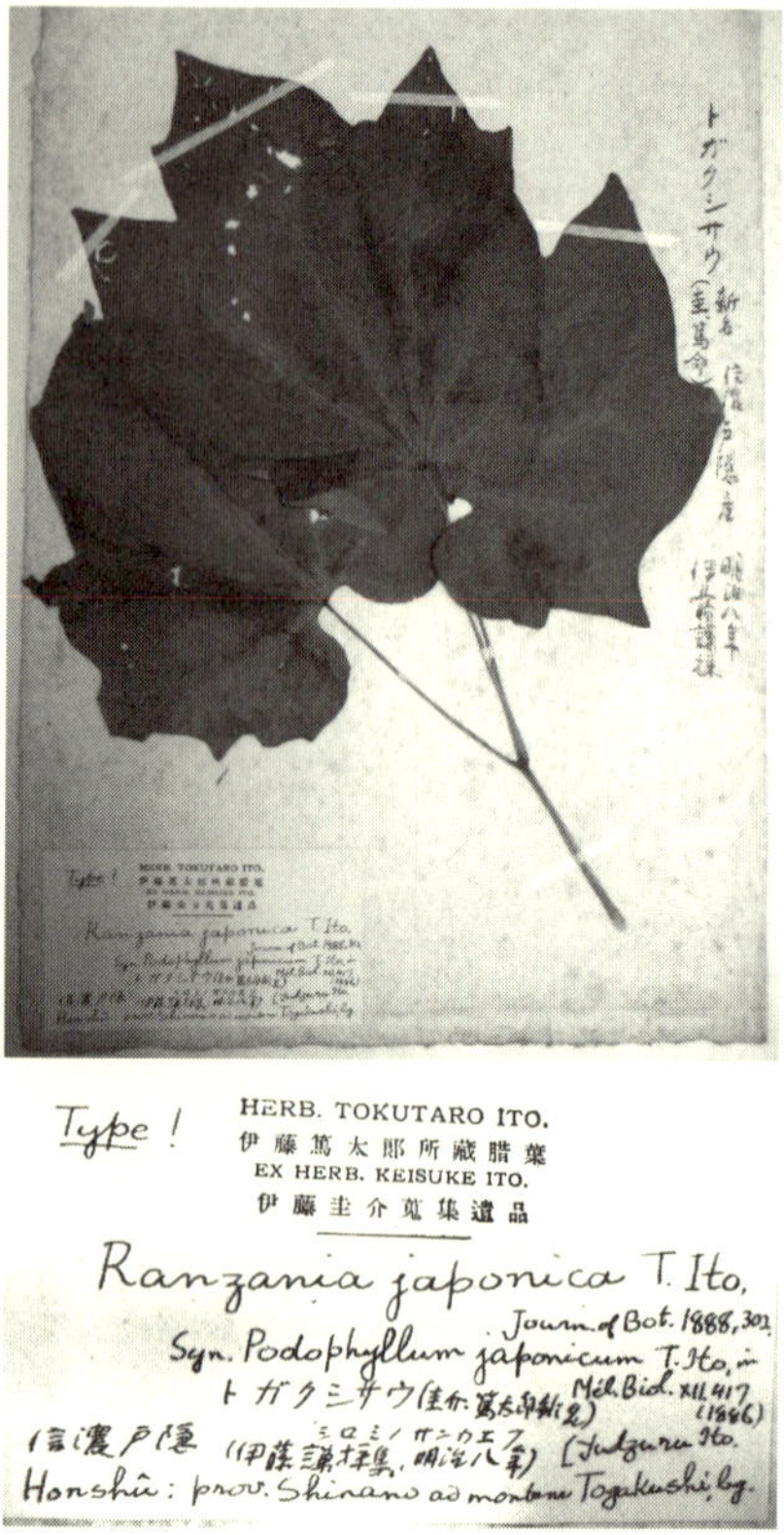

図24　トガクシソウの重複標本［国立科学博物館植物研究部所蔵］ラベルには、篤太郎の自筆で書かれた「Type！ *Ranzania japonica* T. Ito … Syn（注：synonym、異名の意） *Podophyllum japonicum* T. Ito.... トガクシサウ…信濃戸隠（伊藤謙採集、明治八年）…」等の記載がある。

これだけ標本と書簡に新種、新種と書かれては、マキシモヴィッチとしては新種という事実に間違えさえなければ、命名者に篤太郎の名を冠せざるを得なかったのであろう。

次にキイセンニンソウ（口絵2A・2B）についてであるが、国立国会図書館に所蔵されている「明治十六年伊藤篤太郎ヨリ露人マキシモーヴヰッチ氏へ所贈腊葉圖」[48]にはその腊葉図が収められている（図25）。このキイセンニンソウについては、もともと紀伊国熊野産のものを篤太郎の大伯父である大河内存真が名古屋鍛冶屋町の自宅の庭に植栽していたものがあり、タニモダマと呼ばれていた。そして、この植物が未記載種であることを篤太郎は見出していた。篤太郎がこ

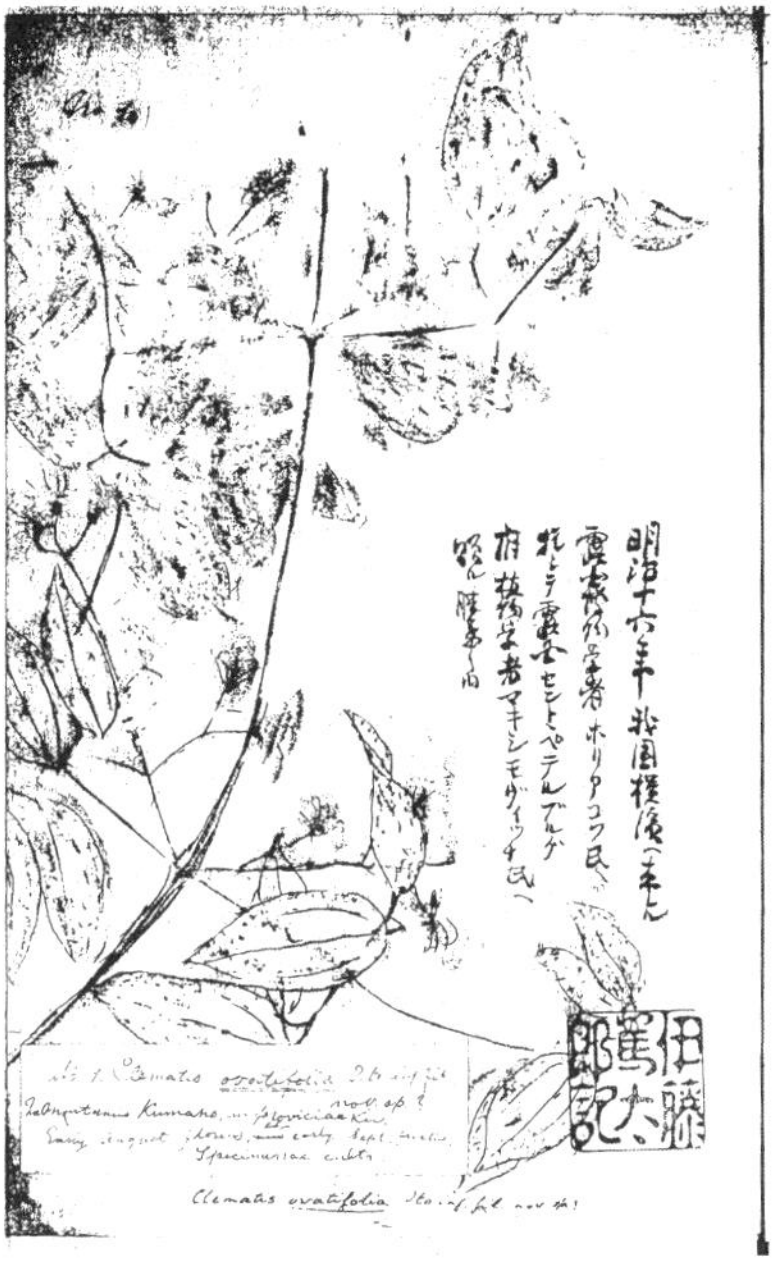

図25　キイセンニンソウ腊葉図［「明治十六年伊藤篤太郎ヨリ露人マキシモーヴヰッチ氏へ所贈腊葉圖」より］［国立国会図書館所蔵］　この図のもとになる腊葉を標本とし、*Clematis ovatifolia* Ito という名の新種提案を付して、明治16年（1883）にトガクシソウの標本ならびに図と同時に、当時来日中のポリアコフに託してマキシモヴィッチへ送ったとされている。

れを写生し、また瘦果《そうか》（注：多くの被子植物に見られる、単純で乾いた果実の一種である。このような実のつき方をする植物のめしべは一つであり、成熟しても種を飛ばすことはない）をつける頃に腊葉を作成した。それを標本とし、*Clematis ovatifolia* Ito という名の新種提案を付して、明治十六年（一八八三）七月にトガクシソウの標本ならびに図と同時に、ポリアコフに託してマキシモヴィッチへ送った。(57)

篤太郎にしてみれば、英国留学中あるいは留学後であれば、自分の論文に自ら書いて、これらの二種を新種として発表したと推定されるが、留学前の段階ではそこまで自信がなかったのであろうか、圭介と相談の上、まずはマキシモヴィッチのお墨付きを得ようとしたのであった。年齢もまだ十八歳であった。

そしてついにマキシモヴィッチはこれらが新種として間違いないとのお墨付きを与えることになり、自らの論文の中での新種発表となった。

明治十九年（一八八六）の二月にロシアの学術誌のサンクト・ペテルブルグ帝国科学院生物学会雑誌（Mélanges Biologiques tirés du Bulletin de l'Académie Impériale des Sciences de St-Pétersbourg誌）に掲載された自身の論文中で、(54)トガクシソウは *Podophyllum japonicum* Ito ex Maxim. として、またキイセンニンソウは *Clematis ovatifolia* Ito ex Maxim. として、両者とも「マキシモヴィッチが自分の論文中で篤太郎の代わりに発表した」というただし書きの「ex Maxim.」が付くものの、日本人による初めての新種としての学名の命名がここになされたのである。

ここに篤太郎によって日本の植物学史上に、また少し大袈裟に言えば日本の科学史上に輝く金字塔が打ち建てられたことになる。時に、篤太郎は弱冠二十一歳であった。

この発表の頃、篤太郎は英国留学中であった。篤太郎は「キューの王立植物園の腊葉館で研究中、同館の監理ダニエル・オリヴァー教授がサンクト・ペテルブルグのアカデミーから今着いた印刷物に、君の名が出て居るとのことで、見せて貰ったところ、サンクト・ペテルブルグ學士院の報告にマキシモヴィッチの著はしたアジア産新植物に關する論文の中に、余の命名した ***Clematis ovatifolia*, Ito** の學名あるを見て、オリヴァー教授は東洋人が初めて植物につけた學名であると謂われて余は恐縮した」と後日述べている。[57] この報告には篤太郎が命名した ***Podophyllum japonicum*** **Ito** の学名も合わせて載っていたことは言うまでもない。

なお、キイセンニンソウはその名のごとく本邦の紀伊半島南部や熊本県に特産し、この蔓性の植物はカザグルマ（風車）、テッセン（鉄銭）など園芸種でも名高いクレマチスの仲間にあたり、和名ではセンニンソウ属と呼ばれる属の一種である。そしてこの属の中に、台湾から中国大陸東南部に分布するタイワンセンニンソウ *Clematis uncinata* Champl. ex Benth. というものがあり、それと比較して、葉が二回羽状複葉である以外は特に差が見られないとして、現在では本種は独立種というよりタイワンセンニンソウの変種［*Clematis uncinata* Champl. ex Benth. var. ***ovatifolia***（T.Ito ex Maxim.）Ohwi ex Tamura］[58]として扱われることが多いようである。

続いての学名命名

さらにこれら二種に続いて、明治八年（一八七五）に圭介著・謙編次として刊行された『日本植物圖説』草部イ初篇[30]でルリイチゲ（ユキワリ、*Anemone* sp.）としてすでに一応記載はされていたものの、世界的にはまだ正式に発表されていなかったユキワリイチゲ（口絵3A・3B）を、篤太郎はこの図説から写した図（図10）を明示して、後日マキシモヴィッチに新種提案したのであった[36]。

このユキワリイチゲについては、本来ならその標本もマキシモヴィッチに送るべきであったと思われるが、この提案をした時期、篤太郎はちょうど英国に留学中で、残念ながら標本を揃えられなかったようである。後日マキシモヴィッチは、牧野富太郎が明治十八年（一八八五）に *Anemone* sp.（ルリイチゲ）として土佐で採集し、鑑定を希望して自分の所に送ってきた標本を拝借して、それに『日本植物圖説』から写した先の図を添えてタイプとし、*Anemone keiskeana* T. Ito という篤太郎が提案した学名を採用したというのが実情のようである。ただし、この場合のタイプは syntype、つまり命名者が holotype を指定せずに複数の標本あるいは図解を引用した場合、そのすべての標本あるいは図解、になるとされている。

こうしてマキシモヴィッチは、明治二十一年（一八八八）の八月にサンクト・ペテルブルク帝国科学院紀要（Bulletin de l'Académie Impériale des Sciences de St.-Pétersbourg 誌）に掲載された自分の論文[59]の中において、ユキワリイチゲを *Anemone keiskeana* T. Ito ex Maxim. として、新種として記載したのであった。

そしてここに、先のトガクシソウとキイセンニンソウの二種に続いての、日本人によるものとしては三番目となる新種としての学名の命名が、篤太郎によってなされたのである。

ここで少し気になるのは、先のトガクシソウとキイセンニンソウの原記載では命名者が Ito となっていたことである。これでは、伊藤篤太郎か伊藤圭介あるいは伊藤 謙かの区別がつかないとのことで、マキシモヴィッチへ申し入れがあったのであろうか、遅れて発表されたユキワリイチゲの原記載では T. Ito として、命名者が篤太郎であることが強調されたものに変わっている。

なお *Anemone keiskeana* の和名について、原記載ではルリイチゲとなっているが、これを近縁種の「キクザキイチゲ（*Anemone pseudo-altaica* Hara）の紫碧色の品種（これをルリイチゲと呼ぶことあり）」と区別するため、後日「ユキワリイチゲ」と呼ぶようになったとされている。後年篤太郎は、その葉が「三出」であたかも「ミツバゼリ」に似ているので、「ミツバイチゲ」の名を提案[60]したこともあったようであるが、やはり「ユキワリイチゲ」の名の方が広く行き渡っている。

英語、ラテン語にて論文を次々発表

当時、英国の植物学者達の多くが入会していた学術団体にロンドンのリンネ協会（Linnean Society）というものがあった。これはスウェーデンが生んだ偉大な植物学者であり、博物学者のリンネの偉業を記念して創設された組織である。彼らは、自らの研究成果をリンネ協会植物学部会の例会で発表して、会員達の質疑応答を受け、さらに論文として会報（Journal of Linnean Society, Botany）あるいは Journal of Botany: British and foreign などの学術誌に発表するのを常としていた。

篤太郎は最初のうちは会員外としてこの例会に聞き手として出席していたが、留学してから二年半程たった頃より演者として自らの研究成果を発表するようになり、一八八六年十一月四日に「Berberidearum Japoniae conspectus」（日本産メギ科植物通覧）と題して例会で口演を行った。さらに翌年の一八八七年三月二十三日には、その要旨となる十六頁にわたる長文の論文が[61]会報に掲載された。これは篤太郎にとって初めての、ラテン語による本格的な植物分類学の総説的論文となった。

この論文ではまず先のマキシモヴィッチの論文の訂正がなされた。例のトガクシソウ（*Podophyllum japonicum*）のタイプの採集者は篤太郎ではなく、伊藤 謙であるとした。また、その命名者のスペルが Ito から T. Ito と篤太郎であることが強調された表現になった。さらにその和名を産地の戸隠に因んでトガクシソウとしたことが追加された。

次に、マキシモヴィッチが一八六七年に新種として発表した *Achlys japonica* Maxim. は本邦の東北地方北部と北海道に特産するものであるが、北アメリカ西部に分布する既知種の *Achlys triphylla* DC. に比較して、茎も葉も小形であるものの他の形質は類似するとして、篤太郎は独立種よりもむしろ同種の変種として位置付けるべきとした。そこで、*Achlys triphylla* DC. var. *japonica*（Maxim.）T. Ito という変種への格下げ提案を自らの作図を添えて行い、その和名を産地の南部地方に因んでナンブソウと名付けた（口絵４）。

そして、この発表が日本人による初めての新変種名提案となった。

また、これらの発表がリンネ協会の会員達の間で評価され、篤太郎はこの年、リンネ協会の会員（F. L. S. = Fellow of Linnean Society）に推挙された。篤太郎はこのことに誇りを持っていたようで、帰国後も公職の肩書きのない自分のことを「英國林娜學士院會員 伊藤篤太郎、Tokutaro Ito F. L. S.」と表記することが多かったようである。

さらに、留学生活も終わりに近づいた一八八七年六月十六日の例会で、今度は自らの肩書きに F. L. S. という文字を表記して、「On a species of *Balanophora* new to the Japanese flora」（日本新産ツチトリモチ属について）と題したツチトリモチ科の寄生植物（口絵34）についての口演をした。また同日、イタリア人でありながらアルゼンチンで活躍していた著名な菌学者で植物学者のスペガッツィーニ（C. Spegazzini）（図14）との共同演者として、「Fungi Japonici nonnulli: new species of Japanese fungi found parasitic on the leaves of *Polygonum multiflorum*, Thunb., and *Lycium chinense*, Mill.」（日本産菌類数種：ツルドクダミとクコの葉上に寄生して見出された新菌種）を続いて発表した（会報にはそれぞれ十一月二十八日付、十一月三十日付で掲載）[62, 63]。

この二題目の演題の発表に関しては、その四年前の明治十六年（一八八三）に、篤太郎は東京の自宅近くに生えていたツルドクダミとクコ（注：ツルドクダミは中国原産のタデ科の蔓性の多年草で、地下の塊根を何首烏《カシュウ》と称して漢方の強壮剤や緩下剤として利用する。我が国には江戸時代の享保年間に薬用植物として入り、各地で野生化している。小石川植物園にはこの時導入されたものが代を超えて生き残っていて、園の財産になっているという[18]。また、クコはナス科の落葉低木で、その果実、葉、茎を食用や薬用にする）の葉に、菌らしきものが寄生しているのを観察したことがあった。篤太郎はこれらの病変のある葉を持ち帰り調べてみたところ、寄生しているものは複数の真菌だとわかったが、どれもこれまで記載されていない種であると気付いた。そこで、篤太郎はそれらの葉ごと標本として、この方面の権威者として知られていたスペガッツィーニに送り、同定を依頼した。スペガッツィーニはこれらを詳しく調べてみたところ、ツルドクダミの病葉上には二種、またクコのそれには一種の計三種の新種の真菌が確認され、一八八六年に Revue mycologique 誌[64]にこれらを記載した。

リンネ協会の例会におけるこの日の二題目の演題の口演はこれら新種の真菌について篤太郎

自身が解説した形をとったものである。また、このうちのツルドクダミの葉に寄生する真菌の一種に、スペガッツィーニは採集者の篤太郎の名を冠した *Phyllosticta tokutaroi* Speg. なる学名を付けたが、これが篤太郎にとって初めて自分の名がついた生物となった。

この *Phyllosticta tokutaroi* はタデ科の他の植物、たとえば藍染めの原料となるタデアイ（蓼藍）（*Polygonum tinctorium* Lour.）の葉にも褐色の斑点を生じさせることがあり、中国では「蓼藍褐班病菌」と呼ばれている。病変部の葉を虫眼鏡で拡大して見ると、菌体からなる黒色の粒子が認められ、さらにこれを顕微鏡で詳しく見てみると、pycnidium（分生子殻）と呼ばれる開口部を有する球形から亜球形の器官が観察される。

なお、この *Phyllosticta tokutaroi* は現在のところ狭義の *Phyllosticta* 属から除外される種と考えられていて、今後 *Phomopsis* 属に編入される可能性があるという。[65]

余談ではあるが、スペガッツィーニはアルゼンチンのパタゴニア地方の植生を調査しつつ、同地を探険したパイオニアとしても知られていて、パタゴニア南部の氷河の一つをスペガッツィーニ氷河と呼んで、彼の業績を讃えているという。

こうして、篤太郎は植物のみならず、菌類にも造詣を深めていったのであった。

一八八七年八月には Journal of Botany: British and foreign 誌に「On the history of botany in Japan」と題して、貝原篤信（益軒）、小野蘭山、岩崎常正（灌園）、水谷助六（豊文）、宇田川榕菴、飯沼慾齋などの江戸期の日本の本草学者達の紹介を行った。[66] この中で特に小野蘭山については、シーボルトが「Linné du Japon」（日本のリンネ）と称したとして、日本における博物学の大家であることを強調した。さらに祖父の伊藤圭介については、『泰西本草名疏』を著わしたことなど、肖像画付（図7）のかなり長い文面を割いて詳細に解説をした。なおこの論文は、ディキンス（F. V. Dickins）が同誌同年五月号に発表した論文「The progress of botany in Japan」(67)を補う意味で書かれたという。

邦人留学生との交遊や留学費用のことなど

当時英国は日本の若きエリート、とりわけ旧藩主の子弟達の留学先として脚光を浴びていた。篤太郎はこれらのエリート達と交流があり、先に挙げた浅野長之や前田利武《としたけ》と一緒に撮った写真が残されている（図16）。なお、前田利武は旧加賀藩十二代藩主前田斉泰《なりやす》の十一男である。このほかにも旧平戸藩主松浦 詮《あきら》の長男の松浦 厚や旧尾張藩主徳川慶勝の養子で第十八代当主の徳川義礼《よしあきら》、さらには経済界からは野田醬油の茂木延太郎との交際があった。これらの旧藩主の子弟や華族の中には留学の目的が学士号の取得、いわゆる「箔をつける」ためという者もいたが、篤太郎の場合はあくまで植物学の研鑽や研究そのものであり、実際の成果も上げていたことは今まで述べてきた通りである。

なにしろ私費留学で元を取らなければならないし、伊藤家の名誉がかかっていたからであった。

留学費用のうち、往路の船代、大学の入学金としばらくの授業料および生活費は圭介が「大奮発」してくれた千円と両親からの数百円で間に合っていたが、それらも明治十八年（一八八五）の秋頃には心細くなってきた。そこで十一月には両親から四百円を送金してもらい、さらに留学生活も大詰めになった明治二十年（一八八七）四月には、学資と生活費そして復路の船代のためにと、両親がさらに調達した五百円および圭介が工面した二百円を送金してもらった。この圭介からの二百円のうち百五十円は学士会から与えられたものを回したものだったという。(68)

篤太郎の英国留学費用は三年半で総額二千数百円、二〇一六年現在の貨幣価値で換算すると二千数百万円程かかったことになる。

第3章　英国留学後の波瀾の人生

留学成果の報告

明治二十年（一八八七）十一月六日、フランス船のオクサス（Oxus）号は神戸に着き、篤太郎は英国での輝かしい研究留学実績を掲げて、意気揚々として三年半ぶりに帰国した。そしてすぐに、名古屋にいる両親と東京にいる圭介宛に、神戸から電信を打っている。圭介日記にはこの時の電文が次のように残されている。[69]

イマコウベエブジツイタ　ヨウカアサハヤクヨコハマエユクベシ
／発信人　コウベフランスセンオクサスニテ　トクタロ

そして八日朝、オクサス号は横浜港に入港し、篤太郎は懐かしい面々の迎えを受けて横浜の地に凱旋し、次いで東京本郷真砂町の圭介宅に戻った。

帰国早々、創刊まもない植物學雑誌[70]に、篤太郎が留学先から帰国したことが、雑録として次のように掲載された。

伊藤篤太郎君　本會々員伊藤圭介先生ノ令孫ナル伊藤篤太郎君ニハ　兼テ英國ノ「カムブリ

ツチ」大學ニ在リテ植物學ヲ研究シ居ラレシガ　今般右ヲ卒業シ（注：特に所定の課程を修了して学士号などの学位を得たものではないため、「卒業」という言葉は不適切と思われる）且同國ノ「リニヤン」會員（Fellow of Linnean Society）ニ推擧セラレ　此頃歸朝セラレタリ　抑モ我國ノ植物學者ニシテ　該會員トナルノ榮譽ヲ得タルハ　君ヲ以テ嚆矢トス　是獨リ君ノ名譽ノミナラス　亦我國ノ植物學家ノ名譽ト云フベキナリ

帰国後、貴重な留学経験を日本の植物学界に還元すべく、翌年の明治二十一年（一八八八）には植物學雑誌に植物生理学なる新しい分野に関する論文、すなわち、「蓴菜《じゅんさい》粘稠液細泡論」[71]、「含羞草《ねむりそう》動作實驗新説」[44]、「植物ニ於ケル原形質ノ収斂力」[45]を三編続けざまに載せた。このうち、第一のものは英国留学中に行った自らの研究の解説に加えて、アメリカのシュレンク（J. Schrenk）の仕事の紹介をも兼ねて論を進めたものであり、第二のものは英国のヴァインスおよびフランシス・ダーウィンの、また第三のものは同じく英国のガーディナーの研究成果を紹介したものである。さらには、同年同雑誌に「東洋植物學ノ一大改革ヲナサヾル可ラス」[72]と題した植物生理学の重要性を啓発した論文を発表し、二十三歳にして日の出の勢いが止まらない程の活躍を見せた。

東京大学植物学教室初代教授、矢田部良吉

篤太郎は英国留学後の明治二十一年（一八八八）の初め頃、こうした論文執筆活動の傍ら、正式の教員や職員ではないものの帝国大学の植物学教室にときどき顔を出していた。教室は以前、神田一ツ橋の現在の学士会館付近にあったが、この頃、本郷に移ってきたばかりであった。しかし、本郷の本校舎の建設はなかなか進まず、もともと病棟用として建てられた「青長屋」と呼ばれる三室だけの仮住まいの研究棟で研究と教育が行われていた(73)。

当時、この教室の主任は矢田部良吉教授であった。また、大久保三郎《さむろう》(73)が助教授をしており、松村任三《じんぞう》助教授はドイツに留学中であったが、若き学徒の三好學や池野成一郎がいた。さらに、牧野富太郎もこの時期は篤太郎と同じく、学外者ながら教室の出入りを許されていた。

ここで後の篤太郎の人生に多大な影響を及ぼした矢田部良吉なる人物の略伝(74, 75)を紹介しよう。

矢田部良吉（図26）は伊豆国田方郡韮山（現在の静岡県伊豆の国市韮山）にて嘉永四年九月十九日（西暦一八五一年十月十三日）に生まれた。父は矢田部卿雲《けいうん》で、当初は医者であったが、蘭学に造詣が深いために幕府の講武所教授となり、医書砲術書等の翻訳に従事したり、東京湾に築く台場の設計に携わっていたが、良吉五歳の安政二年（一八五五）に没した。

矢田部良吉は沼津にて漢籍を学んだ後、慶応元年（一八六五）に中浜（ジョン）万次郎、大鳥

圭介に英語を学び、開港後は横浜に出て英語の語学力にさらなる磨きをかけた。その努力が実ってか、明治二年（一八六九）には開成学校（東京大学の前身）教授補となり、すぐに小助教、さらに中助教に昇進した。その後、転じて外務省文書大令使になり、森有礼《ありのり》に随行して渡米を果たした。しかし明治四年（一八七一）に、突然、外務省を辞職してしまう。翌年、今度は米国への留学試験を受けて合格し、米国コーネル大学に官費留学することになった。そして、専攻をなぜかこれまで縁もゆかりもなかった植物学としたのである。

ここで青少年時代の育ち方や教育の受け方を篤太郎の場合と比較してみると、篤太郎は小さい頃から祖父の圭介に連れられて、植物の観察、採集などを日常的に行い、将来植物学者になることを宿命づけられて、言うならば愚直に育てられたのに対し、矢田部は時代的な要請を見込んで語学をまず身に付け、そして英語が堪能ということを武器に若い頃から次第に地位を得、途中、シフトチェンジして植物学を専攻したのである。矢田部にとって植物学というものは、好きでたまらないとか興味の対象だったとかいうよりも、むしろステップアップの方便として捉えていたのであろう。言い換えるならば、矢田部にとって学問は立身出世の手段であったのだ。ただし、この頃は立身出世のために学問をすることはむしろ一般的であり、そのことで矢田部を責めることはできないのであ

図26　矢田部良吉
［植物學雜誌第14巻より］

った。

　また、篤太郎の英国留学は私費によるものであり、莫大な費用がかかったにもかかわらず、帰国後のポストは用意されていなかったのに対し、矢田部の場合は、官費留学で、帰国後には東京開成学校の教授のポストがあらかじめ用意されていた。

　篤太郎の「民」に対し、矢田部は「官」であり、当時の「官尊民卑」の差は歴然としていたのである。

　話を戻すことにして、矢田部は四年間にわたるコーネル大学の留学生活を終え、明治九年（一八七六）、バチェラー・オブ・サイエンス（理学士）の称号を掲げて帰国し、直ちに東京開成学校教授を命ぜられ、続いて東京教育博物館長となった。翌年、東京大学が設立されるとともに理学部教授に任ぜられ、同時に植物園（事務）担当を兼務した。まだ二十七歳の若き植物学教室初代教授であった。

　明治十九年（一八八六）の大学令の改正によって、矢田部は帝国大学理科大学教授兼教頭になり、同時に帝国大学評議官も命ぜられた。つまり、平の教授から副学部長クラスの教授にステップアップしたことになった。また、明治二十年（一八八七）には東京盲唖学校長を兼任し、二十一年（一八八八）には東京女子師範学校附属高等女学校（現在のお茶の水女子大学附属高等学校）校長も兼任し、その経歴にさらなる花を添えた。

新属 *Ranzania* の提唱と破門草事件

矢田部良吉が教授になった東京大学設立期の明治十年（一八七七）というと、理学部の教授陣十五人のうちに、日本人は矢田部のほか、数学の菊池大麓と冶金学の今井 巌のわずか三人であった。(73) 矢田部は新進気鋭の若き邦人教授であり、学生達には当時の風習に従って堪能であった英語で講義した。その頃の矢田部の言動風采は、アメリカから帰国して日も浅かったせいか、アメリカ人を彷彿させるものであったという。(74) 講義内容は日本における伝統的な本草学を踏まえず、コーネル大学で培った近代植物学そのものであった。(75)

また、研究者としても自らあるいは教室員達と伴に、日本の近代化のために研究する意欲に燃えていた。しかしながら、東京大学は設立されてまだ間がなかった。矢田部はまず教室に植物標本室を創設した。ただ創設したといっても、初めのうちはその内容たるやきわめて貧弱なものだった。植物学、特に分類学においては、標本を調べることが生命線である。そこで矢田部は教室の標本室を充実させるためもあり、日本各地に採集旅行に出かけた。

そして、明治十七年（一八八四）七月、矢田部は前年助教授に昇格した松村や小石川植物園園丁の内山富次郎らを連れて、長野、新潟、富山、石川の四県での採集旅行を行った。戸隠もその目的地の一つに入っていて、十一日になって、戸隠の大洞沢（松村は大堂ノ沢と記している）

にて、内山が「世ニモ稀ナル一種ノ草」を見付けたという記録を松村が残している。[76]

この草を持ち帰って小石川植物園に植栽したところ、翌々年の明治十九年（一八八六）四月に開花した（なおこの頃、篤太郎は英国に留学中であり、また圭介はこの年の三月に東京大学教授を非職になっていて、この少し前より小石川植物園に出勤することはほとんどなかったという）。これを受けて、明治二十年（一八八七）二月に発行された記念すべき植物學雑誌の創刊号の雑録欄に「〈ポドフィルム〉ノ一種？ 先年矢田部良吉氏ノ信州ニテ採集セラレタル一ノ珍敷キ植物アリ 昨年四月小石川帝國大學植物園ニ於テ開花セリ此ノ植物ハ ***Podophyllum*** ニ甚タ近シ」という一文が載っている。[77]

またさらに後年の矢田部の論文[78]では、自分は明治十七年（一八八四）以前にも戸隠に来て、この種の植物の採集を行っていたと主張している。

しかしながら、戸隠の植物の生態や研究史に詳しく、また先の松村の記録[76]を掘り起こした中村千賀氏[79]の推測によれば、明治十七年（一八八四）七月以前において矢田部が戸隠に来てこの種の植物の採集を行ったという矢田部の主張は疑わしいという。

明治二十年（一八八七）七月、矢田部はロシアのマキシモヴィッチにこの植物の標本を送り鑑定を仰いだところ、翌年の明治二十一年（一八八八）三月八日付の書簡の中に、「**Berberideae 25, 26, 27**（注：メギ科の標品番号を示す）この植物が ***Caulophyllum***（注：ルイヨウボタン）属と ***Diphylleia***（注：サンカヨウ）属の間に入る新属と考えられ、発見者に献名して ***Yatabea japonica***

Maxim. と呼びたいが、正式な発表前に花を調べなくてはならないので、花の標本を送ってほしい」という回答を得た。(80) 新属名に自分に因んだ名前が付けられることに、矢田部は満更でもないと考えたのであろうか、大久保助教授に得意気にこの話をしたと思われる。

この植物が、実は、トガクシソウだったのである。

トガクシソウは矢田部が採集する九年も前の明治八年(一八七五)八月に、謙がすでに戸隠で採集していた。そして、明治十六年(一八八三)七月には篤太郎からマキシモヴィッチ宛に標本と新種提案を含む書簡が送られており、さらに明治十九年(一八八六)二月にはマキシモヴィッチの論文に *Podophyllum japonicum* Ito ex Maxim. という篤太郎の提案名が正式に発表されていたことは前述した。

ここで気になるのは、矢田部がこの発表をどの時期で気が付いたかということである。発表から一年五カ月程経ってからもまだマキシモヴィッチに鑑定を依頼しているところをみると、少なくとも明治二十年(一八八七)七月の時点では気が付いていなかった可能性がある。

さて、トガクシソウの帰属の問題についてであるが、矢田部が「〈ポドフィルム〉ノ一種?」と疑問を投げかけていたちょうど同じ頃、篤太郎自身も *Podophyllum* 属に入れたままでよいのか迷っている様子があり、その記述が英国留学中の明治二十年(一八八七)の三月に書いた日本産メギ科植物の総説(61)に載っている。

篤太郎(図27)が帝国大学植物学教室に出入りしていたある時、明治二十一年(一八八八)の

図27　伊藤篤太郎［東山植物園所蔵］明治21年（1888）6月23日撮影（篤太郎23歳）。新属 *Ranzania* を提唱する少し前の頃のものである。この後、破門草事件が起こった。

七月頃であろうか、矢田部がマキシモヴィッチから *Yatabea* という属名を献名されようとしているという例の手紙があることを、大久保より聞きつけ、「ぜひ見せてくれ」と頼んだという。大久保は「この手紙を見せるが、お前が先に名を付けたりしないという約束をしろ」と言ったと牧野富太郎の自叙伝[81]では述べられている。篤太郎にしてみれば、トガクシソウは圭介、謙、そして自分という伊藤家三代に渡って馴染み深い草であったし、自分がすでに学名を付けた記念すべき伊藤家のシンボル的植物なのである。正直、*Yatabea* などという属名が付けられてはたまらないのであった。こうなれば、一刻も早く新属名を提唱して、論文に発表しなければならないと考えたのは、大久保との約束はさて置き、無理からぬことであった。

そこで、英国の権威ある植物学雑誌 Journal of Botany : British and foreign 誌の一八八八年十月号[82]に、二頁という短報的な短さの文章で、「*Ranzania* : A new genus of Berberidaceae（メギ科の一新属）」と題して、メギ科の *Podophyllum* 属と *Diphylleia*（サンカヨウ）属との間に位置する新属 *Ranzania* T. Ito を提唱し、*Podophyllum japonicum* T. Ito ex Maxim. をこれに移し、新組み

合わせ名 ***Ranzania japonica*** (T. Ito ex Maxim.) T. Ito を発表した。

ちなみに、***Ranzania*** という属名は圭介の師匠の水谷豊文の、そのまた師匠にあたる本草学者小野蘭山（図28）に献名されたものである。なお、トガクシソウそのものは小野蘭山とは本来無関係なので、この献名は適当ではないと考える者もいるが、[80] 一方、本草学を継承する伊藤家の学者らしい命名であるという指摘もある。[83] そもそも小野蘭山のことは、この論文が掲載された **Journal of Botany : British and foreign** 誌の前年号に、**Dickins**[67] および篤太郎自身[66]によって「Linné du Japon」（日本のリンネ）としてすでに紹介されており、その名は当時の英国をはじめとする欧州の植物学者の間で、決して馴染みのないものではなかったのである。

そして、これが日本人による初めての新属の提唱と発表という快挙であった。

時に、篤太郎二十三歳であった。

これは大久保から例の話を聞いてからわずか三カ月という異例の速さの論文発表であった。この頃の郵便事情はといえば、航空便などない船便だけの時代であり、日本から英国まで五十日程はかかったと思われる。実際に論文執筆にあてることができる日数はどれ程あったのであ

図28　小野蘭山［谷 文晁画（国立国会図書館所蔵）、『小野蘭山』八坂書房（2010）より］

ろうか、また校正はどうしたのであろうかとつい余計な心配をしてしまう位の迅速さであった。
それゆえ、この論文は不完全な部分があった。実は、新属の属としての記載文が正式な形式として書かれていないのである。しかしながら、次のように、論文中に流し書きの形で*Podophyllum* 属と相違する形質を含めての記載が一応はなされているのである。

It appears that the plant, at the time of flowering, has the leaves still immature, but soon after the whole plant, especially the leaves, makes enormous development, becoming several times larger than at the time of flowering; and finally the ovoid fruits, each containing numerous minute seeds, become ripe. The plant has often solitary, few, or sometimes umbellate flowers, each flower having a fine trimerous perianth. The mode of dehiscence of the anthers, the sessile stigma, ternate leaves, and other characters, seem to show the necessity for its distinction from *Podophyllum*, and for the establishment of a new genus.

『国際藻類・菌類・植物命名規約（メルボルン規約）二〇一二 日本語版』[84]の第三十八―一条の（d）には、「ある分類群の学名が正式に発表されるためには、記載文または判別文、または以前に有効に発表された記載文または判別文の出典引用 reference を伴っていなければならない」とある。また、同規約の第三十八―二条には「分類群の判別文 diagnosis とは、著者の見解において、他の分類群からその分類群を区別する特徴の言明である」とある。以上のことを総合して考察してみると、本論文における篤太郎の新属の提唱は、属としての正式な記載文として書かれてはいないものの、近縁分類群（この場合 *Podophyllum* 属）との相違点がきわめて簡単ながらも明記されおり、これを判別文の一種と考えれば、篤太郎の新属の提唱は有効である（valid）と思われる。

いずれにしても、篤太郎は余程急いでいたのであろう、この論文の不完全さは否定し難いものであった。篤太郎自身、論文の末尾で「The full description of *Ranzania japonica* mihi（注：私という意味、T.Ito の代名詞）, with diagnosis of the genus, will, I hope, shortly be published」と述べていて、この論文の短報的な不備を認めている。そして full description（完全な記載）は、何とこの二十八年後の大正五年（一九一六）に発表された『日本百科大辞典』第七巻[52]における「とがくしさう」の項の邦文での記載の登場まで待たなければならなかった。このことについては後章でまた触れたい。

さて、篤太郎のこの論文を見て、矢田部と大久保の怒りはすさまじいものであったと思われる。*Yatabea* の属名も世に出ないで終わってしまうし、第一、帝国大学の教授の面目が丸潰れになってしまう。もちろん、篤太郎は即刻、教室の出入り禁止、すなわち「破門」であった。

それゆえ、トガクシソウは「破門草」と、また今回の騒動は「破門草事件」と今日まで呼ばれているのである。

なお、篤太郎はこの時帝国大学に籍はなかったが、当時日本で植物学を研究する大学の教室はこの帝国大学が唯一無二の存在であり、帝国大学の教室から締め出されることになれば、それは即、日本の植物学界から締め出されることになりかねないのであった。

一方、矢田部もなんとか *Yatabea* の属名が正名として扱われることができないかと算段してみた。考えてみると、マキシモヴィッチから自分宛に新属名の提唱があったのが明治二十一年（一八八八）の三月八日付の「書簡」においてであった。篤太郎の論文発表は十月であったから、この「書簡の日付」をもって論文発表の日付の代わりができないかと、明治二十四年（一八九一）になって、植物學雜誌に新属 ***Yatabea*** **Maxim. ex Yatabe** および新組み合わせ ***Yatabea japonica*** **Maxim. in litt**（注：書簡中においてという意）**, Mar. 8, 1888 ex Yatabe** の提唱名を発表した。また同時に、新和名トガクシショウマの提案を行い、渡部鍬太郎の描画を添えた。[78]

ただし、矢田部のこの論文は新属の属としての記載文は完備していたものの、発表の場となった「書簡」は論文や著書などとは違って公に出版されたものではないため、「本命名規約の下では、印刷物が（販売、交換または寄贈により）一般公衆に対して、または、少なくとも植物学者が広く利用できる図書室をもった植物学の研究機関に対して配布されることによってのみ、発表 **publication** は有効とされる。」という『国際藻類・菌類・植物命名規約（メルボルン規約）二〇一二 日本語版』[84]の第二十九―一条の条文に違反していることになり、学名の正当性はなくなるのであった。

なお、中村氏と田辺氏[83]によれば、「升麻《ショウマ》」とは本来は漢方薬に利用され、麻に似た形の葉を持ち、小さい白い花が密に集まっている花序を持つサラシナショウマ〔*Cimicifuga simplex*（DC.）Wormsk. ex Turcz.、キンポウゲ科〕やその仲間の植物を指すことから、和名としてはトガクシショウマよりもトガクシソウの名前の方が適しているという。さらに、形態のことはともかく、和名とはいえ、命名は最初に付けたものが有効なので、トガクシソウの正式な和名はやはり「トガクシソウ」であり、「トガクシショウマ」は広く親しまれている別称と考えるべきとしている。

とはいえ、トガクシソウが最初に見つけられた信州では、東大の矢田部教授の影響力が強く、トガクシショウマの名称のみが使われてきたという。矢田部の弟子である斎田功太郎は信濃国松代藩出身のこともあり、その斎田のもとで博物学を学んだ信濃博物学会会長の矢沢米三郎や、まだ大正天皇が皇太子だった頃、長野県師範学校に行幸された折にトガクシソウの株を戸隠の自生地から堀採り献上した富岡朝太と田中貢一もトガクシショウマの名称を用いたのであった[83]。また、皇太子訪問後、師範学校ではこの花を図案化したメダルが作られ、それが師範学校の校章となり、信州大学教育学部附属長野中学校へ受け継がれているが、同校の校歌の中でもトガクシソウは「戸隠升麻」として歌われているという[83]。こういった動きが信州以外にも広まり、和名のトガクシショウマの名前は現在でも全国的にかなり使われていて、矢田部の面目が保たれているのは彼にとって救いであった。

牧野富太郎が懐いた疑惑とその回答となる証拠の存在

この「破門草事件」について、事件後五十年以上経ってから、牧野富太郎（図29）によって事件の真相を明かそうとした随想文「園藝植物瑣談《さだん》（其十三）」の中の「戸隱升麻のイキサツ」が昭和十五年（一九四〇）に発表された。[80] 事件の当事者の一方である矢田部と大久保が亡くなってからかなりの期間が経っていたので、事件を傍らで見ていた牧野としては、このあたりで前代未聞の騒動の顚末を明らかにしたかったのであろう。

この事件で篤太郎が大久保との約束を破って抜け駆け的に論文の発表をしたのは、牧野は「不徳義」と評しているが、また「同情する所が無いでも無い、何んとならば此植物に就て先づ第一に學術的に之れを世に公に爲たのは同氏であって、既に上に書いた様に早くも之に *Podophyllum japonicum* Ito の學名を付け西暦一八八六年卽ち我が明治十九年に世に公にしてゐるからである」とも述べている。

ただ牧野は、篤太郎の命名に関しての諸手続きに「ある懐疑」を表している。それは、この植物のタイプ標本の採集者が「本当に伊藤 謙であったかどうか」という点である。というのは、牧野は先の随想文に、抑もトガクシショウマ卽ちトガクシサウに就て先づ私の信じてゐた所を叙して見やうならば、此植物を初めて信州の戸隱山で發見して之れを採集したのは蓋し東京の博物局天産部に於ける學者連中で、其れが今から六十四年前に當る明治八年（一八七五）の九月であったやうである、其れは今日東京科學博物館に保存せられてある舊博物局時代の標品が之れを證明してゐる、然かし其採集者の名が逸して書き込んで無く不明と成ってゐるのは残念であるが昔の標品では殆んど皆是んな狀態である、其後博物局の學者は之れをルヰエッシヨウマ或はサンカエッの一類だと思ってゐたらしい（後の植物學者が考へた様に）そして其時分の植物學者は田中芳男、小野職愨、田代安定、小森頼信幷に藤野寄命諸氏であったから誰れか此中の或る人々が戸隱山へ赴いたのであろうが、其れは多分田中芳男氏の一行では無ったらう乎と思ふ節がある、……

ところが伊藤篤太郎博士が大正五年三省堂發行の『日本百科大辭典』第七巻に書かれた記文に據れば、此戸隱升痳を始めて發見採集したのは同博士の叔父に當る伊藤謙氏（早世）であると謂ふ事である、卽ち同辭

図 29　牧野富太郎［提供：高知県立牧野植物園］

典の文章は「明治八年、余が叔父伊藤謙初めて此植物を信州の戸隠山に採集す。當時白色の漿果を結び居れるを以て、〈しろみのさんかえふ〉と命名せり、又同氏は此植物を栽培して開花せしむるを得たり」であるが、私は此植物に就て起った種々なる前後のイキサツから推想して果して此記事を正直に其まゝ承認して可い乎、否乎、何と無く一抹の淡い霞が其間に棚引いてゐる様な感じを私に與えるのは何うしたもの乎、従て之れをハッキリさす爲めに私の伊藤博士に乞いたい事は、其伊藤謙氏の採ったと謂はるゝ材料幷に記事の公開である

と述べ、「証拠を出せ」とばかりに文中で篤太郎をかなり疑っているのである。

そこで篤太郎は、この牧野の随想文が出た翌年の昭和十六年（一九四一）二月に、トガクシソウのタイプの重複標本を寄託していた東京科学博物館の奥山春季宛に、その疑惑に対する回答となる書簡を送っている。その下書きと思われるものが『植物圖説雜纂』[53]の中に収録されているが、その内容は先に牧野が引用した『日本百科大辞典』[52]第七巻の記文についての解説の範囲にとどまるもので、新たな「証拠」を示すことはなかったのであった。そして篤太郎は、その翌月の三月に他界してしまった。

一方、牧野自身も昭和三十二年（一九五七）に亡くなったのである。

こういった経緯があり、牧野が懐いた疑惑が晴れることなく、いたずらに月日が流れてしま

ったのだが、平成の世になって、その疑惑の回答となる証拠の存在が確認できたのである。

その証拠とは、明治八年（一八七五）に内務省第六局博物科（文部省博物局が変転したもの）の田中芳男一行が行った「信州採薬行」の記録である『科埜《しなの》行雑記』[24]、『信州諸山採薬紀行』[85]および『信州諸山採薬記』[86]であり、また『伊藤圭介日記』の中の該当部分[87, 88]といった二つの史料群である。

ちなみに「採薬」とは、本来は薬になる動植鉱物を採ることであったが、江戸中期以降、現在の「採集」と同じ意味で用いるようになったという。

なお、田中芳男を中軸とする博物科（文部省博物局）の一行は、明治四年（一八七一）から十年（一八七七）にかけて、かなりの人数で各地に採集旅行を足繁く行っている[22]。採集品は植物のみならず動物、鉱物、林産物（木材など）や農産物も含まれていた。これらの採集旅行の目的は、各地の博物誌を作成するとともに、各地の殖産振興を図る基礎資料を得ることであり、さらには物産会、内国勧業博覧会用の展示品を獲得することであった。

さて、『科埜行雑記』と呼ばれている稿本は、明治八年（一八七五）に行った「信州採薬行」についての田中芳男自身による旅行日記で、芳男が調査に携帯した野帳と考えられるものであり、一行の行動記録や採集リストのみならず、芳男個人の私的な事柄や感想も、その都度、芳男の自筆で書き留められている。また、『信州諸山採薬紀行』は芳男の部下の久保弘道《ひろみち》による旅行記録を、自身が清書したもので、一行の行動記録と採集リストが書かれていて、『科埜行雑記』とは内容的に異なるものであるが、『科埜行雑記』からの引用が多少校正の上、欄外に朱書きでびっしりと書き込まれている。[25] そして、これは次に述べる『信州諸山採薬紀行』の草稿とも考えられるものである。その『信州諸山採薬記』は『信州諸山採薬紀行』における欄外の記載を本文に取り込んで清書されていて、謂わば、「信州採薬行」の公式記録と考えられるべきものであり、筆者はやはり久保弘道とされている。[25]

『信州諸山採薬紀行』と『信州諸山採薬記』は東京国立博物館に、また『科埜行雑記』と『信州諸山採薬記』の写本（『明治八年 信州諸山採薬記 全』[89]と表紙に記されているもので、明治十七年に写したとされている。筆写者は不明）は東京大学総合図書館に所蔵されているが、『明治八年 信州諸山採薬記 全』については平成十三年（二〇〇一）に橋詰文彦氏[90]が、『科埜行雑記』については平成二十一年（二〇〇九）に田中義信氏[25]が史料をそれぞれ翻刻し、また詳細に解説している。これらの史料は学術的な価値が高いものであるが、旅行記としてあるいは登山記として読んでも誠に興味深いものがある。

この『信州諸山採薬記』には「明治八年七月十八日から八月十七日にかけて、官命にて、内務省第六局博物科長の田中芳男が職員の久保弘道、横川政利と小森頼信《よりのぶ》、加えて文部省御雇［注：小石川薬園（小石川植物園）掛］の廣瀬直水と無肩書きの伊藤 謙、さらには御雇画工の青山忠次、薬園々丁の小澤又右衛門、芳男の従者の東 亮一と老僕一人を率いて、計十名で信州採薬行を行った」とある（図30）。

謙は、父圭介の門人の田中芳男とは、幼い頃より顔なじみの親しい関係であったので、正式な職員ではなかったが、この採集旅行に同行を許されていたのであった。もっとも、謙が博物科の採集旅行に参加するのは今回が初めてではなく、明治四年（一八七一）には富士山、箱根、相模大山方面の、さらには明治七年（一八七四）には日光方面の採薬行に同行していて(22)、いわば常連のメンバーの一人であった。

また、今回の謙の同行の事実を裏付けるように、『伊藤圭介日記』第十集の明治八年（一八七五）七月十八日(87)の条に「今日謙発足、信州高山御岳駒岳等へ采草ニ行ク」と書いてあるのが確認されている。

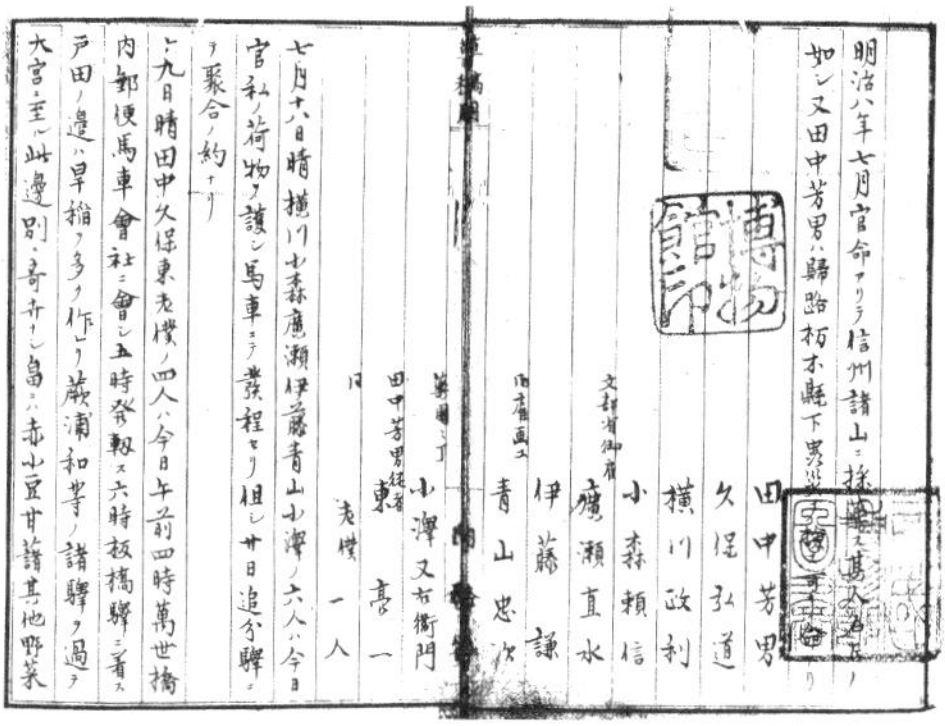

図30　信州諸山採薬行の参加者［『信州諸山採藥記』（東京国立博物館所蔵）より］　参加者の中に伊藤 謙の名がある（図中央）。

田中芳男が率いる一行が訪れたのは、駒ケ岳（木曾駒ケ岳）・御嶽・飯綱山・戸隠山・浅間山の五山（図31）で、ここでいう駒ケ岳と戸隠山とは、内容からみて、それぞれ空木岳《うつぎだけ》と高妻山《たかつまやま》とされている(90)。

一行は、明治八年（一八七五）の七月十八日と十九日に、二隊に分かれて、東京から高崎まで、その三年前に運行を始めたばかりの日本最初の長距離旅客運輸馬車(25)に乗り、一カ月間に亘る長旅の途に就いた。そして、この採集行が日本の植物学史を飾るものになろうとしているとは、一行の誰もがその時想像もしていなかったに違いない。

高崎から先は、当時、交通機関が全くなかったため、主として徒歩で、また人力車を利用できる所は時には利用しての旅となったのであった。(25)

まず、中山道を通って信州に入り、和田峠を越えて下諏訪へ、次いで伊那街道を南下して駒ヶ岳（空木岳）の麓の飯島に宿泊した。もちろん、この途中の道すがらでも採集を行った。

七月二十五日に、案内一人および物持二人を雇い、中田切川からの道無き道を辿る難コースで駒ヶ岳（空木岳）をめざし、途中山中二泊で採集を行った。なお橋詰氏(90)によると、近代以前の山岳信仰による登山は別にして、『明治八年　信州諸山採薬記　全』におけるこの箇所の山行記録は、空木岳の初登頂記録と言っていい程画期的なものであったという。

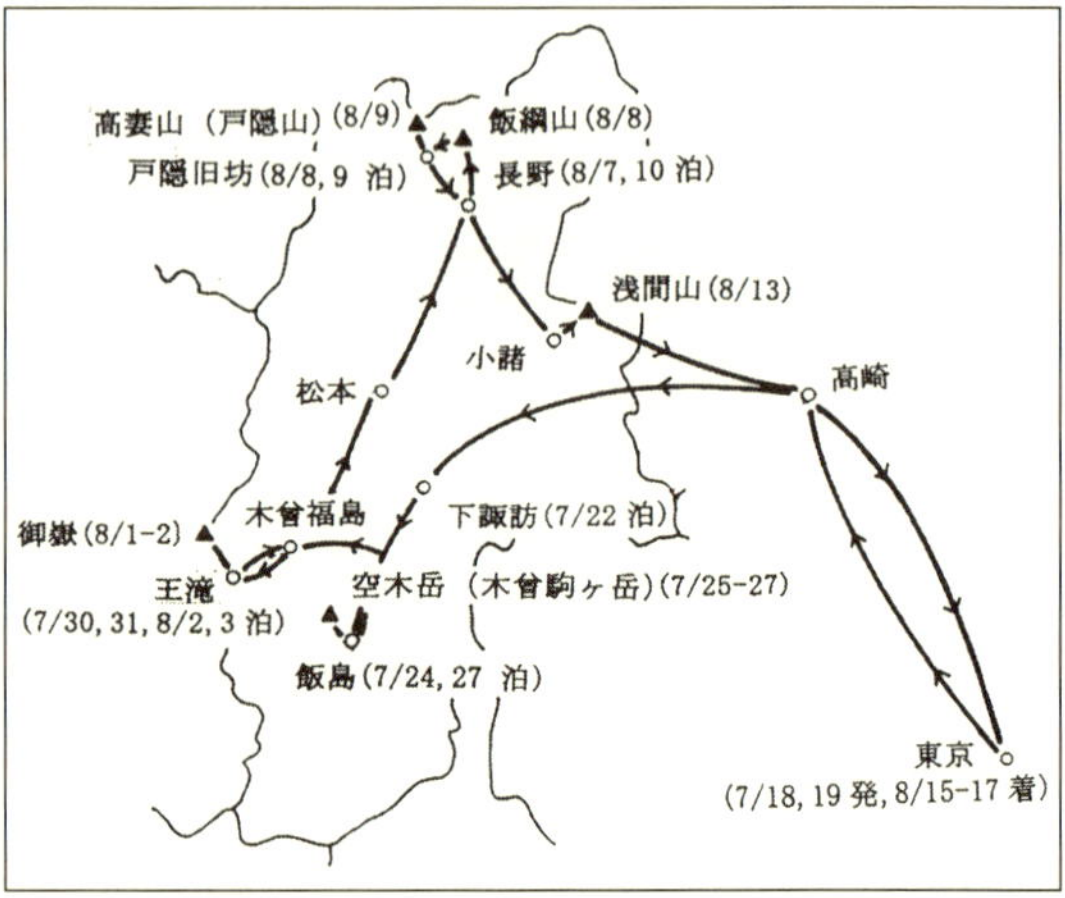

図31　信州諸山採薬行の行程図

飯島に戻ってから「二十八日晴、暑酷シ、駒岳採集ノ植物ヲ東京へ出ス、又腊葉ヲ製ス」との記載が『信州諸山採薬記』にあり、これに応ずるように、圭介の八月四日の日記には、「日暮前謙ヨリ采薬之品来ル、博物園ヨリ来候様子也　即刻栽ヘル」とあり、さらに五日においては「出勤、駒岳采品夫々為植込候事」と続いていて、謙より送られた駒ケ岳（空木岳）における採品を出勤先の小石川植物園（明治八年二月から十年四月まで文部省博物館所管）に植栽したことを記している。(87)

次いで一行は権兵衛峠を越えて木曾谷に入り、八月一日に王滝から山中一泊で御嶽に登った。そこで、クモマグサを採集しており、この標本をもとに、後日フランシェとサヴァチエは採集者である謙に献名した新種 ***Saxifraga Idsuroei*** **Franch. et** ***Sav.*** を記載したことは第1章で述べた。

その後鳥居峠を越えて、松本さらには長野に行き、明けて八日になって飯綱山を登り、その夜戸隠の旧坊に宿泊した。この「晩餐ノ時、霊芝《れいし》類ノ茸ヲ出セリ、方言ジカウバウト称ス［注：「じこうぼう」とは霊芝（サルノコシカケ）とは別のもので、ハナイグチ ***Suillus grevillei*** （**Klotz.**）**Sing.** のことをいい、カラマツ林に発生するイグチ科のキノコである。信州では食用に珍重する］、又河漏ヲ出セリ［注：「かろう」とは蕎麦のことをいう］、此處ノ名産ニシテ頗佳ナリ」(90)とあるから、旅先での名物料理を結構楽しんでいたらしい。

そして注目の九日になった。一行は早起きして午前五時に戸隠の旧坊を出発し、案内および物持五人を雇い(25)、高妻山（剣《つるぎ》ノ峯《みね》）をめざした（図32、33）。戸隠山と言えば、修験者が好んで登った岩山の表山（本山）を一般に指しているが、その最高峰の高妻山は戸隠の裏山と称して、やはり修験者が登拝していたという。表山との接点となる一不動をお裏巡りの振出しとして、二釈迦、三文殊、四普賢を経てまずは五地蔵をめざし、さらに、六弥勒、七薬師、八観音、九勢至を通って、十となる阿弥陀如来が祀ってあった高妻山の頂上が最終目的であったとされている。一行は念仏池《わくいけ》の脇を抜け、現在戸隠牧場になっている原野を横切り、「此谷川ヲ登ルコト里許ニシテ雑木ノ叢生セル山腹ニ出ツ」[86]とあるから、おそらくは大洞沢沿いに登路をとり、一不動に出たと思われる。

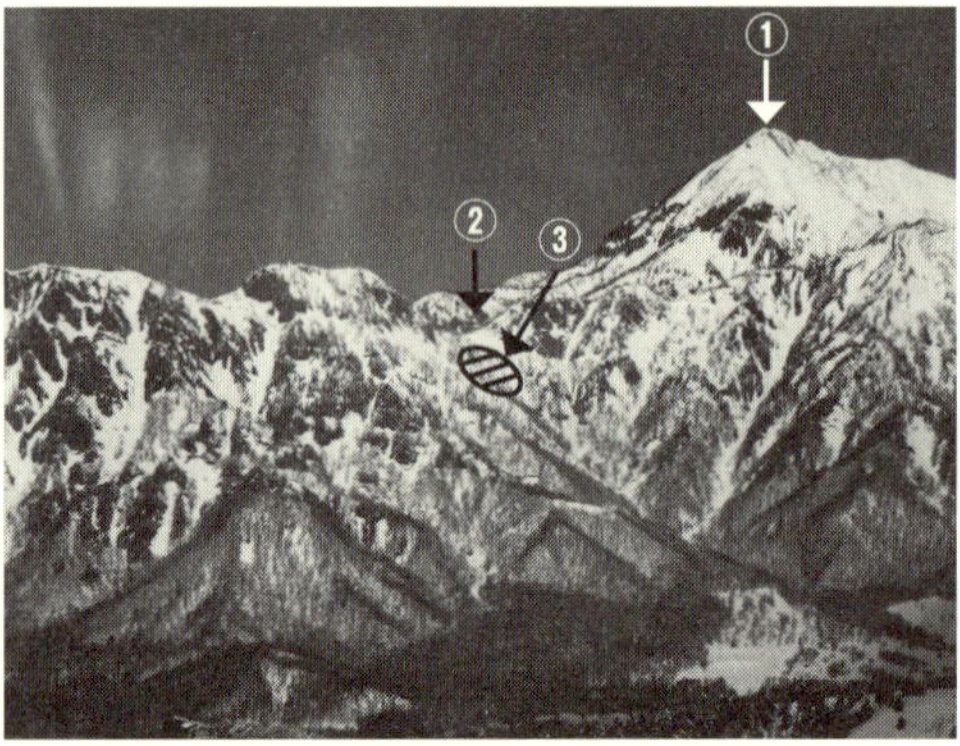

上：図32　戸隠連峰山域図とトガクシソウ採集推定地（斜線部分）。
下：図33　高妻山①、一不動②およびトガクシソウ採集推定地（③、斜線部分）［戸隠スキー場から望む］

その一不動の少し手前に清水（注：現在でいう「氷清水」のことかと思われる）があり、そこから大洞沢の流れが始まっているが、その沢の最上流あたり（図32、33）［『信州諸山採藥紀行』の欄外の記載によると「谷川ヲ登切タル辺」とある（図34）］で、「サンカエウノ類　一茎上三葉一柄ニ着ク　此ノ相對スル間ヨリ數梗ヲ出ス　其末ニ白色豆大ノ実ヲ結フ」と、『信州諸山採藥記』に記載された問題の植物（図35）に出会った。これがサンカヨウと近縁の未記載種と思われるもので、その後、謙、圭介および篤太郎が伊藤家の総力を挙げて検討を重ねた結果、新種と結論した「トガクシソウ（別名シロミノサンカヨウ）」であった。

なお、この「サンカヤウノ類」の記載は『科埜行雑記』にも載っていて（図36）、また『信州諸山採藥紀行』の本文には載っておらず、

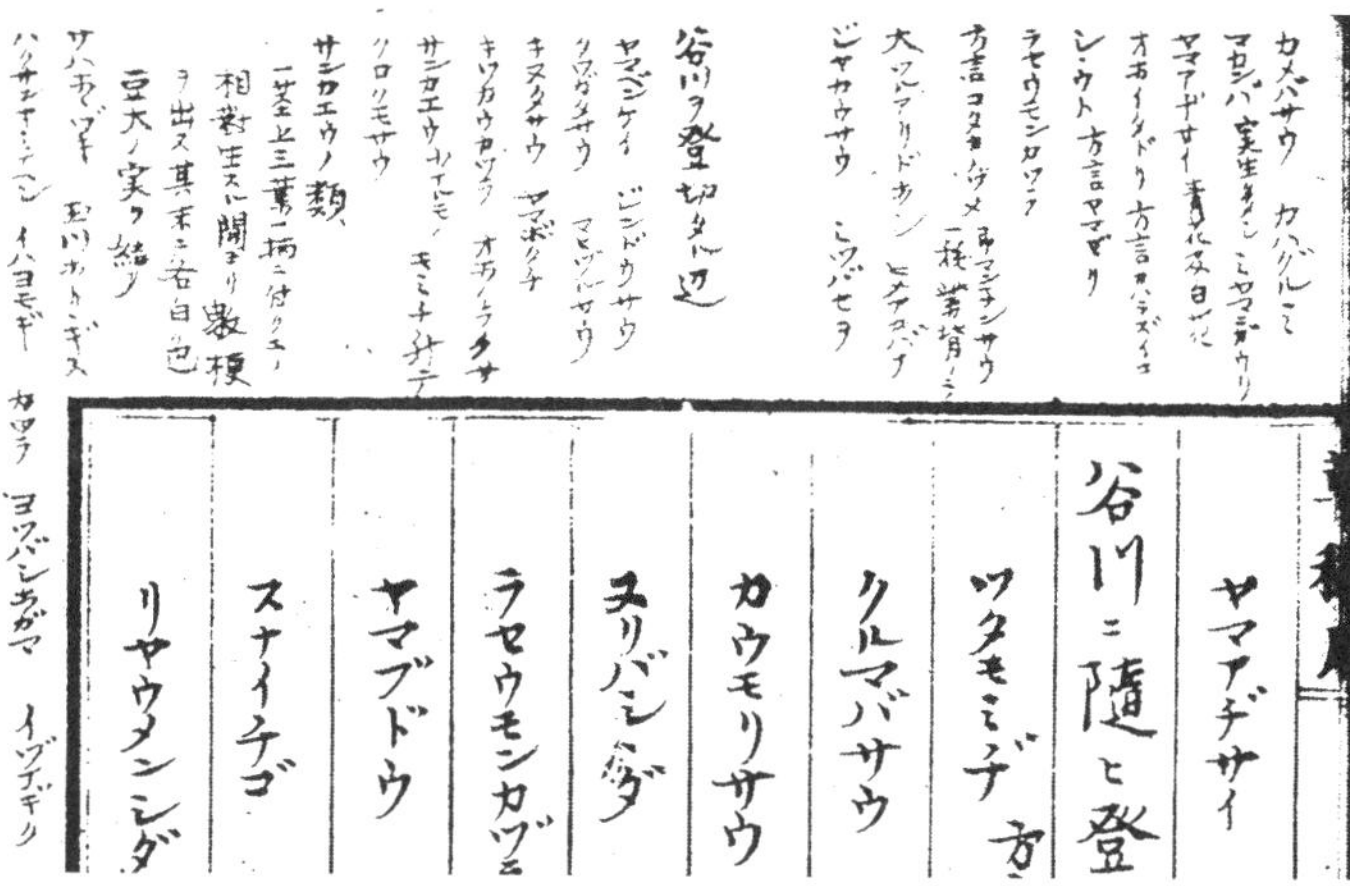
谷川ヲ登切タル辺
サンカエウノ類
一茎上三葉一柄ニ付ク
相對生スル間ヨリ數梗
ヲ出ス其末ニ白色
豆大ノ実ヲ結ブ
ヤマアヂサイ
谷川ニ随ヒ登
ツタモミヂ
クルマバサウ
カウモリサウ
ラセウモンカヅラ
ヤマブドウ
スナイチゴ
リヤウメンシダ

図34『信州諸山採薬紀行』における「サンカエウノ類」の記載［東京国立博物館所蔵］ 8月9日の条の欄外（図上段）に朱字で加筆された書き込みがある。その中の「谷川（注：大洞沢）ヲ登切タル辺」の項に「サンカエウノ類」の記載がある。

欄外には書き込まれていることから、久保弘道による作文ではなく、田中芳男によるものと考えられる。

その後一行は五地蔵山（五地蔵岳）を通って、高妻山（剣ノ峯）の頂上に足跡を残し、午後八時と遅くなってやっと戸隠の旧坊に戻った。

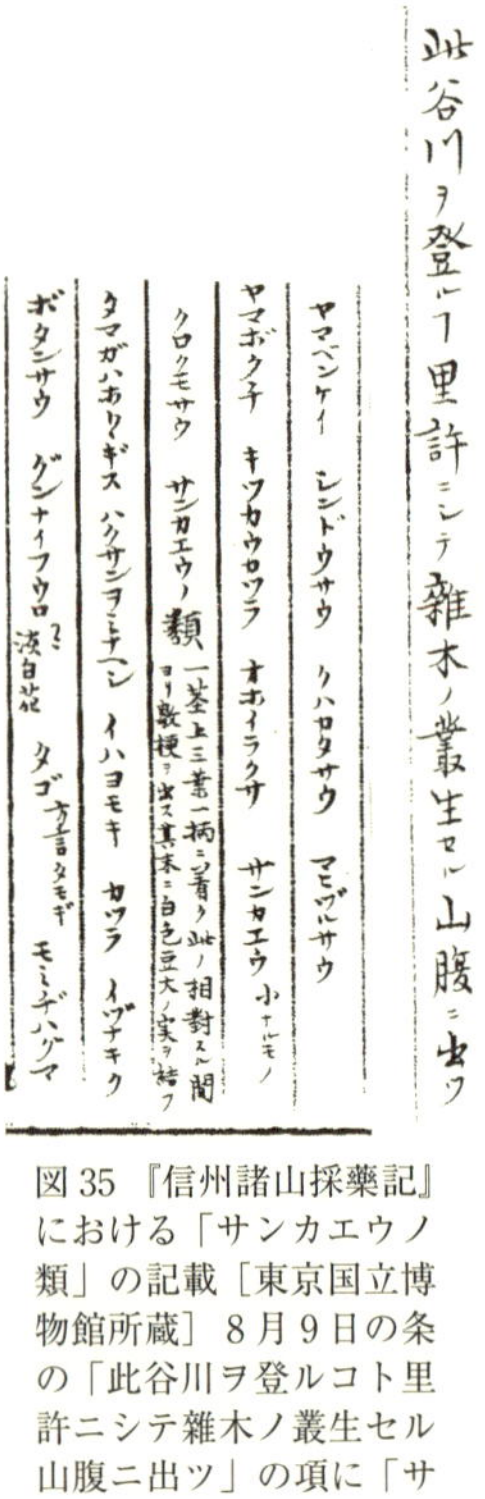

図35『信州諸山採藥記』における「サンカエウノ類」の記載［東京国立博物館所蔵］8月9日の条の「此谷川ヲ登ルコト里許ニシテ雑木ノ叢生セル山腹ニ出ツ」の項に「サンカエウノ類」の記載がある（図中央）。

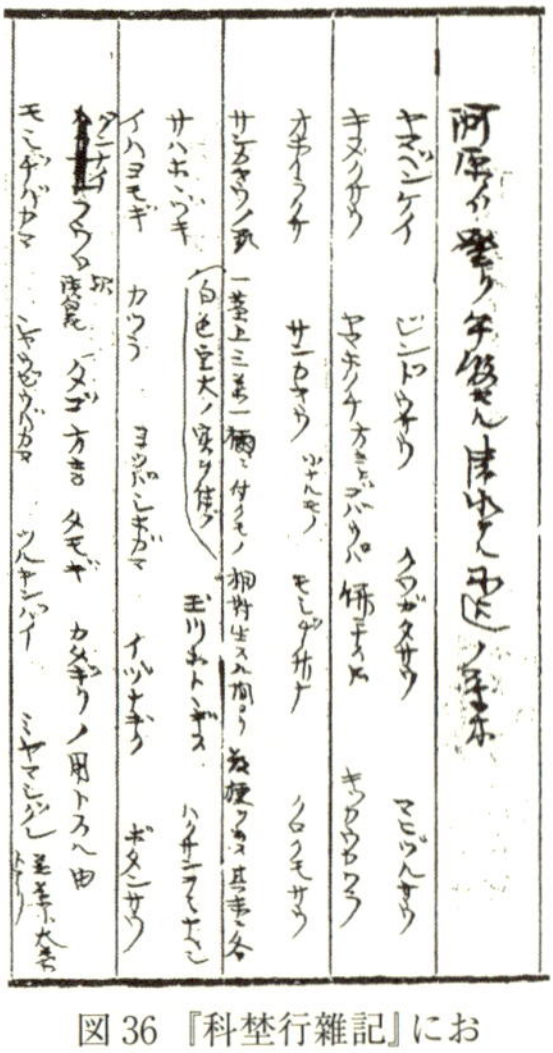

図36『科埜行雑記』における「サンカヤウノ類」の記載［東京大学総合図書館所蔵］8月9日の条の「河原ヨリ登リ午飯セル清水アル所迄ノ草木」の項に「サンカヤウノ類」の記載がある（図中央）。

誠に長い、歴史的な一日であった。

翌日の十日は雨であった。一行は戸隠奥社（奥ノ院）を往復した後、大久保村を通って長野に投宿した。

この八日から十日の戸隠山域で、サンカヨウと近縁の問題の未記載種と思われる植物を採集したのは、この『信州諸山採薬紀行』の記録を見る限り、九日の高妻山登山の途中の一不動から少し下った大洞沢の最上流あたりにおいてだけであったと思われる。

その後一行は上田から小諸に移動し、十三日浅間山にて採集を行い、軽井沢に投宿。十四日には小森頼信と謙は妙義山に寄り、そして田中芳男と東 亮一は途中栃木県下で発生した虫害調査のために別行動をとり、十五日から十七日にそれぞれ帰京したが、謙の帰京日は十七日であったという[25]。

八月十七日の圭介日記[87]には、「今日不出勤日ニ候へ共、昨日采薬荷着ニ付出勤、謙同伴」とあるから、十六日に到着した採品の荷を翌日になってすぐに解き、植栽すべきものは即刻植栽したものと思われる。一カ月近くの長旅でさぞ疲れていたはずの謙も、生きた植物を目の前にしてはゆっくりと休むことは叶わず、帰京した日にも圭介に同行して作業を手伝ったのであった。

また十八日の日記では「出勤、采品検査」、二十日の条では「今日謙此度采品腊葉調」となっており[87]、今回の信州採薬行で得られた植物の採品調べが内務省第六局博物科の職員よりは、むしろ、圭介、謙の親子が中心になって行っていたことが窺えるのである。

さらに二年半程たった明治十一年（一八七八）一月八日の圭介の日記には[88]、当時小石川植物園に生育するシヽンラン、シネラリヤ、シラネガンピ等の植物を画工の時田喜忠に描かせ、その図を九枚受け取ったとの記録が残っている。その中に「戸隠未詳草」と読める記載があり（図37）、これがトガクシソウを示しているのであれば、圭介、謙の親子はこの植物を未記載種として、信州採薬行以降も引き続きマークしていたのではないかと推察される。

以上のことを総合的に考察してみると、トガクシソウを明治八年（一八七五）八月九日に戸隠、高妻山山腹にある一不動から少し下った大洞沢の最上流付近で採集し、かつその後帰京してから採品を詳しく調べたのは、博物科の職員の誰よりも伊藤 謙であり、それを支えたのは圭介であったと考えるのが妥当と思われる［注：本書209頁に後述するように、博物科の職員の中では小森頼信がこの植物に関しての原稿を書いたことがあるとされているが[52]、その所在は現在のところ不明である。また、牧野富太郎の先の論文[80]の中に掲載されたこの植物の写生図〈明治十三年（一八八〇）五月三日に博物科において描かれたとされる〉

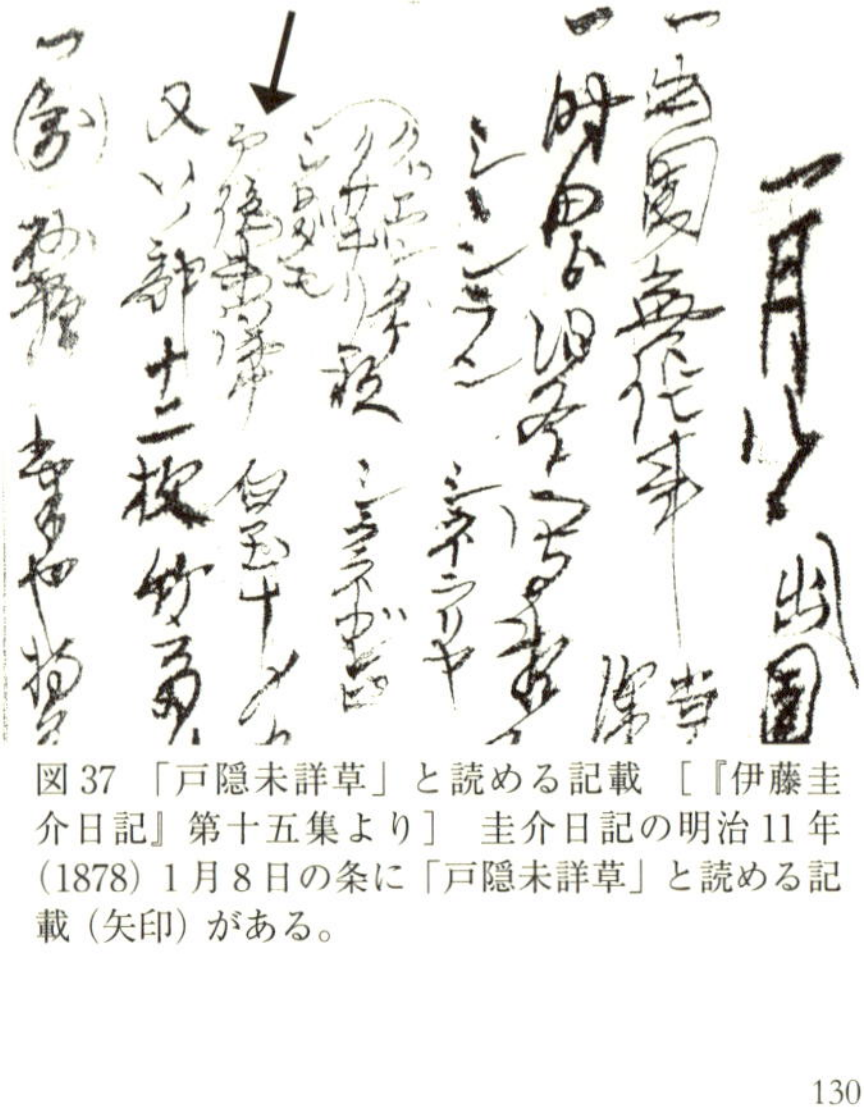

図37 「戸隠未詳草」と読める記載 ［『伊藤圭介日記』第十五集より］ 圭介日記の明治11年(1878) 1月8日の条に「戸隠未詳草」と読める記載（矢印）がある。

に関する詳細も不明である」。

田中芳男もトガクシソウを当初より「サンカヨウノ類」と呼び、この植物が未記載種であるという可能性を早くから感じていたはずであるが、自分自身あるいは博物科の部下の誰かが、この未記載種の分類学的検討を継続して行うことはなかったのであった。もっとも、芳男は植物の同定には精通していたが、採薬行の職務上の目的は各地の博物誌を作成するとともに、各地の殖産振興を図る基礎資料を得ることが第一義であり、さらには物産会、内国勧業博覧会用の展示品を獲得することが第二義であったため、採品に関しての各論的な細かい分類学に深入りしようとは思っていなかったらしい。こういったことは、むしろ、圭介や謙の方が得意であると考えていたのであろう。

圭介はその後の「戸隠未詳草」の分類学的研究について、謙に任せたかったようであるが、この頃より謙は胸を患っていることがわかり、明治十二年（一八七九）の八月二十六日に息を引き取ってしまった。二十九歳という、若過ぎた死であった。圭介の落胆は想像を絶するものであったが、ある程度の心の整理がついた後、その役目を孫の篤太郎にバトンタッチすることにしたのである。

そしてその後、篤太郎は種々なる検討の結果、トガクシソウを新種とすることに間違いないとの最終的判断を下し、思い切ってマキシモヴィッチに新種提案の書簡を出すことにした。そしてこの思い切った行為が、日本人として初めて植物に学名を与えることにつながり、日本の科学史上に残る快挙となったのであった。考えてみると、今回、田中芳男をはじめとする博物科の連中にも、そのチャンスがないこともなかったはずであるが、未記載種の可能性がある植物を新種と結論するまでのステップの踏み方がまだわからなかったのであろう。もっとも、これまでの日本の本草学者や博物学者達も皆同じであった。そういった意味でも篤太郎のこの新種提言は、日本における近世本草学から近代植物学への脱皮の最終過程において、意義深いものであったといえよう。

日本人によるその後の新種や新属の発表

明治十九年（一八八六）から二十一年（一八八八）にかけての篤太郎による一連の新種や新属の学名の提唱には遅れたが、明治二十二年（一八八九）一月には大久保三郎と牧野富太郎による *Theligonum japonicum* Okubo et Makino（ヤマトグサ）の記載が創刊後間もない植物學雑誌[91]に載り、これが「日本人による国内の植物学の雑誌への第一号の新種発表」（注：この発表が日本人による初めての学名命名とよく誤解されている）となったのであった。さらには翌年の明治二十三年（一八九〇）九月には三好學[92]による食虫植物の *Pinguicula ramosa* Miyoshi（コウシンソウ）の新種記載がやはり植物學雑誌に発表された。

矢田部良吉はトガクシソウの件では遅れをとったものの、明治二十三年（一八九〇）十月には植物學雜誌に英文の論説「A few words of explanation to European botanists（泰西植物學者諸氏に告ぐ）」[93]を載せて、もはや外国人の助力なしでも日本人の手で学名発表ができるようになったことを内外に宣言し、これを受けて同誌同号に自ら *Leptodermis pulchella* Yatabe（シチョウゲ）および *Primula nipponica* Yatabe（ヒナザクラ）の二種を新種として記載し[94]、続いて同年十二月の同誌に新属 *Kirengeshoma* Yatabe および新種 *Kirengeshoma palmata* Yatabe（キレンゲショウマ）の記載を行い、これが「日本人による国内の植物学の雑誌への第一号の新属発表」となったのであった[95]。

破門草事件その後

ところで、矢田部教授によって、破門の処遇を受けたのは篤太郎だけではなかった。「破門草事件」から二年も経たない明治二十三年（一八九〇）の八月頃、今度は牧野富太郎が矢田部によって教室の出入り禁止を言い渡された。この時の彼の困った様子は、牧野の自叙伝[81]や渋谷章氏による牧野の伝記[96]に詳しく書かれている。

翌年の明治二十四年（一八九一）三月には、なんと今度は、矢田部自身も帝国大学を非職（今でいう休職、免官は三年後）に追い込まれてしまったのである。大学教授を罷免された理由としていろいろの風説が伝えられており、スキャンダルによるものだとか、学内での権力争いに巻き込まれたことによるものだとか言われているが、真相は不明である。

また、助教授の大久保も明治二十八年（一八九五）四月に非職になってしまったのは皮肉であった。

しかしながら、矢田部は明治三十一年（一八九八）に東京師範学校々長として見事にカムバックした。彼は植物学の教授であったが、その才能は理科系の狭い分野の研究者で納まる器ではなかったのである。もともと得意の語学力をいかして、シェイクスピアの戯曲や新体詩の翻訳など文学の面でも活躍していたし、教育に関しては一家言を成した感があり、教授現職の頃から各種学校の校長を兼任していた。それゆえ、教授を非職されてからもこのような教育職の重要なポストに就くことができたのである。

ところが翌年の夏に矢田部は鎌倉にて水泳中に溺死してしまうのである。享年四十九歳にして、きわめて個性的な生涯を閉じたのであった。

篤太郎にとって、矢田部は自分の人生設計を狂わした人間であったことは間違いないのである。当時、帝国大学の教授の力は絶大であった。事実、他にも理由があったにせよ、篤太郎はその後長い間、公的な研究職に就くことができなかった。しかしながら、矢田部の生前あるいは死後においても、少なくとも公の場では、篤太郎は矢田部のことを悪く言っている様子は見られないのである。唯一、追想記「伊藤圭介翁と小石川植物園」[19]において、「矢田部教授は分類が苦手であった様である」とか、「矢田部教授等の一行に随従の節は内山氏（注：小石川植物園園丁の内山富次郎）が矢田部教授の先生であると専ら風評されて居た」と、皮肉を込めてチクリと述べているくらいである。また圭介についても然りで、晩年の『伊藤圭介日記』において、圭介が孫の事を想うばかりに矢田部のことを悪く言っている記述は見当たらない。

篤太郎にとって、「破門草事件」により、自分が「日陰の身」に置かされたという被害者意識よりも、「伊藤家にとってのシンボル的植物といえるトガクシソウの学名命名において、伊藤家の名誉を守ることができた」という自負の方が強く、その余裕といえるものが、ある意味このような寛容な行動を篤太郎にとらせたと推察される。

この点、牧野富太郎は違っていた。

矢田部教授から「破門」という同じような処遇を受けていながら、牧野の方は、その自叙伝において、矢田部のことを誹謗している記述がみられる。たとえば、「矢田部先生罷職の遠因は、色々伝えられているが、先生は前に森有礼に伴われ外遊した事もあり、中々の西洋かぶれで、鹿鳴館にてダンスに熱中したり、先生が兼職で校長をしていた一橋の高等女学校で教え子を妻君に迎えたり、〈国の基〉という雑誌に〈良人《おっと》を選ぶには、よろしく理学士か、教育者でなければいかん〉と書いて物議を醸したりした。当時の〈毎日新聞〉には矢田部先生をモデルとした小説が連載され、図まで入っていた」[81]と批判的な口調で述べている。

牧野富太郎伝については先の自叙伝や渋谷氏による伝記があるが、最近、大場秀章氏[97]が牧野の生涯に渡る諸活動について分析的研究を行っている。それによると、晩年の牧野によって書かれた自叙伝などの中の東京大学関係者についての論述には、事実とは異なる記載が見られるという。牧野が自叙伝を書くにあたって、ストーリー上、矢田部良吉や松村任三といった東京大学の教授達との確執を増幅させなくてはならないという思いが募り、晩年の牧野にしてこのような書き方の誇張をさせたのではないかと推察される。

郷愁に満ちた博物会の開催

明治二十一年（一八八八）は、篤太郎にとっていろいろな事があった年であった。

五月七日には、祖父の圭介が我が国最初の理学博士の称号を受けた。これは皮肉にも、あの矢田部良吉と同時受領となった。

十月十五日には、圭介が両国の香樹園にて「多識會」と称した博物会を開催するのを、孫の篤太郎が取り仕切った。

「當日列席ノ老成諸君ヲ擧レバ、林洞海（七十六）、木村二梅（同上）、今村亮、淺田宗伯、石坂堅壮（共七十五）、大淵祐玄、山崎董泉（共七十三）、栗本鋤雲（六十七）及び余ガ王父伊藤圭介（八十六）ノ諸翁ヲ始メトシテ、田中芳男、小野職愨、栗田萬次郎、其他」[98]といった年配の博物学者や現役の関係者が一堂に集まり、またこの他に藤野寄命も加わった盛大な会であった。列席者はそれぞれ出品物を持ち寄って、お互いの知識を交換すると同時に親睦を図るという目的があった。これは以前に名古屋でよく開いていた嘗百社《しょうひゃくしゃ》などの博物会を思い出させる、郷愁に満ちた会であった。

圭介は東京移住後も何回か「尚歯《しょうし》會」（会により七老尚歯會とも称す）などこの種の博物物産会に参加しているが、八十六歳になっていた圭介は、この日は特に御機嫌であった。それというのも、英国留学で大きな成果を収めて凱旋した孫の篤太郎が、一人前になって開催者の自分を助けてくれているからである。

後継者問題で長い間頭を悩ましていた以前の日々が嘘のようであった。

篤太郎は「有名ノ諸君、相會セラレタルハ、近來稀ニ觀ル所ノ盛會ニシテ、余ヲシテ爲メニ轉《うた》タ英國倫敦（ロンドン）ニ在リシ日、學士會院（ローヤル・ソサイアテー）ノ年會ニ臨ミタルト、同一ノ感ヲ起サシムルニ至レリ。亦一大快事ナル哉。」[98]と悦び、祖父への孝行ぶりを発揮した。

十二月に、篤太郎はこの会の出品目録などを記した『多識會誌』第一輯[98]を編輯・刊行し、また自ら出品した食虫植物のムシトリスミレ（*Pinguicula vulgaris* L.）（出品名はミヤマミミカキグサ）について、食虫の仕組みなど英国仕込みの植物生理学的考察を加えて解説している。

なお、翌年の明治二十二年（一八八九）の五月十五日には第二会の、また十月十五日には第三会の「多識會」を開いた。さらに、明治二十三年（一八九〇）十二月に『多識會誌』第二輯[99]を再び編輯・刊行し、自ら出品した霧島山産の腐生植物、ヒナノシャクジョウ科に属する*Burmannia* sp.（ヒナノシャクジョウ属の一種）の記載を載せ、これにキリシマソウ（後日キリシマシャクジョウと改訂）の新和名を提唱した。

また、明治二十五年（一八九二）七月五、六日には篤太郎が会主となって、中京圏に在住する関係者、博物学者達を集め、また身内も加わり、圭介の九十賀寿の博物会を名古屋市門前町愛知博物館にて盛大に開催した（図38）。また翌年の十二月に、この会の記念誌『錦窠翁九十賀壽博物會誌』（上・下巻）[9]を編輯・刊行し、上巻に自ら五編の論文を載せた。

これらの論文の中で、「日本産ひなの志ゃくぢゃう科植物説」では、篤太郎が暖地の樹林内に生える無葉、矮小で弱々しい腐生植物であるこの科の植物について大いなる興味を示していたとみえて、本邦産の三種を記載した。

まず、沖縄石垣島にて明治二十四年（一八九一）六月、田中芳男の養子の田中節三郎が採集した藍紫色を呈する *Burmannia* sp.（ヒ

図38　圭介九十賀寿記念集合写真［東山植物園所蔵］明治25年（1892）7月撮影。前列中央に圭介と篤太郎が座り、左隣に睦子、篤太郎の前に圭子、二列目右端に延吉といった身内も参列している。

ナノシャクジョウ属の一種で、節三郎がルリシャクジョウという新和名を提唱）を記載して分類学的考察を行い、この種が既知種の *Burmannia candida* Griff. に近いものの、欧州にある標本と比較検討しないと最終的な確定はできないとした。

後年の大正二年（一九一三）に牧野富太郎は[100]詳細な検討を行って、ついにこれを新種と断定し、*Burmannia itoana* Makino という伊藤篤太郎の名前に因んだ学名を付けるに至ったのである（口絵5）。

また、キリシマシャクジョウ（キリシマソウを改訂した新和名）は英国における東洋植物の研究者であるヘムズレーに標本を送って意見を求めた結果、*Burmannia nepalensis* Hook. f. という鑑定を得たとしているが、後年、早田文藏によって新種と結論され、*Burmannia liukiuensis* Hayata という学名が定められた。

牧野富太郎が土佐で採集し、マキシモヴィッチが新種と命名したヒナノシャクジョウ（*Burmannia japonica* Maxim. ex Makino）は *Burmannia championi* Thwaites あるいは *Burmannia tuberosa* Becc. との異同を詳しく調べる必要があると、篤太郎は慎重な態度をとった（現在は *Burmannia championi* Thwaites の異名とされている）。

さらに「日本産志ほがまぎく屬説」では、ゴマノハグサ科（現在はハマウツボ科）の本邦産シオガマギク（*Pedicularis*）属十一種を挙げ、古今東西の文献を引用しながら本属について二十五頁にもわたって詳しく解説した。またその際、*Pedicularis refracta*（Maxim.）Maxim. に対し新和名のツクシシオガマを提唱したが、この和名は現在でも使われている。かつて篤太郎が十五歳の時、圭介のお供として横浜に停泊中のスウェーデンのヴェガ号を訪ね、その時ウプサラ大学の植物学者キェルマン（キゼルマン）博士から、シベリア北岸ピトレカイ産のシオガマギクの一種とユキワリソウの一種の標本をもらったことがあった。その時の感動を報文として発表したことは前述したが、後年の研究により、酷寒地に咲くこの奇品のうち、前者は *Pedicularis lanata* Willd. var. *alopecuroides* Trautv. であったと報告している。

この他にも「琉球産たなかさう（新名）ニ就テ」では、もともと熱帯産で当時沖縄に帰化し始めた水生植物の *Pistia stratiotes* L. に対して、四つの「田中」に因んだ和名「タナカソウ」の提唱を行った（図39）。その四つの「田中」とは（第一）田中芳男が琉球産の標本をロシアのマキシモヴィッチに送ったということ、（第二）田中節三郎が沖縄にてこれを採集したということ、（第三）この植物が田んぼの中に生ずること、（第四）篤太郎がこの植物の標本を初めて観察した時、田字草（デンジソウ）の中に生えていたということ、としている。ただし、水面に浮かぶこの水草の和名は、現在ではボタンウキクサの方が一般的で、本州南部ではすでに広く帰化してきているという。また一部の地方では、繁殖力が強いために水面を埋めつくして水路を塞いでしまうなど、最近は「悪役」植物として注目されている。もしタナカソウという和名が一般的になっていたら、当の本人の田中芳男と田中節三郎の親子にとっては、迷惑千万だったと天国で苦笑しているに違いない。

「蓼科ノ一奇屬ニ就テ」ではタデ科（現在はイソマツ科）に属するジンヨウスイバ（別名マルバギシギシ）*Oxyria digyna*（L.）Hill について、また「きむらたけノ説」ではミヤマハンノキの根に寄生するハマウツボ科の植物キムラタケ（別名オニク）*Boschniakia glabra* C. A. Meyer = *Boschniakia rossica*（Cham. et Schltdl.）B. Fedtsch. について、いずれも総説的に論述した。

これら五編の論文はいずれも中身の濃いもので、篤太郎の学識の高さを国内の植物学者や博物学者に示し圭介の後継者としての地位を確固たるものにした。

英国に留学はしたけれど

明治二十年（一八八七）十一月、篤太郎は英国のケンブリッジ大学やキュー王立植物園での研究留学から帰ったものの、帰国後に研究ポストなるものが特に用意されていたわけではなかった。それでもしばらくは

図 39　ボタンウキクサ（*Pistia stratiotes* L.）［サトイモ科］〈国立科学博物館筑波実験植物園（茨城県）、2007 年 12 月 13 日〉　南アメリカ原産と推定される常緑の水生植物で、現在では世界各国の熱帯から温帯に広く帰化している。繁殖力が強く、水路を塞いでしまうことがある。挿入図は花を示し、小形であるが、サトイモ科の特徴である仏炎苞を持っている。篤太郎は「タナカソウ」の和名を提唱した。

帝国大学の植物学教室に出入りが許されていて、情報交換などに役立っていたと思われる。ところが、帰国後一年余で起きたあの「破門草事件」のお陰でそれもできなくなってしまった。

明治二十二年（一八八九）の十二月には東京本郷真砂町の圭介の家から、学者や文人が多く住みはじめ、後に「学者町」といわれるようになったという西片町に引っ越してきた。篤太郎も二十歳代半ばの男になっており、いつまでも圭介宅で圭介や恭四郎夫妻の世話になってはいられないとの判断からであろう。しかしながら、東京では帝国大学矢田部教授の影響が強いためか、研究職はもとより、教育職なども就くことがかなわず、職が定まらないまま時が過ぎてしまった。

明治二十三年（一八九〇）になると、東京から離れた名古屋の地で、愛知県尋常中学校の教諭という就職先がようやく見つかり、両親や妹、弟が待つ名古屋七間町の実家に戻った。この愛知県尋常中学校とは、篤太郎が以前在校したものの中退を余儀なくされた愛知英語学校が、その名を改めたものであった。

一応就職はしたが、ポストはあくまで学校の教師である。研究する時間や場所が十分保障されているわけではなかった。しかし、学校の教師であれば、長い夏休みがある。明治二十四年（一八九一）の八月には木曾御嶽、木曾駒ヶ岳、乗鞍岳など信州の高山に長期の植物採集旅行をし、この時採集されたクモマグサ（口絵31）、タテヤマキンバイ、コイチョウラン、マイヅルソウ、イワギキョウなど多数の標本が現在も国立科学博物館に保存されている。

愛知県尋常中学校教諭の職は明治二十七年（一八九四）まで四年間程続いたが、この年の三月に鹿児島高等中学造士館嘱託となって鹿児島市に住むことになった。

篤太郎の妹、伊藤順子著『萩花集説』について

篤太郎の妹、順子は結婚直前の明治二十五年（一八九二）の九月、『萩花集説《はぎのはなしゅうせつ》』[8]と題して萩の花をめぐる古今の和歌などを編輯し、また自ら小文を添えた女性らしい小冊子を刊行している。この本は22×15・5センチ、本文十八頁ほどの和装本で、定価十銭（二〇一六年現在の貨幣価値に換算すると三千円程）として自費出版されたものである。

なお表紙には薄い水色を基調に、ピンク色の花と緑の葉の萩が描かれており、表題「萩花集説」の字は圭介の筆によるものである（図40）。

また、表紙をめくると、圭介の筆による

嫵媚
風姿
錦窠翁題 ㊞ ㊞

という文字で飾られている頁が目に飛び込んでくる（図41）。

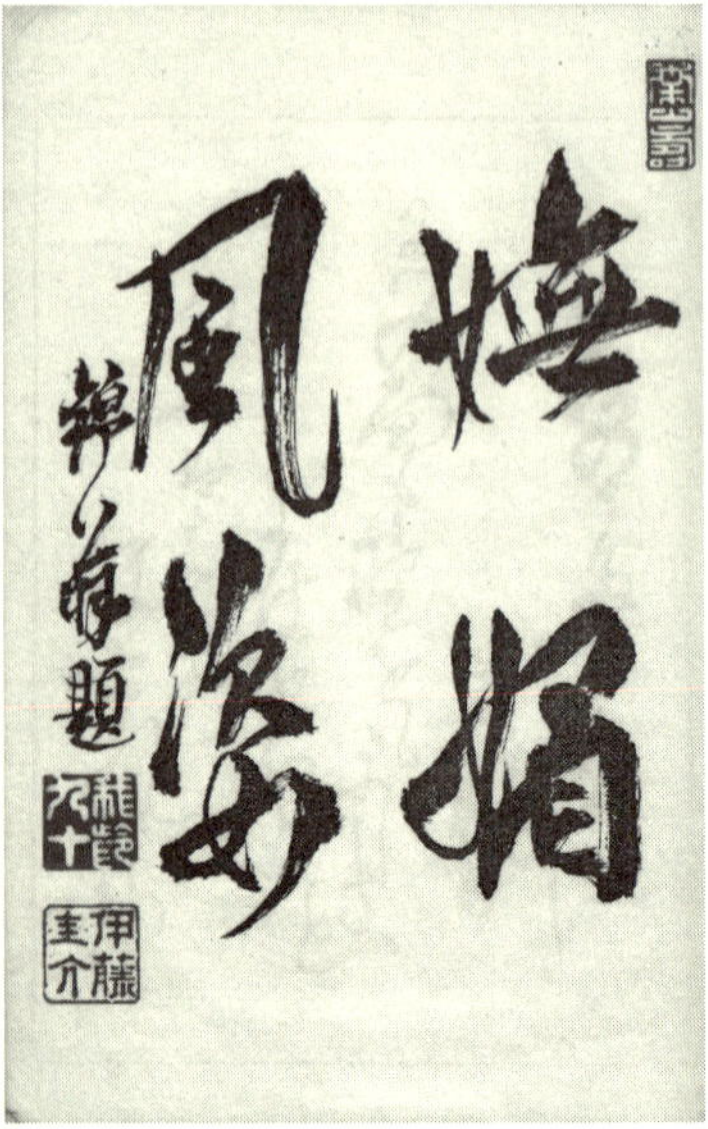

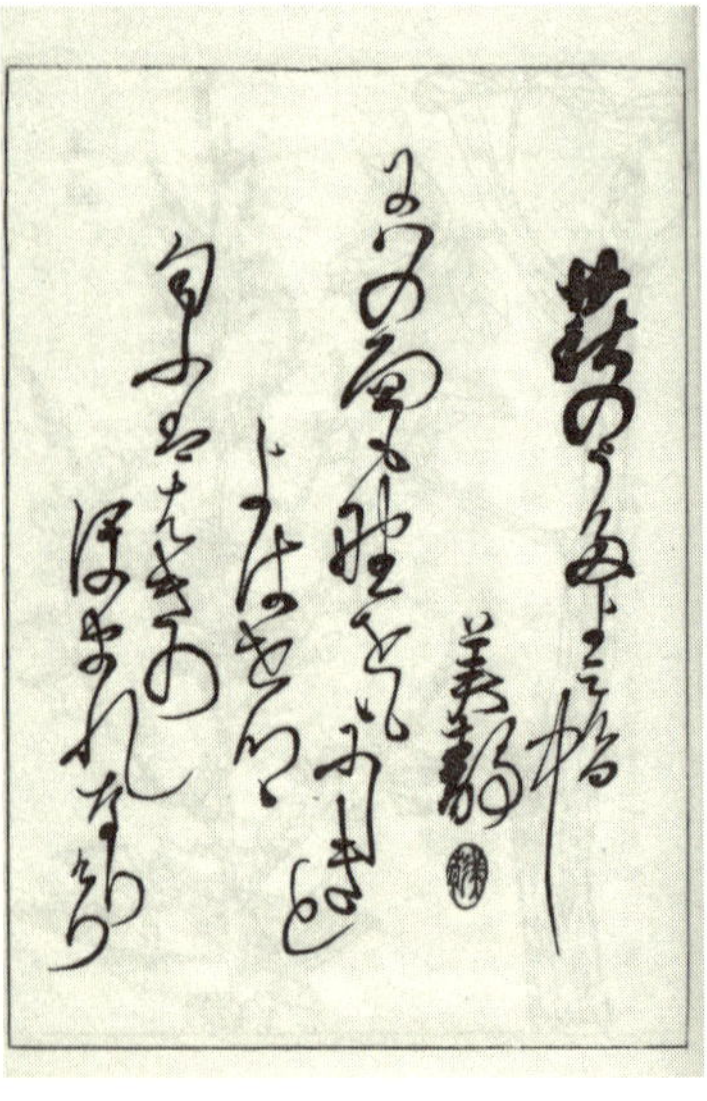

上右：図 40 『萩花集説』の表紙　伊藤順子、23 歳の時の著。萩の花をめぐる古今の短歌などを編輯し、自ら小文を添えた女性らしい小冊子である。

上左：図 41 『萩花集説』の中の伊藤圭介の書

下：図 42 『萩花集説』の中の福羽美静が詠んだ自筆の和歌

「ぶびふうし」と読むのであろうか、萩の花が艶めかしい姿かたちをしていることを表現したものと思われる。

さらに次の頁には

萩のうた　よみける中

美静　㊞

にはの面も　野をもにしきと

よはせつゝ

匂ふははぎの

ほまれなりけり

という和歌が達筆な書体で序文替わりに書かれているのが確認できる（図42）。

ところで、この和歌を詠み、かつそれを書にした「美静」とはいかなる人物であったのだろうか。

その人物とは、国学者であり歌人でもある福羽美静《ふくばびせい》［（よししず）、一八三一―一九〇七］と思われる。

美静の経歴を紐解くと、明治十二年（一八七九）に東京学士会院の会員になったとある。圭介も同年、同会員に選ばれている。そこで、圭介が書き留めた住所録の一つであり、交友関係を知る上で参考になる「人名封筒集」(101)を調べてみると、そこに福羽美静の名前が載っていた。

つまり、東京学士会院の会員同志の繋がりで、圭介は自分の孫が編輯した本の序を飾る和歌を美静に依頼し、それに美静が快く応じたようであった。

さて、本文に目を移すと、はぎの和名に関する異称の説明に始まって、はぎに漢字として萩の字を古くから仮用するのは、はぎが秋草の中でも秋を代表する目立つ存在だからとし、さらに萩花の種類の説明を加えている。

次に、萩が入った漢詩を一篇紹介し、そして本書の核心というべき、萩が詠まれた和歌をその詠まれた場所を明示して挙げ、日本各地における萩の名所めぐりを行っている。

また最後に、本書で示した萩の諸説は圭介著の「花史雑記」(102)中の一、二の説を中心に、他の諸説をも増補して編集したものであると述べて締め括っている。

全編を通して本書は、編者の植物学と和歌の素養の上に控えめな表現で文章が綴られていて、奥ゆかしい女性が書いた好ましい小冊子という印象を受ける。

圭介は可愛い孫が嫁入りする前に、伊藤家の女性らしい本を書き記させ、新しい船出を祝福するつもりで自費出版の応援をしたものと思われる。その後、当の本人の順子は、結婚してから無事子供を産んだ所まではよかったが、夫の浮気やそれに伴う離婚、再婚相手の継子達の育児、さらには夫の死という相次ぐ不幸に遭遇したのであった。思えば、この本を出版した頃が、彼女の人生のうちで一番よかった時期だったかもしれなかった。そして、本書はその輝かしい頃の証であったのであろう。

マキシモヴィッチの死と須川長之助の処遇についての提案

篤太郎をはじめこの時代の日本の植物分類学者達は、多かれ少なかれロシアのマキシモヴィッチの世話になっていた。彼が「東亜植物学の父」と言われる所以である。さらに牧野富太郎に至っては、東京大学の矢田部良吉教授との折り合いが悪くなって以来、明治二十三年（一八九〇）の暮にはマキシモヴィッチを頼ってのロシア行きを計画しているとの手紙を、神田駿河台のニコライ主教を介して送っていた程である。しかし、当のマキシモヴィッチはその翌年の明治二十四年（一八九一）の二月十六日にインフルエンザで急死してしまった。そこで、牧野は涙を呑んでロシア行きを諦めたという[81,96]。

マキシモヴィッチ死亡の影響を受けたのは牧野だけではなかった。マキシモヴィッチの日本における採集を助け、彼がロシアに帰国した後も、自ら採集した標本を二十数年間送り続けたという岩手県の農民、須川長之助（図43）もその一人である。夏、日本アルプス、八ヶ岳や北海道の高い山に、帯黄白色の美しい花を咲かせる高山植物の「チョウノスケソウ」にその和名を残している、あの長之助である。

マキシモヴィッチは長之助のことを「チョウノスキー」と愛称しており、研究論文でも「Tschonoski」としてその名前がしばしば登場していた。また、学名にもマキシモヴィッチによって長之助の名が付けられた植物がある。たとえば、シロバナエンレイソウ（ミヤマエンレイソウ）は *Trillium tschonoskii* Maxim.、イヌシデは *Carpinus tschonoskii* Maxim. であり、コメツツジは *Rhododendron tschonoskii* Maxim. である。

図43　須川長之助［『マクシモヴィッチと須川長之助』（増訂版）井上幸三著、岩手植物の会（1996）より］

実は、このチョウノスキーたる人物は長い間謎の人物とされ、日本ばかりなくロシアにおいても、ロシア人と思っていた植物学者が多かったという[49,103]。『マクシモヴィッチと須川長之助』を著わした井上幸三氏[103]によると、篤太郎が英国に留学中、王立キュー植物園の腊葉館において研究をしていた時に、マクシモヴィッチから送られた **Tschonoski** 採集のメギ科の標本が部屋に置いてあった。それがたまたま館長のオリバー教授の目にとまり、**Tschonoski** とはどんな人かと尋ねられたが、篤太郎自身日本人であるかどうかも知らなかったから、答えることが出来なかったとの話がある。

またその頃の日本において（井上氏[103]によると明治二十年、篤太郎[49]によると明治十何年とされている）、ロシアの公使館からの使者が質朴な一人の日本人を連れて、本郷真砂町の圭介宅を訪問したことがあったという。その連れの日本人が差し出した名刺に須川長之助と書いてあったので、圭介がよくよく訊き質《ただ》してみると、その人こそチョウノスキーであり、Tschonoski が実は日本人の長之助であったことに圭介は驚いたというエピソードが残っている。(49, 103)

そして後日、篤太郎が日本に帰国してから、神田駿河台のニコライ主教の許で初めて長之助と会う機会があり、長之助の風貌を「状貌朴素質直ニシテ田里農民ノ風アリ」と表現している。(104)

その後マキシモヴィッチが死亡してからというもの、長之助は一切の採集をやめてしまったという。もちろん、二人の関係は雇いと雇われの関係であり、雇い主が死んでからは調査費と呼ばれる賃金が出なくなったので、雇われ側の長之助がとった行動は当然と言えば当然であった。しかしながら、世界的な植物学者のマキシモヴィッチに三年間も直接指導を受けていただけに、長之助は確かな観察眼と深い知識を身につけていた。さらにその後の二十数年間に培った豊富な経験も加えて、その実力は飛び抜けていた。それは日本の植物分類学界の財産ともいえる存在であった。そして外国では Tschonoski として有名でもあった。そのことを篤太郎は英国留学中に身をもって感じていた。ところが、日本では Tschonoski が日本人であることを知っている者も稀である位、彼に対する評価は高くはなかった。そして、マキシモヴィッチの死後、長之助の生活は植物採集とは縁のないものになってしまった。その時、長之助はまだ五十歳になったばかりで、心身ともにまだまだ壮健だったのであるが。

篤太郎はそのことを嘆いていた。

マキシモヰッチ氏ノ訃音ニ接スルニ至リ　同人ハ郷里（岩手縣陸中國紫波《しわ》郡下松本村二十一番地）ニ歸リテ　此ニ植物採集ノ業ト縁ヲ絶ツニ至レリ　同人ハ多年植物採集ニ従事シテ其技ニ熟達セリト雖ドモ　マキシモヰッチ氏歿後其手ヲ空シクシテ徒ニ郷里ニ在リ　而シテ敢テ人ノ此人ヲ稱スル鮮シ　予モ亦同人ヲ惜ムモノタダ今再ヒ之ヲ起スノ便宜ヲ有セザルノミ　同人ノ功績ヲ知ルモノ幸ニ一顧ノ勞ヲ執ルアラバ　同人ハ恐クハ喜ンデ之ニ應ゼンカ

と述べ、長之助の処遇について何とかすべきとの意見が植物學雑誌の雑報欄に掲載された。(104)
官学の外にいた篤太郎には、在野の人間で実力がありながら不遇の扱いを受けている長之助の気持ちが、痛い程わかったのであろう。

鹿児島時代の篤太郎

篤太郎は転任した鹿児島高等中学造士館（図44）では植物、動物、英語、ラテン語の授業を担当していた。(105)

南国鹿児島への転任の理由として、篤太郎が暖地性の植物に以前から興味があったことも一因と思われる。というのも、英国留学中に琉球の植物についての論文「Botany of the Riukiu (Loochoo) Islands」を Nature 誌に投稿したことがあるくらいである。[106] そして、篤太郎が鹿児島に来た最初の夏の明治二十七年(一八九四)の七月から八月にかけての長期の休暇を利用して、奄美、沖永良部、沖縄、宮古、石垣、西表の諸島で植物採集を行ったことからも肯けるかもしれない。

この採集旅行の旅行記は、篤太郎に同行した伊藤伊三郎(篤太郎とは血縁関係はない)によって『大島沖縄漫遊見聞録』[107]として稿本の形で残されている。また、この旅行中に採集された多くの植物については稿本『琉球植物圖録』[108]の中に収録されている。さらに、この地域の毒蛇として有名なハブについて、篤太郎は興味が余程強かったようで、稿本『琉球八重山列島動植物採集雑記』[109]の中で詳しく述べている。なお、篤太郎が琉球で採集の際、地元の照屋林顕、立津春方、新垣

図 44　旧鹿児島高等中学造士館校舎［提供：sight-seeing japan］慶応 3 年(1867)に鹿児島紡績所の外人技師のための宿舎として建てられ、その後、明治 15 年(1882)に鶴丸城址内に移築されて、鹿児島高等中学造士館(後の第七高等学校造士館)の校舎として使用されていた。昭和 11 年(1936)に磯公園の現在地へ再移築されて、異人館と呼ばれている。

安一などの諸氏を伴ったとしている。

そして、採集の正式の報告は後に松村任三との共著「琉球植物志」第一篇(110)としてまとめられた。この採集旅行では九百二十九種を得たとしているが、その採集標本の中には、後述するように、新種が含まれていた。

また、この採集旅行で得た標本と知識が、後に篤太郎が行った南方系の植物を材料にしての各種の研究の基礎となり、理学博士の学位獲得のもとにもなった。

明治二十八年(一八九五)十一月には、篤太郎は昇格して鹿児島高等中学造士館教授に任じられた。また翌年の四月には、帝国大学の箕作佳吉《みつくりかきち》(菊池大麓の実弟)教授が海産動物の採集のため鹿児島に来た時には行動を伴にして協力したりして(111)、順調な鹿児島生活を送りつつあった。

ところがこともあろうに、同校は明治二十九年(一八九六)九月に急に廃校になってしまった。これは、明治二十七年(一八九四)に公布された高等学校令の公布により、同校が高等学校に改組するはずだったのだが、これまでのいきさつで実質出資していた島津家と県や政府との間の調整がうまくいかず、突然の廃校の憂き目を見るはめになってしまったとされている。そして、篤太郎は失職を余儀なくされたのであった。

篤太郎にとって、この南国の異郷の地、鹿児島での生活では珍しい体験もあったようで、それらを、「薩陽雑俎《ざっそ》」(112)と題した手製のメモ帳に記録している。そのうち幾つかを紹介したい。

薩摩ニテハ　他國人ノ國境内ヘ入ルヲ嫌フ　若シ巡禮其他神社等ノ禮拝ノ為メ入リ來ルトキハ　宿ヨリ宿ヘ役人ツキ添ヒテ宿送リトナスナリ　若シ又疑ハシキ者入リ來ルトキハ　旅宿ヲ始メ茶店等ニ至ルマデ　該人ノ擧動、言行等ヲ明細ニ調べ　一々之ヲ鹿児嶋ナル代官ニ上申スルナリ……

「鹿児島ノ發音」
鹿児島ニテ五十音「ラ・リ・ル・レ・ロ」ヲ「ダ・ヂ・ヅ・デ・ド」ト混ジ用ス
例エバ「ランプ」ヲ「ダンプ」

鹿児島ニテ下男ノ名ハ　太郎、次郎、三五郎、ゴンゼ、ケサ次郎、ゴンゲサ、助《スケ》
同下女ノ名ハ　ソデ、タケ、八重、千、ケサ亀、千亀、ケサ松、ケサ鶴、亀松、枝
以上ハ主ナル名ナリ

そして、明治二十七年（一八九四）十月九日に鹿児島近郊の桜島へ植物採集に出かけた時のことを、「櫻嶋植物採集之記」として「薩陽雜爼」に記録している。現在は立ち入り禁止になっている頂上やその付近の火口にも当時は立ち入ることができたようで、またビール瓶を水筒がわりに使ったというこの時代の登山スタイルの一端が窺えて興味深い紀行となっている。

第４章　学位取得、圭介の死そして結婚

松村任三との共著「琉球植物志」第一篇の執筆

明治二十九年（一八九六）、鹿児島にて失職した篤太郎はしばらく名古屋の実家にいたが、翌々年、東京成城学校の講師の職が見つかり、再び圭介が居る東京に戻った。圭介は九十六歳になっていた。圭介はこの三年後に亡くなるのであるが、篤太郎は鹿児島高等中学造士館教授を失職したお陰で、結果的に最晩年の圭介と一緒に過ごすことができたのである。

東京帝国大学植物学教室については明治二十四年（一八九一）に矢田部良吉が教授を非職となったが、その後、後任に松村任三《じんぞう》助教授が二代目教授に昇格した。

松村任三（図45）は安政三年一月九日（西暦一八五六年二月十四日）に現在の茨城県高萩市下手綱に、常陸松岡藩の家老であった松村儀夫の長男として生まれた。[113] 幼少の頃より秀才の誉れ高く、明治三年（一八七〇）に東京大学の前身にあたる大学南校に入学して英語を学び、明治六年（一八七三）に東京開成学校にて法律学を専攻した。ところが法律の勉強というのが松村の性分には合わなかったようで、明治九年（一八七六）に中退してしまった。半年程静養していたところを、なぜか矢田部教授によって目にとめられ、明治十年（一八七七）に東京大学小石川植物園に非公式な職員として雇われた。それまで松村は植物学とは無縁であったから、意外な就職とされている。家老の家の長男が中途退学では郷里に帰れず、かといって法学部に戻ることもできないので、しかたなく植物園で過ごしていたのではないかという指摘がある。[114] また、この年は圭介が七十五歳ながら東京大学員外教授となり、従来から行っていた小石川植物園での植物取り調べが本格化するようになった年でもあった。この頃、不登校癖が高じて家で燻《くすぶ》っていた篤太郎は、圭介によってマンツーマンの教育を受けることになった。そこで、篤太郎は圭介に連れられて毎日のように植物園に通った。先に引用した篤太郎の追想記「伊藤圭介翁と小石川植物園」[19] の中でも「松村助手は顕花植物の識名等を勉強して居て植物園へも時々來て居られた」と書いていることから、当然松村とは顔見知りになっていたことと思われる。

図 45　松村任三
［東山植物園所蔵］

そして後年、例の破門草事件が起こった時、松村はちょうどドイツにおける留学から帰国したばかりであったが、篤太郎を少年時代から知っていることもあり、矢田部良吉や大久保三郎とは違って、篤太郎に対しあまり悪い感情を抱いていなかったようであった。

明治三十三年（一九〇〇）、篤太郎は鹿児島に在住中に奄美や沖縄で採集した植物を、松村との共著で「Tentamen florae Lutchuensis. Sectio prima（琉球植物志　第一篇）」[110] と題してまとめた。この著書は双子葉離弁花類のみを収録し、それ以外のものを第二篇以降に載せることになっていたが、続篇の発行は行われなかった。共著といっても、二人が一緒に研究したというより、分担を定めて各々別々に書いたというのが実情であった。その中で、マメ科は松村が主に担当し、それ以外を篤太郎が担った。

この論文中、篤太郎は、石垣島で採集したニシキギ科の常緑小高木のリュウキュウマユミ（口絵6）については *Euonymus lutchuensis* T. Ito と、また沖縄本島で採集し花形が小形ながら香りの強い花をつけるツバキ科のヒメサザンカ（口絵7）に対しては *Camellia lutchuensis* T. Ito といった新種名を提案した。そして奄美大島と沖縄本島にて相次いで採集したヒメハギ（口絵8）について、これを独立種というよりはオオヒメハギ（*Polygala sibirica* L.）の変種とみなす方が適当として、*Polygala sibirica* L. var. *japonica*（Houtt.）T. Ito という学名の下に記載した。

さらに、沖縄に自生する常緑のカエデの一種で、クスノハカエデ（クスノキバナカエデ）と呼ばれていたものに対し *Acer oblongum* Wall. ex DC. var. *microcarpum* Hiern なる学名をあてた。ところが後年、Hayata[115] はヒマラヤ、中国、台湾産の *Acer oblongum* との比較検討を行い、沖縄産のクスノハカエデは Hiern の記載した var. *microcarpum* とは別のものであり、*Acer oblongum* の別の一変種とみなすべきということで、*Acer oblongum* Wall. ex DC. var. *itoanum* Hayata（口絵9）という篤太郎の名を冠した新変種名を提唱し、これが一般的となった。

この頃、矢田部はすでに亡くなっており、大久保はもはや大学に在籍せず、また篤太郎はこの著作を松村と共にしたことにより、東京帝国大学植物学教室での破門はどうやら解除されたらしく、学位取得に向けて努力することになった。

なお、松村の代になって東京帝国大学植物学教室の標本室および図書室は充実し、また松村自身、『帝國植物名鑑』をはじめ多数の書を著わして、日本植物誌研究の基礎を築いた。また、松村は桜の交配種であるソメイヨシノの学名 *Prunus* × *yedoensis* Matsum. の命名者としても知られている。

理学博士の学位取得

明治三十一年（一八九八）、篤太郎は当時の我が国の代表的科学雑誌であった東洋學藝雑誌に「理學博士伊藤圭介翁小傳」と題して祖父圭介の略伝を書き、また業績をまとめた。(116)

また明治三十二年（一八九九）の夏、篤太郎は東京本郷真砂町の圭介宅近くの本郷弓町に引っ越している。

この年から翌年にかけて、北アフリカ産アカザ科植物と中国産のそれとの生態学的比較を、(117)また妹の良子（高垣徳治と結婚し高垣姓を名乗る）とその夫が中国で採集した材料を調べた結果を「Plantae Sinenses Yoshianae（高垣良子採集支那植物）」(118)としてシリーズで、さらにはラン科のキヌランに関する小論文の「*Zeuxine* 屬及其分布」(119)を植物學雑誌に次々に発表した。そしてこれらの発表は正に学位取得に向けてのプロローグであった。

そしてついに明治三十三年（一九〇〇）六月に、「The origin of the tropical and subtropical elements in the Japanese flora（日本植物ニ於ケル熱帯及亞熱帯ノ原素）」という英文の論文により、東京帝国大学教授会の審議を経て、文部大臣より理学博士の学位が授与された。これは奄美、琉球諸島産暖地性の植物の研究を基礎にしたもので、当時の植物學雑誌の雑録欄に学位論文審査の要旨が掲載されている。(120)

その概要を示すと、

（第一）……著者ハ琉球諸島ノ植物中、北部（即チ日本ニ接近セル島嶼）ニ産スルモノハ素ヨリ日本西南部ノモノニ類似セリト雖トモ　若シ琉球植物一般ニ就テ論スルトキハ　寧ロ支那南方ノモノニ最モ近似スルノ事實アルコトヲ證明シ　更ニ進テ前述植物學上ノ證明ニヨレハ　琉球諸島ハ嘗テ一方ニ於テハ日本諸島ト陸續キヲナシ　他方ニ於テハ臺灣ト同様ノ關係アリシモノナルヘキヲ推論シ　遂ニ此等諸島ハ悉皆古代ニ於テ東南ニ擴張セル亞細亞大陸ノ斷片ナラント考説シ　即現今琉球諸島ニ繁生セル熱帶、亞熱帶兩植物ノ原素ハ　蓋シ亞細亞ノ南部殊ニ馬來、印度等ヨリ傳播セルモノナルヘシト結論セリ　凡テ著者此等ノ考説ハ琉球植物ノ原因ヲ稽考スルニ補益尠カラサルヘシ

殊ニ學術上價値アルハ　琉球植物ト印度ヒマラヤ山植物トノ比較研究ニシテ　此兩地方ニ産スル植物ニシテ　却テ支那大陸ニ於テ之ヲ見サルモノ二十一種ヲ擧ケ　且之ヲ説明シテ斯

ノ如キ遠隔ノ地ニ於テ　今ヤ此意外ナル奇遇ヲ見ルハ　顧フニ是レ植物分布上最モ重要ノ事實ニシテ　蓋シ此等ノ諸種ハ嘗テ廣大ナル區域ニ於テ繁茂セシモノナルヘキモ　兩後種々ノ原因ニヨリテ次第ニ滅亡シ　現今ニ於テハヒマラヤ山及ヒ東洋ノ絶島（卽琉球諸島ヲ指示ス）ニ於テ　纔ニ餘勢ヲ保存スルニ至リシモノナラムト論セルコト是レナリ

（第二）著者ハ日本産植物中一百五十三種ノ亞熱帯原素ト二百九十七種ノ熱帯原素トヲ撰擇臚列シテ　各其分布上他方産ノモノトノ關係ヲ明示シ　以テ同植物中兩原素ヲ見ルコト鮮尠ナラサルコトヲ證明セリ　卽チ日本産高等植物ノ總數二千七百二十八種中亞熱帯原素ハ五・六%ニシテ熱帯原素ハ一〇・八%ナリ　故ニ兩原素ヲ合スレハ一六・四%トナル　乃チ日本ト亞細亞ニ於ケル熱帯、亞熱帯諸地方トノ植物學的關係ハ　ツッカリニ氏以下歐米植物學者ノ嘗テ唱道セル日米兩國植物間ノ關係ヨリモ　其程度ニ於テ一層親密ナリトノ事實ヲ辯明セリ

著者ハ以上ノ研究ニ基キ且多數ノ實例ヲ枚擧シテ　日本ニ於ケル前記兩原素ノ大部分ハ　琉球ヨリ若クハ琉球ヲ經由シテ日本ニ傳播セルモノナルヘシト結論セリ　要スルニ著者ハ從來不明ナリシ琉球植物ヲ多年研究シ　且ソノ結果ヲ基礎トシテ　日本植物學上ノ一難問題タル熱帯、亞熱帯兩原素ノ原因ヲ解釋セルモノト謂フヘシ

と、かなり長い文面の要旨である。

篤太郎が示した新知見の一つに、琉球諸島の北部の植物相は日本本土の西南部のものに類似しているものの、琉球諸島一般においてはむしろ中国南部のものに近似しているとの指摘がまず挙げられる。これはかつて琉球諸島がアジア大陸に陸続きに繋がっていたため、もともとアジア南部のマレーやインドに分布していた熱帯あるいは亜熱帯性の植物が、陸伝いに琉球諸島に伝播した結果ではないかと推論した。これらのことは、現在では植物地理学上の常識とも言えることではあるが、こういった地域の植物相のデータが蓄積していない当時としては、目新しい意見であったと思われる。

また、篤太郎は琉球諸島の植物相とインドヒマラヤ山域のそれが、地理的に離れているにもかかわらず類似していることを指摘した。これは、両端の地域の間を埋めるように中国大陸にも広範囲に繁茂分布していた植物が、長い間に種々の原因で滅亡し、その結果、両端の地域においてのみわずかに生き残ったことによるという推論を述べた。アジア大陸と日本の両植物相の関係については古くはミクェルの指摘があり、アムール、中国およびヒマラヤと日本とは植物相での密接な関係があるとし、一八六七年という早い年代から両者の関係を取り上げていた。(121)

図46　伊藤篤太郎［東山植物園所蔵］明治33年（1900）4月24日撮影（篤太郎35歳）。理学博士の学位を取得した頃のものである。

篤太郎による今回の推論はこのミクェルの指摘をさらに展開させたもので、当時としてはかなり斬新であり、今日でも高い評価があるが、これは篤太郎が奄美および琉球列島をつぶさに植物採集したことに加えて、かつて英国のキュー王立植物園に留学していたことがあり、ヒマラヤのフローラ研究の大御所ジョセフ・フッカーや中国、インド、ヒマラヤ、チベット植物の研究の第一人者のヘムズレーからの情報を得やすかったことが幸いしていると思われる。

そして、日本産の高等植物の十六・四パーセントが熱帯あるいは亜熱帯性のものであり、日本とアジアの熱帯、亜熱帯地方との関係は、以前欧米の植物学者のツッカリーニ（J. G. Zuccarini）をはじめミクェル、グリセバッハ（A. Grisebach）およびエーサ・グレー（Asa Gray）らが指摘した日米両国植物間の類似性よりも、程度としてそれを上回る親密性があると締め括った。

いずれにしても篤太郎（図46）が、当時の日本の植物学者としては抜群の国際的視野を有していたことが、この学位論文からも窺えるのである。

Nature 誌への投稿と南方熊楠との交友

明治二年（一八六九）に英国の天文学者ノーマン・ロッキャーによって創刊された週刊科学雑誌 Nature は、当時から現在に至るまで、自然科学関係の論文を載せるものとしては最も権威のある雑誌として、世界中から高く評価されている。当時英国に留学していた篤太郎は、明治二十年（一八八七）の十月六日号の同誌に「Botany of the Riukiu（Loochoo）Islands」[106]として琉球の植物についての論文を投稿している。さらに明治三十二年（一八九九）になって、同誌の三十周年記念号における特別寄稿家として、日本人では南方熊楠《みなかたくまぐす》とともに篤太郎が選ばれ、その五月二十五日号に「Mangroves growing in Japan」[122]と題して日本の暖地に産するマングローブについて写真入りで論述した。

南方熊楠（図47）といえば、特異な博物学者として、また自然保護活動の先駆者としても知られているが、幕末の慶応三年（一八六七）に和歌山県に生まれた。彼はせっかく入った大学予備門（のちの第一高等学校）を中途退学し、アメリカおよびキューバにて放浪生活を送った後の明治二十五年（一八九二）にロンドンに渡っている。このロンドンでは大英博物館にて東洋関係の仏像や仏具の整理を助けながら、許された博物館での資料閲覧に没頭し、明治二十六年（一八九三）十月五日号のNature誌に「The constellations of the Far East（東洋の星座）」を発表し、高い評価を得た。この論文が出世作となり、同誌や他誌に次々と幅広い著作活動を展開し、先の同誌の三十周年記念号に特別寄稿家として篤太郎とともにリストアップされたのであった。南方熊楠は明治三十三年（一九〇〇）に帰国し、博物学を中心にした研究と執筆のかたがた、

図47　南方熊楠

神社の合祀と神林伐採の進行を憂慮し、自然保護の先駆的活動を行った。

篤太郎はNature誌の縁で熊楠のこれらの活動を支援したことがあり、旧岩田村役場の直前にある小祠のシイノキの密林が伐採されようとした際にも「支那、日本のみ見る物なればもっと保護されたし」との一文を寄せている。[123]

また、篤太郎は時に熊楠から植物の同定を頼まれていたようで、東洋學藝雑誌に誌上応問という形でその記録が残されている。[124]

ヘムズレーからの手紙

明治三十三年(一九〇〇)十一月一日付で英国より一通の手紙が篤太郎の下に届いた。[125] ロンドン郊外のキュー王立植物園で腊葉館の監理をしているヘムズレー(ヘムズリー)[William Botting Hemsley(一八四三-一九二四)](図48)からの便りであった。

ヘムズレーは英国南部、サセックスのイースト・ホースリーで園芸農家の家に生まれた。そして、一八六〇年に十七歳を前にしてキュー王立植物園でimprover(見習職人)として働きはじめた。その後、

図48　ヘムズレー
©RBG, Kew.

知識欲旺盛な彼は植物園の研究者達から次第に認められるようになり、ついには研究者となったのである。つまりは、ガーデナー（庭師）出身の植物学者として知られている。ヘムズレーは中央アメリカやニュージーランド、およびインドから中国にかけてのアジア地域の植物の分類学を専門にしていた。

ヘムズレーが命名し日本でも見られるものとしては、ミズキ *Cornus controversa* Hemsl. ex Prain［ミズキ科］、ツルアダン *Freycinetia formosana* Hemsl.［タコノキ科］、トビカズラ（アイラトビカズラ）*Mucuna sempervirens* Hemsl.ex Forbes et Hemsl.［マメ科］、バアソブ *Codonopsis ussuriensis*（Rupr. et Maxim.）Hemsl. ex Forbes et Hemsl.［キキョウ科］などがある。

また、花弁が丸くふくよかで、曙の名にふさわしいサーモンピンク色の色調が華やかなアケボノスミレ *Viola rossi* Hemsl. ex Forbes et Hemsl.［スミレ科］（口絵23）は本邦に自生するスミレの中でも人気が高いが、中国や朝鮮半島などの大陸にも分布することが知られていて、学名はこの地域における植物の分類を専門とするヘムズレーによる命名である。

年齢的にはヘムズレーは篤太郎より二十三歳上で、篤太郎が英国留学中に一番面倒を見てもらった先輩であった。

さて、篤太郎の下に届いた手紙にはどんな事が書かれていたかというと、

Royal Gardens, Kew, Nov. 1, 1900.

Dear Dr. Ito,

I fear you will deem me a very bad correspondent, but you know what a busy establishment Kew is, and until lately I have been in very bad health for nearly two years.

I now write to tell you that I have dedicated a new genus of Bixineae to your venerable grandfather, in the first place, and to yourself, in the second place. As I have adopted the family name, and designated my genus *Itoa*, it may serve to commemorate your joint services to Botany.

I enclose a tracing of the drawing, which will appear in Hooker's 'Icones Plantarum', and also a few seeds; and I hope they will reach Japan before the eyes of your aged grandfather are closed. I also append a note respecting the affinity of the genus.

Trusting you are well, I remain, with kind regards.

Yours truly,
W.Botting Hemsley.

とある。要は、「イイギリ科に属する植物が新属と考えられるので、属名を第一に貴殿の尊敬すべきおじい様と、第二に貴殿自身にささげて *Itoa* としたい。そして、出版予定の『Hooker's Icones Plantarum』に載るその植物の描画（図49）の写しとその種子を同封するが、これらが貴殿の年老いたおじい様の目が永遠に閉じないうちに日本に着くことを願う。」といった内容であった。

ヘムズレーは篤太郎の留学中から、その祖父である圭介の偉大さを聞き及んでいたが、留学後も手紙などで交際があり、圭介が一九〇〇年現在も高齢ながら元気であるということを知っていたのであろう。しかし九十八歳という年齢であり、いつ万一ということが無いとは言えず、生きているうちにぜひ喜んでもらいたいとの気持が右記の手紙に溢れていて、篤太郎に対する友情が深く感ぜられる。

十一月一日付で英国から出された手紙は、船便であったこの時代では五十日はかかったものと思われる。それゆえ、早くても暮の十二月下旬、通常には年が明けての一月

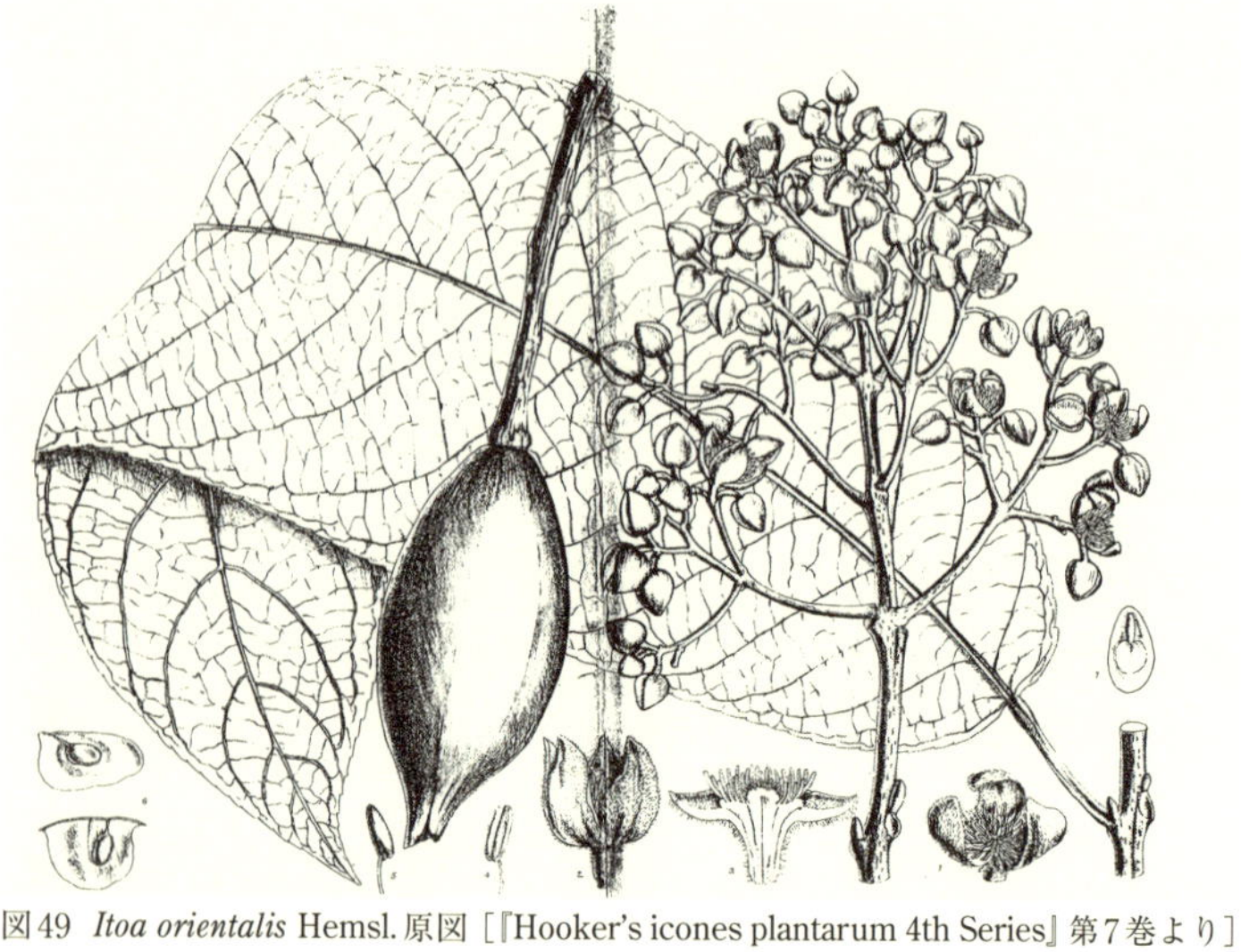

図49 *Itoa orientalis* Hemsl. 原図［『Hooker's icones plantarum 4th Series』第7巻より］

上旬、あるいは遅くとも一月中旬には日本に届いていたと推察される。はたして、圭介の目が永遠に閉じてしまわないうちにこの手紙を読むことができたであろうか。もしそうであれば、篤太郎は最後のおじいさん孝行をしたことになるのであるが。

圭介の死

圭介は元来強健であったが、年齢はさすがに年が明けて九十九歳になっていた。ところが、ヘムズレーからの手紙が届いたか届かぬか微妙な時点の明治三十四年（一九〇一）一月二十日に突然息を引き取ってしまった。死因は老衰ではなくて、たまたま食膳にのせた兎の肉がもとで、急性腸カタルを起して急逝したという。(2)近くの弓町に居を構えていた篤太郎も駆けつけたことであろう。

年齢が年齢であり、寿命とはいえばしかたがないことではあったが、篤太郎にとって、圭介は特別の存在であった。

幼少の頃、可愛いがってくれたこと。不登校を起こしていた時、植物学をはじめ学問を授けてくれたこと。留学の際、大奮発をして費用を出してくれたこと。トガクシソウやユキワリイチゲの新種の命名に関して大いなる助言をしてくれたこと。郷愁に満ちた博物・物産会の開催を助けた際、感謝してくれたこと。自分が理学博士の称号を得た時、誰よりも喜んでくれたこと……等々。

圭介とともに過ごした日々が走馬灯のように蘇ってきたであろう。祖父であり、名付け親であり、父がわりであり、また学問の師匠であり、さらに憧憬でもあった偉大な圭介、その圭介は遠い黄泉の国に旅立ってしまったのである。伊勢四日市に出張していた田中芳男も訃報を聞いて駆けつけてきてくれた(40)。気持ちの整理もつかないまま、二十四日に喪が発せられた。

また喪に先立ち、圭介は東京帝国大学名誉教授の称号を受け、男爵の位が授けられた。篤太郎は圭介の死から間もない三月に、祖父との思い出深い本郷を離れ、小石川指ケ谷《さすがや》町に引っ越すことになった。この地も篤太郎が少年の頃、圭介と一緒に通った小石川植物園のすぐ近くにあった。

Itoa orientalis Hemsl. について

前述したイイギリ科（現在はヤナギ科に編入されている）の新属新種の植物とは *Itoa orientalis* Hemsl. で、英国のヘムズレーが圭介と篤太郎の二人の「伊藤」にささげて、その属名を *Itoa* と命名したものである。

この植物の自生地は中国南部の雲南省の東南地区を中心に、その周辺さらにはベトナムにも分布し（図50）、海抜六百メートルから千九百メートルにある明るい疎林の中に生育するという常緑の小高木で、時には高さ二十メートル、胸高直径四十センチまでなるという（口絵10）。薄い革質の、互生する、長楕円形の大きな葉が特徴的とされる。花は単性で雌雄異株とされ、淡緑色、花弁は持たず、四～五月に咲く。蒴果《さくか》（注：果実の一種。子房が二室以上あり、熟すると果皮が乾いて縦に裂け種子を散布する）は大きく、狭卵形または楕円形で、種子は扁平、周囲に翼がある[126, 127]。

また、この属の他の一種の *Itoa stapfii* (Koorders) Sleumer はインドネシアのスラウェシ島（セレベス島）からニューギニア島の西部にかけての島々に生育するという[128]（図50）。

ちなみに伊藤圭介の名が学名につく植物は、第1章の31・32頁に示したように多数あり、名古屋市東山植物園編・発行の『伊藤圭介の生涯とその業績』[11]にも詳しく紹介されている。これら植物の命名者としてフランシェとサヴァチエ、マキシモヴィッチ、伊藤篤太郎などが挙げられているが、何といってもオランダのミクェルが年代的にも最初であり、

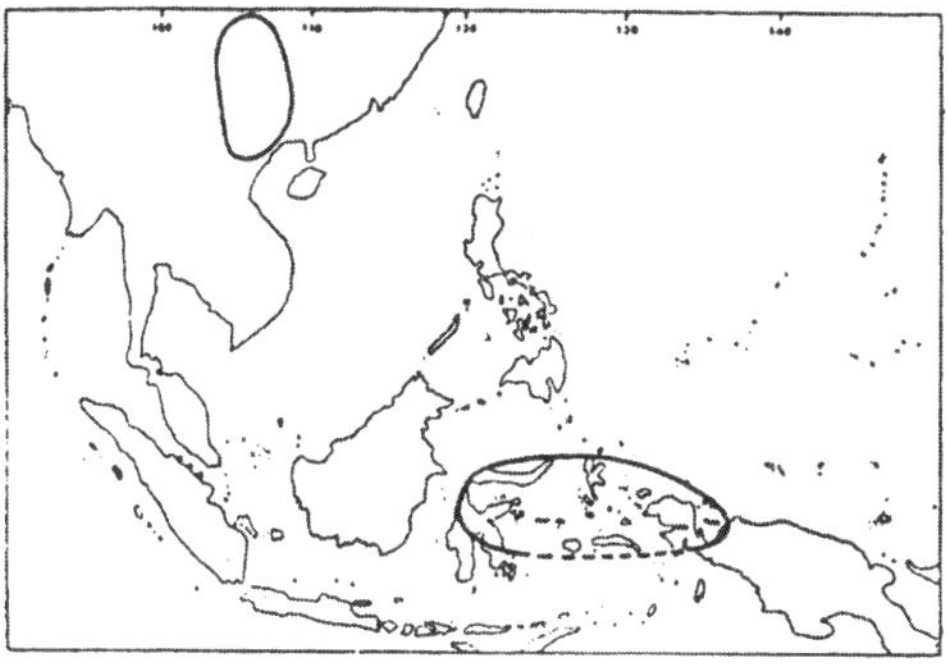

図50　*Itoa orientalis* Hemsl. および *Itoa stapfii* (Koorders) Sleumer 分布図［『Flora Malesiana ser. I』第5巻（1954）より］ *Itoa orientalis* が中国大陸、*Itoa stapfii* がセレベス島からニューギニア島に分布する。

また数の上からも重要である。ミクェルはシーボルトが日本から持ち帰った標本を研究し、多くの未記載種があるのを見出した。それら未記載種の標本のラベルに、採集者あるいは収集者として圭介の名前が認められるものがあり、それらの学名の命名に際して、伊藤圭介に献名したのであった。これらの経緯については大森實氏[129]、山口隆男氏および加藤僖重氏らによる研究があり、彼らの論文に詳述されているが、伊藤圭介は採集した標本のラベルに自分の名前を表す場合にJtoo Keiske、Itoo Keiske あるいは Ito Keiske と姓と名を逆に、そして u のスペルを抜かして表記するのを常としていたという（当時、このように姓と名を逆に記すのは他の日本人本草学者も同じであっ

表2　伊藤圭介の名が学名に付く植物の主なもの

Crepidiastrum keiskeanum (Maxim.) Nakai	アゼトウナ（キク科）
Artemisia keiskeana Miq.	イヌヨモギ（キク科）
Eranthis keiskei Franch. et Sav. =*Eranthis pinnatifida* Maxim.	セツブンソウ（キンポウゲ科）
Anemone keiskeana T. Ito ex Maxim.	ユキワリイチゲ（キンポウゲ科）
Pedicularis keiskei Franch. et Sav.	セリバシオガマ（ハマウツボ科）
Lysimachia keiskeana Miq. =*Lysimachia acroadenia* Maxim.	ミヤマタゴボウ（＝ギンレイカ）（ヤブコウジ科）
Keiskea japonica Miq.	シモバシラ（シソ科）
Viola keiskei Miq.	マルバスミレ（スミレ科）
Angelica keiskei (Miq.) Koidz.	アシタバ（セリ科）
Leucothoe keiskei Miq.	イワナンテン（ツツジ科）
Rhododendron keiskei Miq.	ヒカゲツツジ（ツツジ科）
Silene keiskei Miq.	オオビランジ（ナデシコ科）
Convallaria keiskei Miq.	スズラン（ナギイカダ科）
Amitostigma keiskei (Maxim.) Schltr.	イワチドリ（ラン科）
Itoa orientalis Hemsl.	イトウノキ（伊藤樹）（ヤナギ科）
Itoa stapfii (Koorders) Sleumer	（ヤナギ科）

た[129]。それゆえ、ミクェルをはじめ当時の西洋の植物学者たちは、本来なら名のはずの**Keiske**を姓のように捉えていたようで、伊藤圭介に献名した学名をつける際に**Ito**から派生する語ではなく、**Keiske**からの派生語を用いたのであった。

ということで、**Ito**から派生する語を用いたこの***Itoa***という学名は、ある意味、新鮮な感じを受ける。

なお明治四十一年（一九〇八）になり、篤太郎は『日本百科大辞典』第一巻[60]において、「いとうのき」の項目を設け、***Itoa orientalis*** **Hemsl.** に対して「イトウノキ（伊藤樹）」という和名を付け、その記載を行っている。さらに、この植物が支那の雲南省にて英人ヘンリー（A. Henry）によって発見されたこと、また本属がイイギリ科の中でも特出の一属をなすことなどの解説を加えている。

そして後年、吉川芳秋氏によって書かれた『尾張郷土文化医科学史攷《こう》拾遺』[6]にも、「西蔵に於て発見せる榕樹に……伊藤樹の名を附したるは翁が最後の名譽なり」として「伊藤樹」こと***Itoa orientalis***の登場を見る。

さてここで、伊藤圭介の名が学名に付く植物の従来のリストの中に、前述の***Itoa***の二種を追加して、その主なものを表2にまとめてみた。

植物学教科書の出版

前年、篤太郎は理学博士の学位を授かったものの、相変わらず研究職などの定職に就くことはかなわず、「東京では立教中学校其他種々の学校において植物学を講じた」とあるから、おそらくは非常勤の教師としての勤務であったと察せられる。そして、明治三十四、五年のこの頃は論文の執筆はひと休みして、これまでの教職の経験をいかしての教科書の執筆に時間を費やしていたと思われる。また、明治三十五年（一九〇二）九月三日に日光白根山にてシラネニガナ *Ixeris dentata*（Thunb. ex Murray）**Nakai** subsp. *shiranensis* **Kitam.**（タカネニガナの亜種）を採品している記録があるところをみると、後述の教科書に挿入する図版の構想を練りに、日光周辺の野山を歩いた様子が窺える。

そして、明治三十六年（一九〇三）に三省堂より『最新植物學教科書』(130)を出版した。この教科

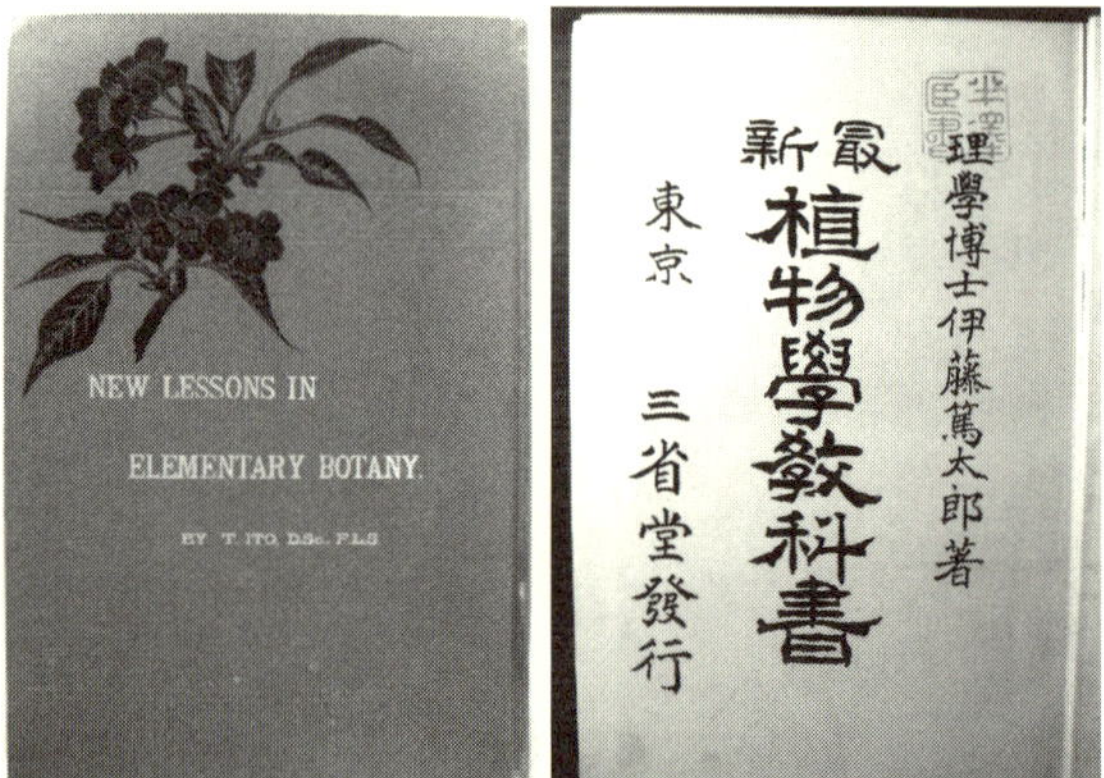

図51　『最新植物學教科書』［著者所蔵］　表紙（左）と扉表紙（右）。

書の表紙は「NEW LESSONS IN ELEMENTARY BOTANY. BY T. ITO, D.Sc., F.L.S.」という英文の書名と著者名の上に、桜の花と葉のイラストがくっきり浮かぶ教科書とは思えない洒落た装丁になっている（図51）。またその内容は第一章から第四十三章まで、植物の概念からはじまり、植物解剖学、植物生理学の最新の知識を入れた体系的なもので、その守備範囲も植物のみならず、藻類、きのこやカビなどの菌類、果てはバクテリアまでを含んだ広汎なものになっている。挿入図版はきわめて精密なもので、日光白根山の高山植物の群落をとらえた図版と日光中禅寺近傍の地衣類の図版はカラー刷りである。

なお、この教科書の定価は七十銭（注：二〇一六年現在の貨幣価値では三千円位）で、まずまずの値段であった。

柳本京子との結婚と子供達の誕生

教科書の出版からまもなくの明治三十六年（一九〇三）四月九日、柳本《やぎもと》京子（注：戸籍上は「きやう」となっている）との婚礼が行われた（図52）。京子は柳本直太郎の次女で、直太郎は明治二十七年（一八九四）から三十年（一八九七）まで第三代名古屋市長を務めた人物である。直太郎は嘉永元年（一八四八）に越前福井の武士の家に生まれ、十四歳の時、英語の勉強のため江戸に遊学し、その翌年の文久二年（一八六二）に蕃書調所に入学して、本格的な英語の研修に

図52　篤太郎と京子の結婚式の姿［東山植物園所蔵］明治 36 年（1903）4 月 9 日撮影（篤太郎 38 歳、京子 23 歳）。

励んだ。この頃、英語と画学の勉強のために尾張からここに来ていた少年がいた。直太郎より三歳年下の伊藤 謙であった。お互い年少の遊学生同志、友達になったに違いない。また同時に、直太郎は謙と一緒に江戸に来ていた圭介や六歳年上の中野延吉などとも顔見知りになったと考えられる。その後、直太郎は慶応三年（一八六七）にアメリカに留学し、帰国後文部省に入り、東京外国語学校の校長を経て、名古屋市長になって名古屋に来たのであった。この時、謙は他界していたものの、延吉が居て、旧交を温めたことと思われる。その後、お互いの子供である篤太郎と京子との縁談話が持ち上がり、結婚となったのであった。篤太郎三十八歳、京子二十三歳の十五歳違いであった。なお、婚姻届は八月八日付になっている。式は両親や親類縁者の多く居る名古屋で挙げられたが、二人の新居は篤太郎が独身時代から住んでいた東京小石川の指ヶ谷町に定められた。

翌年の明治三十七年（一九〇四）の四月八日には待望の長男が生まれた。名前は祖父圭介から一字をもらって、「圭彦」と名付けられた。その翌年の二月には、通りを挟んだすぐ近くの白山御殿町の仮住まいに引っ越している。さらに、次の年の明治三十九年（一九〇六）四月八日には長女が誕生した。偶然にも誕生日が長男の圭彦と同じであった。名前は、季節も桜の花の盛りなので、「さくら」と付けられた。

この年の五月には、東京小石川の林町に庭の広い邸宅を構えることになった。それというのも、すでに前々年隠居をしていた延吉と小春の両親を、名古屋から呼び寄せることになったからである。篤太郎は、いよいよ、名実ともに一家を背負うことになった。

明治四十一年（一九〇八）三月七日に今度は次男が生まれた。名前は、梅の花の季節だったので、「梅松」とした。

生まれてくる者もいれば死ぬ者もいるわけで、翌年の五月に篤太郎は台湾総督府植物調査の嘱託になり、台湾に旅行中であったが、父親の容態が悪いとの連絡を受け、急いで帰国したものの、わずかの差で臨終には間に合わず、延吉は六月二十三日に六十八歳で亡くなった。

この後、篤太郎と京子の夫婦は四人の子を儲けることになった。

明治四十四年（一九一一）十二月一日に次女「篤子」が、大正三年（一九一四）十二月二日に三男「篤男」が、そして大正六年（一九一七）九月七日に四男「篤介」が、さらに大正十年（一九二一）十二月十二日は五男「篤」が生まれ、名前にいずれも篤太郎の〈篤〉の字が入れられた。

大正五年（一九一六）には、五人の子を育て、広い庭にはいろいろの植物が植えられていて、十一年間の思い出がつまった東京小石川の林町を離れ、当時東京の都下だった滝野川町東三軒家に引っ越した。その理由として、その数年前に林町の近所に火災があったためといわれている。つまり、圭介からの貴重な遺品である蔵書、稿本、標本、資料などを類焼から守るためには、当時はまだ人家が疎らだった滝野川に居を移した方が安全と考えたからであろう。[10] 明治四十五年（一九一二）に本家の恭四郎が亡くなり、その翌年の大正二年（一九一三）に本郷真砂町の本家宅から篤太郎宅に『植物圖説雜纂』の原本百十九冊を移したりして、[131] 遺品の嵩《かさ》が増えたこともそのきっかけになったかと思われる。それほど篤太郎は圭介からの遺品を大事にしていたのであろう。

この滝野川の家も広い敷地をもつ邸宅であったと言われている。

第5章　多方面での活躍、そしてついに念願の大学研究職に就く

まぼろしの大学教授の座

篤太郎は明治三十六年（一九〇三）の結婚後、子供を次々と儲け、また両親を呼び寄せて大きな邸宅に居を構えたりして、生活費もかなりかかったはずである。この間定職に就いておらず、『最新植物學教科書』や後述する『日本百科大辭典』等の原稿料が多少入ってきたりしてはいたものの、実のところしっかりした研究職に就き、生活費の心配がなくゆっくりと研究をしたかったに違いない。

篤太郎も就職活動を全くしていなかったわけではなかった。

篤太郎の六歳上にあたる友人に宮部金吾《みやべきんご》がいた。

宮部金吾（図53）は万延元年閏三月七日（西暦一八六〇年四月二十七日）に江戸の下谷御徒町（現在の東京都台東区台東）に生まれ、明治七年（一八七四）に東京外国語学校に入学。上級生には生涯にわたっての友人となる内村鑑三と太田稲造（後の新渡戸稲造）がいて、明治十年（一八七七）にともに北海道開拓使附属札幌農学校（現在の北海道大学）の官費生に応募し二期生となった。同校の創立にかかわったクラークは前年帰国していたため直接の薫陶は受けなかったものの、二期生の多くが学術・宗教の両面でクラーク精神を受け継いで明治・大正期に活躍したという。(132)

宮部は明治十四年（一八八一）に札幌農学校を卒業し、東京大学において矢田部良吉教授の下で菌類、海藻類、植物の実習をしたということであるから、この頃一ツ橋にあった植物学教室に遊びに来ていた篤太郎と顔を合わせていたと思われる。明治十六年（一八八三）には帰校して助教になったが、明治十九年（一八八六）より二十二年（一八八九）までアメリカのハーバード大学でファロー（W. G. Farlow）の下で藻類と菌類の研究をし、またエーサ・グレーの指導下で植物の研究を行い、帰国後すぐに札幌農学校の教授になった。明治三十一年（一八九八）に篤太郎に先んずること二年、推薦によって理学博士の学位が授与されている。

宮部は清教徒（ピューリタン）であり、自分に謹厳、他人には寛容という学界には稀な高潔な人格者として知られていたという。[132] 宮部の研究業績は菌学、植物学、植物病理学などさまざまな分野に及ぶが、最も力を入れていたのは昆布などの海藻類の研究であった。これらの業績により昭和二十一年（一九四六）には文化勲章を受けている。

図 53　宮部金吾
［提供：北海道大学植物園］

篤太郎と宮部の交際が密になったのはお互いが留学を終えて少したった明治二十五年（一八九二）頃からと言われている。ふたりの交際の内容は、篤太郎が宮部に宛てた書簡が現在北海道大学大学文書館に残されていて、それらの文面から窺い知ることができる。これについては、圭介研究でも名高い土井康弘氏の精力的な研究があり、氏の論文(133)に詳述されている。それによると、かねてよりお互い所持している文献や標本の交換を行っていたが、どちらかというと、年下の篤太郎からのお願いが何かと多かったようである。折しも、札幌農学校が東北帝国大学農科大学と呼び名も変更されてまもない大正二年（一九一三）に、植物生理学を担当していた大野直枝教授が三十八歳の若さで他界してしまう。そこで、篤太郎は不謹慎と知りながら、彼のポストの後任にと自身の就職の斡旋を宮部に依頼したのであった。もともと篤太郎は英国留学中に植物生理学を学んだことがあったが、帰国後は本来専門の分類学に戻っていたので、大野の後任のポストである植物生理学という専門分野については正直不安もあったらしい。それにもかかわらず、なりふり構わず宮部にお願いを重ねたという。なしにろ、十数年間も浪人生活を続けていたからであろう。大学側は、同じ植物学とはいっても分類学を専門にしていた篤太郎は適任ではないという判断を下し、結果的に後任は植物生理学を専門にする郡場《こおりば》寛《かん》が教授の座を射止めることになってしまうのであるが、篤太郎と宮部の友情はこれで気まずくなることはなく、この後も続いた。

偉大な宗教家かつ冒険家である河口慧海との交友

明治三十六年（一九〇三）に『最新植物學教科書』を出版した後、篤太郎は結婚や子供の誕生、両親の引き取り、父親との死別など家庭内のことが忙しかったが、それでも、二、三の論文を発表している。

かつて鎖国をしていたチベットに密かに潜入して、過酷な条件下、七年間も滞在したオーストリア登山家のハインリッヒ・ハラーを描いた小説『セブン・イヤーズ・イン・チベット』が、平成九年（一九九七）に人気男優ブラッド・ピット主演で映画化されて話題になったことがあったが、そのハラーよりなんと四十五年前に、仏典を求めて日本人として初めてチベットに三年間潜入した僧侶がいた。その旅行記『西藏（注：チベットのこと）旅行記』は『スリー・イヤーズ・イン・チベット』と英訳され、世界の冒険家たちに絶大な影響を与えたのであるが、その僧侶こそ河口《かわぐち》慧海《えかい》（図54）であった。慧海は苦労して明治三十六年（一九〇三）五月に六年ぶりに日本に帰ったのであるが、その時、仏典と同時に民族関係の資料と植物標本などを持参したのである。

図54　河口慧海［個人所蔵。東北大学総合学術博物館提供］

この旅行から帰国した慧海は、『西藏旅行記』を東京や大阪の新聞に連載したり、各地で講演を行ったりしていたが、その年の十月三日に、東京の小石川植物園内の植物学教室で開かれた東京植物学会例会において、「予の實見した西藏の地理幷に植物」と題して二百余名の聴衆を前に話をしたことがあった。その講演内容の解説文が東洋學藝雜誌二十巻（第二百六十六号）[134]に載っているが、貴重な記載なので、少し長くなるが引用してみよう。

先つ氏は氏の西藏探險は西藏譯の佛典を得るを以て主眼となし 他の科學上の觀察は甚だ粗漏なりしを述べ、次に第一に氏の取りたる順路を説き 且地圖に就きて氏の實見せし西藏の地理を説明し 且世界にありふれたる地圖と 實際の地形とは大に相違あることを説き河源の眞僞幷に湖水の有無等に就き 一々實例を摘出せられたり、第二に氏の實見せし西藏植物を語られたり、曰く西藏の植物帶は印度ヒマラヤの植物帶と大差なし 人或はヒマラヤの植物帶を單に熱帶植物帶ならんと思ひしも 之れ決して然らず ヒマラヤの上部の如は温帯若は寒帯の景況を呈せりと述べて 氏の自作に係るヒマラヤの風景に就ての今様を示されたり。……

さらに、こう続いている。

即ち下部は熱帯植物帯なるも 中部は温帯にして松、杉、檜、柏、樱、シャクナギ、楓、似槻、樫、柳、桃、梨、橙、柚、蜜柑、田作物は、米、麥、小麥、豆、粟、稗、胡麻、蕎麥、玉蜀黍

等ありて　略ぼ日本に似たり、尚上部に至らば　積雪の間に開花せるものありて寒帯の様を呈せり　ツアラン、モンダンの如き一萬二千尺上に至りても尚麥、小麥、豌豆、蕎麥、ターウ、柳等あり、尚ドウラギリ雪峰の北に至りてはターマ（長さ三四尺、形茶の如く、短き針あり）、ビーゼル（其の針の長きもの）、ゲルバ（異様にして黄花を開く、針長し）、ユンブー（龍眼肉の如き實を結び其中には籔滴の甘汁あり）、セルク（白花つげに似たり）、ラングマ（白つつじの如し）等ありて　尚谷間の低き處には柳、蓮花草、タンポポ、山バラ等、山上の側面にはメトリ、ウクチユエ（滋養命花と譯す春大根の如き葉を有し、五、六、七枚の葉を地に寄着して發生し中央より三輪又は五輪の赤花を簇生す）等あり、西藏チャンタン、の植物は牧草ラーマ（地に密着せる小花）、デーマ、ヨシ麥、小麥、ソバ、エンドウ、ソラマメ、セリ、ミツバ、京菜、油菜等、中央部には野葱、ピンピングサ、野生芋、タンポポ、蓮華草、鳥花、菊、ドマ、柳、桃、胡桃（良材を生ず）、楡、ハシバミ等あり、而してコンボより移植せる植物は榾、檜、櫻、樅、（材を取る）小竹、生姜等、……

以上のごとく、河口慧海は植物学には素人だったものの、チベットやヒマラヤの植物相、あるいは作付作物の種類を詳しく観察している様子が窺われ、またチベットやヒマラヤは日本とは距離的に離れていて、地勢も日本とかなり異なっているはずであるが、植物相や作付作物についで両地域に共通するものが多かったと述べている。

さらに同誌の講演内容の解説文は、「第二席に篤太郎は西藏植物に就き先つ先頃氏の許に到着したる英國へムスレィ氏の西藏植物に就ての新著を紹介せられ　次に前講者河口氏の述べられたる植物に就て一々學術上の解釋を下され　終りに河口氏採集の西藏植物標本を示されたり」と続いていて、篤太郎はすでに慧海が持ち帰ったこれら植物標本を調べる機会を得ていたことを明らかにした。

また明治三十六年（一九〇三）十月、植物學雜誌に「河口慧海氏採集ヒマラヤ植物」[135]と題して論文を投稿しているが、標本が不完全だったために正確な同定はむずかしかったとしているものの、ヒマラヤと日本の植物の類似性について注目を引いたと文中で強調している。

この両地域の植物相の類似性については、篤太郎はすでに先の学位論文で指摘していたが、今回、慧海の標本を調べて、その感を一層深めたのではないかと思われた。そして同年十一月、東洋學藝雜誌に「ひまらや植物ト日本植物トノ類似ニ就テ」[136]と題した詳しい解説を加えるに至った。

その後、もともと植物学には素人であった慧海に植物標本の作成方法を教え、また植物採集用具や標本作成用具一式を与え、「もし再びチベットに行く機会があれば、ぜひ植物を採集してきてほしい」と依頼したという。[137]

慧海は大正二年（一九一三）に再びチベットに入ったのであるが、この時には篤太郎の依頼を受けて、シカツェ（シカチェ）・ラサ間およびラサ近郊で一千点以上にものぼる多数の植物標

本を採集して、大正四年（一九一五）に持ち帰った。[137, 138]

この年の十一月二十七日、小石川植物園内の植物学教室で開かれた東京植物学会例会において、慧海が「西藏ノ高山植物採集ニ就テ」と題して再び口演し、また、篤太郎が「河口慧海師採集西藏植物」についての解説をした。[138]

これらの標本は現在まで五百点ほどが国立科学博物館に、また一部が東京大学に保管されている。さらに、一部が東北大学総合学術博物館の河口慧海コレクションに、多数の仏教美術資料や民族資料と共に保存されている。そしてこれらの採集標本の中に、実は貴重なものが多数含まれていたことが、第二次世界大戦後になって京都大学の北村四郎教授らの研究で判明し、その時点で十七種の新種と二種の変種が見付かったとしている。後に北村はその著書の中で、このような多数の新種を発表できたのは、慧海と篤太郎のお陰と感謝の意を表している。[121] さらに、平成十三年（二〇〇一）になってからも東北大学の米倉浩司氏によって新種と確認されたものもある。また、もっと早い段階の、たとえば大正年間に詳細な分類学的研究が行われていれば、さらに多くの新種を発表できたのではないかとの指摘もある。[137]

この慧海の二回目のチベット行の際に採集された標本を、それを勧めた当の本人の篤太郎が一部整理し、特にシャクナゲの類の植物については細かいコメントを残しているものがある。たとえば、*Rhododendron nivale* Hook. f. に関しては「地球上最高處ニ産スル灌木、世界ノ最珍植物ノ一、貴重品」と記した。また *Rhododendron anthopogon* D. Don に関しては当初これを新種と考え、*Rhododendron kawagutchii* T. Ito sp. nov.（注：新種の意）という学名まで用意していたが（図55）、その後既知種とわかり新種発表を断念している。そして、篤太郎はこれらの標本のさらなる検討は、この時代の日本においてはむずかしいと考えたのか、打ち切ってしまったようである。その結果、北村による研究までの長い年月を空費してしまうことになり、そのことが今になっては誠に悔やまれる。

　篤太郎と慧海とはその後も交友があり、大正十五年（一九二六）六月三日に書かれた慧海から篤太郎への書簡[139]には、「西蔵語学生の逸見孝三君が修学旅行で東京に行くから、貴殿宅に寄った時に例の西蔵植物標本を見せてあげてくれ」と依頼している文面が残っていて、両者の親密さを窺わせている。

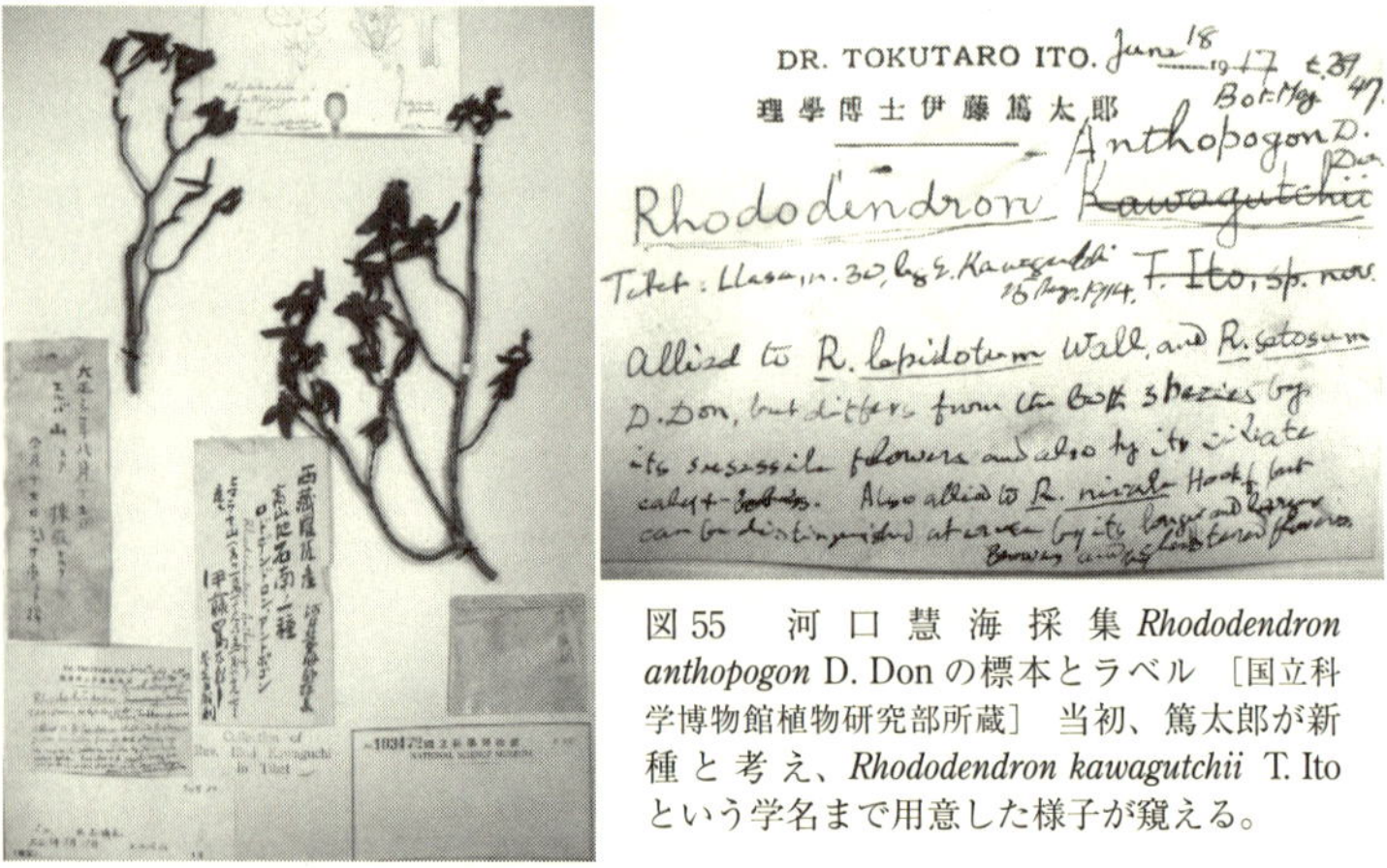

図55　河口慧海採集 *Rhododendron anthopogon* D. Don の標本とラベル［国立科学博物館植物研究部所蔵］　当初、篤太郎が新種と考え、*Rhododendron kawagutchii* T. Ito という学名まで用意した様子が窺える。

腐生植物への愛着

篤太郎は以前より腐生植物に興味があって、ヒナノシャクジョウ科の総説を書いたことがあった。そもそも腐生植物は栄養源を他の生物やその分解途上のものに求めるため、光合成をまったく行わないかあるいはわずかにしか行わないため、全体として緑っぽくない色調を呈する。また、葉がなかったり、あっても痕跡的であったりして、茎も弱々しいものが多く、これが薄暗い林内で生えている姿は異様な感じさえするが、この「日陰者的な生き方」が篤太郎自身と重なるのか、強い関心を示していた。

先に牧野富太郎が、暖国の林内に生える矮小な腐生植物でホンゴウソウ科に属するホンゴウソウとウエマツソウについて、それぞれ *Sciaphila japonica* Makino および *Sciaphila tosaensis* Makino との学名を与え、新種として発表したことがあった。篤太郎はこれらを英国のヘムズレーが創設した新属の *Seychellaria* Hemsl. に移し、それぞれに *Seychellaria japonica*（Makino）T. Ito と *Seychellaria tosaensis*（Makino）T. Ito という新しい組み合わせの学名を提案し、明治四十年（一九〇七）に植物學雜誌に「Japanese species of Triuridaceae（ほんがう草科ノ日本産植物ニ於テ）」と題して発表した。(140)

しかし、このヘムズレーによる *Seychellaria* の属名はその後一般には受け入れられず、従って現在は、篤太郎が提唱したこれら二種の新組み合わせの学名は異名扱いになっているようである。また牧野の命名についても、ホンゴウソウは *Sciaphila nana* Blume、またウエマツソウは *Sciaphila secundiflora* Thwaites ex Benth. という既知種との異同が問題となり、これらの異名として扱われることが多いようである。

「文藝週報」に連載された「文學と植物」

戦前の五大新聞の一つに「時事新報」という日刊新聞があった。この新聞は明治十五年（一八八二）に福澤諭吉の手によって創刊され、昭和十一年（一九三六）に東京日日新聞（現在の毎日新聞）に合同するまで、五十年以上も平明で経済を重視した紙面を世に出し続けた。明治の終わり頃、一般庶民が新聞を購読するようになってきたが、そのため新聞各紙の間では販売競争が激しくなり、部数を伸ばす手段として、附録を付けることがあった。またそれが当時の新聞の呼び物の一つともされていた。「時事新報」に関しても、文学をはじめとする芸術に関する週刊の情報誌を附録として発行したことがある。その名も「文藝週報」といい、明治三十九年（一九〇六）五月に創刊され、明治四十二年（一九〇九）十二月までの三年間半あまりの発行であった。

この「文藝週報」に伊藤篤太郎が「文學と植物」と題した文章を四回にわたって寄稿したこと

がある。

そして現在、この連載記事は東京大学大学院法学政治学研究科附属近代日本法政史料センター明治新聞雑誌文庫にマイクロフィルムの形で残っており、また篤太郎自身で切り抜きされた資料として国立国会図書館古典籍資料室に所蔵保管されている。[141]そこで、この記事を実際読んでみると、題材となる文学書のほとんどが古典であり、誌上発表後百年以上の年月を経ていても、その内容が色褪せているという印象はなかった。むしろある意味新鮮な感じさえして、現代の我々においても一読する価値が十分あると考えられた。しかしながら、東大明治新聞雑誌文庫におけるマイクロフィルムの画像は一部かなり不鮮明であり、また国会図書館の切り抜き資料は鮮明ではあるが、切り抜きのため全体像がつかみにくいといった欠点がある。いずれにしても、読みづらいことには変わりがない。

そこで、著者は読者が読みやすいようにと、『伊藤圭介日記』第二十一集[142]にその改訂版を復刻し、かつ若干の註を加えて、読者の便宜を図った。

さて、原文が掲載された新聞の日付と号は次のようである。

1 「文學と植物（一）」 伊藤篤太郎 著
―日本の文學と植物―
文藝週報 明治四十年十一月二十七日号 第八十一号

2
「文學と植物（二）」　伊藤篤太郎　著
―支那の文學と植物―
―佛經に現れたる植物―
文藝週報　明治四十年十二月四日号　第八十二号
3
「文學と植物（三）」　伊藤篤太郎　著
―聖書の植物―
―ギリシャとローマの文學に現れたる植物―
文藝週報　明治四十年十二月十一日号　第八十三号
4
「文學と植物（四）」　伊藤篤太郎　著
―近世の西洋文學と植物―
文藝週報　明治四十年十二月十八日号　第八十四号

これらの連載記事の改訂復刻版を(142)一部引用して、項目別に解説を少し加えてみることにする。最初の項目の「日本の文學と植物」では、まず『古事記』の中の稲を取り上げている。

わが国の神代の植物は、『古事記』の神代の巻に現れて居ります。是を見れば、太古の日本には、如何なる植物があったかと云ふことが分かります。その植物の中には「ススキ」だの、

「ヨシ」だの、「ガマ」だのと、我が国の固有の植物もあるが、また稲、麦、粟、大豆、小豆、酸漿《かがち》、桃などの様なる、外国から渡来したる植物も尠くはありませぬ。試みに、稲に就いて申せば、我が国を瑞穂国《みづほのくに》ともいふほどであるから、稲は日本の固有の植物であると思うて居る人もありませうが、日本には稲の自生はありませぬ。稲の原産地に就いては、古来、種々の説がありまして、或は九州なる霧島山の高千穂峰や桜島には、野生の稲があるとか、或は、紀伊国熊野本宮山中には自然生《じねんばえ》の稲があるなどと云ふが如きは、素より信ずべからざる説であります。我が日本、及び支那に於きましては、植物学上、これは確かに自生の稲であると認むべきものを発見したことは、未だ之あるを聞きませぬ。然るに、ヨーロッパの植物学者は、印度、及びセイロン島なる沼沢の地に於いて、自生の稲を採集して、印度地方は植物学上、稲の原産地であるとの証明が出来て居ります。

明治二十年（一八八七）九月に田中芳男は「宮崎県高千穂郷ヨリ巡廻シ、霧島山ニ登リ、鹿児島県へ降ル。皆、天然自生稲ノ探険ナリ。桜島へ登リテ後、帰京ス。」と自らの『田中芳男履歴年表』(40)に記載している。この頃、日本における稲の自生説がまだ無視できない状況にあったことが伺える。

それでは、お隣の中国ではいつ頃から稲作あるいは耕作というものが行われたかということについては、この記事の中で次のように考察している。

支那に於きましては、『周書』に「神農《しんのう》之時、天雨粟、神農遂耕而種之」と見えて居ります。多分、これが支那に於ける耕種のことを記したる始めでありませうが、当時は未だ稲を知らなかったものと見えます。稲に関する記録は、殷周に至りまして、漸《ようや》く文書に現れて居るのを見るのでありますから、支那では、古代に於いては、普《あまね》く行はれて居なかったことが知れます。

この文中の「神農の時代、天より粟が雨となって降り、神農は耕し遂げてこれを播種す」とされる神農は古代中国の伝承に登場する三皇五帝の一人である。古代中国の人々が、まだ漁撈と狩猟しか食べ物を得る術を知らなかった頃、神農は初めて木を用いて鋤を作り、民衆に農耕を教えたとされている。また、神農は「農耕之祖」であるとともに「医薬之祖」でもあるといわれ、本邦の尾張における本草学研究会である嘗《しょう》百《ひゃく》社の名称は、この神農にまつわる「百草を嘗《な》めて医薬を興す」という故事に由来する。伊藤圭介はこの神農の像を描いた掛け軸を所有していて、九十歳の時にこの掛け軸に識語を残している[143]（図56）。

次に、「日本の文學と植物」として、篤太郎は定番の『万葉集』を取り上げた。歌集中の「アサガホ」は今で言う「アサガオ＝牽牛花《けんぎゅうか》」でないことは古くからの定説であり、以前より「桔梗《キキョウ》」説、「木槿《ムクゲ》」説および「ヒルガオ」説などの諸説がある。また朝に咲くきれいな花を総称して「朝貌《あさがお》」と呼んだという説もある。ちなみに名古屋市東山植物園ではこの中で「桔梗」説を採用している。一方、篤太郎は植物学者の立場から理由を述べ、「ヒルガオ」説を採った。また、「支那の文學と植物」では『詩経』を掘り下げて論じ、「荇菜《こうさい》」は「アサヾ」であり、「檀《だん》」は *Dalbergia hupeana* と結論付けている。

「佛經（注：お経のこと）に現れたる植物」として、「旃檀《せんだん》香木」、「印度《インド》菩提樹《ボダイジュ》」、「沙羅《さら》樹」、「波《は》羅蜜《らみつ》樹」などを列挙し、それらの樹に纏わる逸話を交えて解説している。

さらに、「聖書の植物」については、「オリーヴ」、「レバノンスギ」や「マンドレーキ」などを取り上げている。このマンドレーキに関しては、古くは英国においてはシェイクスピアの『オセロー』や『ロミオとジュリエット』にも登場するが、ハンス・ハインツ・エーヴァース原作の『妖花アラウネ』にも出てきて、昭和のはじめと第二次大戦後に映画化されている。我が国においても、水木しげるがその作品、怪奇短編漫画「妖花アラウネ」（初出「ビックコミック」創刊号、一九六八年、小学館）の中で取り上げている。篤太郎の文章の「マンドレーキ」の部

図56　神農像の図［国立国会図書館所蔵］　尾張における本草学研究会である嘗百社の名称は、この神農にまつわる「百草を嘗めて医薬を興す」という故事に由来する。

分を引用してみると、

また、聖書中の珍奇なる植物として有名なるは、昔より懐孕薬《はらみぐすり》、又は催淫薬に用ふる「マンドレーキ」（mandrake）であります。ヘブライ語では此草を「ヅダイム」（cudaim）といひ、即ち「恋愛草」の義であります。この草は、夜中灯火の如き光を放つといひ、また、之を地より抜けば悲鳴を発するといひ伝へてある怪草であります。その根が人の形に似て居るとしてあるのは、丁度支那にて人参を神草となし、人参のあるところには、上に紫気《しき》あり、揺光星散して人参となる、実に神薬なり。根に手足面目ありて、人の如きものを神となすなどといひ伝へて、根を霊薬となすものと、東西両洋の説、互に相類似して居ります。西洋の古き本草書には「マンドレーキ」の根に手足面目があって、人の形に似て居る図が載せてあります。この奇草は専門学者の研究によれば、地中海地方に産する茄科の多年生草本でありまして、学名を ***Mandragora officinarum*** といひ、此属の植物は、地中海地方に産するものが二種ありまして、別にヒマラヤ山に産するものが一種あります。また、近来、支那雲南省に於いても一新種が発見せられ、都合四種となりました。

とある。怪奇漫画家である水木しげるが好んで取り上げそうな題材の植物だということが、篤太郎のこの文章を読んで伺い知れる。

また、「ギリシャとローマの文學に現れたる植物」として、「ボックスツリー」（box-tree）すなわち学名を *Buxus sempervirens* と称するもの、「月桂樹（ローレル）」および「セイヨウテンニンカ（ミルツル）」を取り上げ解説している。

「近世の西洋文學と植物」については、欧州産の「オーク（oak）＝セイヨウガシハ」、「スコットランドマツ」、「ビーチ（beech）＝セイヨウブナ」、「アッシュ（common ash）＝セイヨウタゴ＝セイヨウトネリコ」、「セイヨウサンザシ（メイフラワー）」、「セイヨウシナノキ」、「オオバセイヨウシナノキ」、「リンデンシナノキ」および「ニワシロユリ」などを解説した。

さらに、西洋文学の翻訳を業とする者は、これら欧州産の植物と日本産の類縁種との異同を把握していないと、翻訳したものに植物学的に大いなる矛盾を生じかねないことがあるとして、篤太郎は次のように注意を喚起した。

英語や、英文が、我が国へ盛んに伝播して来たりたる今日に於いては、英語、英文の訳述、解釈に従事して居る我が国の英語、英文学者は、英国産の植物と、日本産の植物との異同を明瞭に弁別して置きませぬと、大なる混同を生じ、随《したが》って日本には産すれど、英国には産せざる植物が英文の日本訳文中に現たり、英国に在って日本に無き植物が、似もつかぬ日本植物の名称で現れたりするの奇観を見ることになりますから、英文学に現れて居る植物と日本植物とを比較研究して、之を明瞭に致して置くのは、我が国の英学者の為めに、興味が尠からぬことであろうと思ひます。独り英文学中の植物のみならず、また仏、独、伊等諸国の文学に於ける植物も、同様に研究するの必要を見るのであります。

さて、「時事新報」は当時の五大新聞のひとつであり、この頃の同誌の発行部数は五～七万部であったとしている。[144]「文藝週報」はその付録とはいえ、かなりの読者がこれらの篤太郎の記事を目にしただろうと思われる。もしかすると篤太郎が書いた文章の中では最も多くの人に読まれたものの一つかもしれない。文章的には一般の人が読みやすいように平易に書かれており、内容的には多少専門的になり過ぎた箇所もあったが、全体的には文芸好きの読者が満足できるような格調の高い仕上がりであった。

本邦初の本格的百科辞典『日本百科大辭典』の執筆

三省堂は篤太郎にとって、明治三十六年（一九〇三）出版の『最新植物學教科書』以来なじみの出版社である。もともと三省堂は明治十四年（一八八一）に古本屋として創業、七年後には単独出版の道についた。当初より教科書、辞書、参考書の発行、出版に重点を絞っていたこともあり、教育界、出版界では三省堂の名は次第に確立していった。

明治三十五年（一九〇二）頃より同書店は、わが国初の本格的百科辞典の出版を企画していた。編輯代表は斎藤精輔（図57）で、三省堂で長らく辞書の編集に従事していたが、今回の大事業に意欲満々であり、最高の内容のものを最新の印刷技術を駆使して出版しようと意気込んでいた。斎藤氏一流の採算を度外視した「いいもの主義」は、挿絵の一点に至るまで在《あ》り来《き》たりのものでは気にいらず、一例をいえば、芝居のダンマリ（注：歌舞伎で、登場人物が無言で行う、暗中での探りあい）の挿絵に関していいものがないので、わざわざ歌舞伎座に出向き、当時の羽左衛門《うざえもん》、高麗蔵《こまぞう》など花形の役者をモデルとして、挿絵画家に描かせてみたものの、気にいらずに結局はやめてしまったというエピソードが残っているくらいである。そしてその費用に当時の金で数千円（二〇一六年現在の貨幣価値で二、三千万円）を費やしたという。(145)

百科辞典の性格上、執筆者は各分野から多数の専門家が選ばれたが、先の植物学教科書出版に際しての縁もあり、

図57 『日本百科大辭典』と編輯代表の斎藤精輔
［『三省堂の百年』三省堂（1982）より］

何巻にもわたる辞典の植物に関する項目の多くを篤太郎が執筆することになった。また今日でもそうであるが、百科辞典では、各種の草や木の植物図鑑的説明、植物学の用語の説明、さらには植物学者やその関係者の略歴など植物学に関する項目が多数含まれ、篤太郎が執筆する量はかなりのものになったのである。この頃、篤太郎は幸か不幸か「浪人の身」であったので、何年にもわたってこの仕事に集中することができた。

編輯方針として、編輯者は執筆者の書きたいことを自由に書かせたようで、辞典中の植物学者や関係者に関する項目では、篤太郎は自分が関係した人物にはかなりのスペースをとって詳細に解説した。というのは、自分の祖父の伊藤圭介に関してならまだしも、スウェーデンの北極探検家ノルデンショルド（ノルデンシェルド）や英国の植物学者フッカー親子といった日本では一般的には有名でない人物でさえ、通常なら省くかあるいは短い記載で済ますべきところを、長文の説明を堂々と行っているのである。また、個々の植物の項目の中で、特に篤太郎が専門領域としているものについては、自説の展開を示すあたかも論文の総説のような書き方をしたり、さらにはいくつかの植物については帰属する属を別のものに移したり、独立種を変種に格下げするなど、分類命名学的な重要な変更を辞書の本文中で行っている。これらはまるで、百科辞典の紙面を借りて、自分の書きたい論文を自由に書いているようなものであった。

さらに、編輯代表の意向もあり、植物図もカラーのものを所々に挿入できたことは篤太郎を喜ばせた。また、植物図以外の図版もうっとりする位美麗で、それ自体一幅の芸術でさえあるというものが多く、またちょっとしたカットでさえ精密に仕上げられていた。

そして、六年余の準備期間をおいて明治四十一年（一九〇八）に『日本百科大辭典』の第一巻の発刊に漕ぎ着けたのである（図57）。その発刊披露園遊会が大隈重信邸で盛大に開催され、篤太郎も主要執筆者の一人として、意気揚々として会に出席したことと思われる。

この第一巻に、篤太郎はイイギリ（*Idesia polycarpa* Maxim.）の変種としてシロミイイギリ（*Idesia polycarpa* Maxim. var. *albobaccata* T. Ito）（口絵11）を記載した[146]。イイギリは冬日、実が紅熟して美観を呈するが、その実が赤くならず白っぽい色のままでいるものを、シロミイイギリとして変種扱いにしたものである。後日、原 寛[147]は変種扱いよりも品種扱いの方が適切として、*Idesia polycarpa* Maxim. f. *albobaccata*（T. Ito）H. Hara という学名を提唱したが、現在ではこの品種名の方が一般的となっている。

また、篤太郎は「いちりんさう」の項目でキンポウゲ科の *Anemone* 属の短い総説を載せた。その中のニリンソウ *Anemone flaccida* F. Schmidt についての説明の末尾で、「全體小さくして細く、花も小にして、萼片六個乃至十二個あり（Smaller and slender; flowers smaller; sepals 6 – 12）」という母種との違いとなる簡単な記載を添えて、その新変種ギンサカヅキイチゲ *Anemone flaccida* F. Schmidt var. *gracilis* T. Ito nov. var.（注：新変種の意味）の提唱を行った[60]（口絵36）。

このギンサカヅキイチゲは、古くは圭介著・謙編次の『日本植物圖説』草部イ初篇に[30]「此イチゲサウハ花重辯ニシテ小ナルモノナリ」と記載されていた（図58）。

その後の明治三十年（一八九七）に書かれた牧野富太郎の論文「日本産おきなぐさ屬諸種ノ檢索表」(148)の中の *Anemone flaccida* F. Schmidt（にりんさう又がしゃうさう）の項に、ギンサカヅキイチゲについての記載があり、「此種ノ一品ニシテ固ヨリ別種ニ非ラズ萼片六乃至十二許アリ」として、牧野はこの植物をニリンソウの変種や品種として扱うべきと考えたが、この時点での新学名の提唱は見送ったのであった。ところが、牧野は遅ればせながら大正三年（一九一四）になって、本種をニリンソウの変種として扱うのがやはり適当として、*Anemone flaccida* F. Schmidt var. *semiplena* Makino という新変種名を発表した。(149)

その後、昭和三十年（一九五五）になって、奥山春季(150)はこの牧野の発表を受けつつも、変種よりも品種としての取扱いが適当として *Anemone flaccida* F. Schmidt f. *semiplena* (Makino) Okuyama という学名を提唱した。

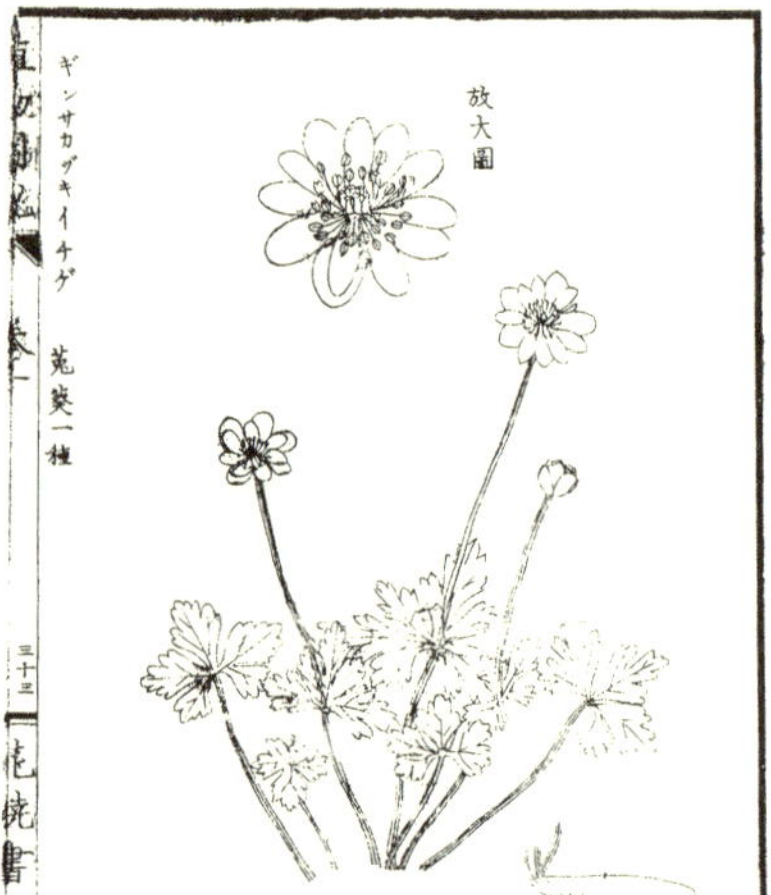

図58　ギンサカヅキイチゲの図［『日本植物圖説』草部イ初篇より］［国立国会図書館所蔵］

現在ではこの奥山の提唱学名が一般に用いられている。しかしながら、篤太郎の発表と牧野の正式の発表の年を比べると明らかに篤太郎の方が六年も先であり、篤太郎の発表の正当性に問題がなければ、奥山の提唱名は *Anemone flaccida* F. Schmidt f. *gracilis*（T. Ito）Okuyama とすべきだったかと思われる。

また、我が国では自生していない *Itoa orientalis* Hemsl. についても「いとうのき」の項目をわざわざ設け、イトウノキ（伊藤樹）という和名の提唱とその記載を行い、さらに解説を加えたことは前述した。

第二巻は世界年表付きで翌年に出版され、篤太郎は「かんあふひ」の項目でウマノスズクサ科カンアオイの分類についての私見を述べ、これが後年におけるカンアオイの新種発表につながった。

第三巻と第四巻はそれぞれ大日本帝国地図と世界大地図付きで翌々年に出版され、篤太郎も多くの関係項目に執筆を重ねた。ところが、辞典があまりにも豪華な大著になってしまったため、価格は一巻が十円（当時の大卒の初任給が月四十円位で、二〇一六年現在の貨幣価値に換算すると五万円位になると思われる）と高価になり、十万部を売るつもりであったが、実際は一万三千部しか売れなかったのである。これには三省堂も頭を抱えてしまった。

それでも第五巻は明治四十四年（一九一一）に発刊することができ、この巻の「志まぎょく志んくゎ」の項目で、アカネ科のシマギョクシンカ（口絵12）を *Stylocoryne* 属から *Tarenma* 属に移し、*Tarenna subsessilis*（A. Gray）T. Ito という新組み合わせの学名を提唱して解説を行った。[151] 台湾から沖縄さらには九州南部に自生するギョクシンカ *Tarenna gracilipes*（Hayata）Ohwi とは、葉がほとんど無柄であることにより区別されるという。

また、「志らひげさう」の項目ではウメバチソウ科のシラヒゲソウ（口絵13）の学名を *Parnassia nummularia* Maxim. から *Parnassia foliosa* Hook. f. et Thoms. var. *nummularia*（Maxim.）T. Ito という変種に格下げした。[151] そしてシラヒゲソウと比較して、花葉が大きいということのみならず、花弁の細裂片が長めでかつ数が多いとの特徴を有した戸隠産の同類のものについて、新たに *Parnassia yudzuruana* T. Ito, nov. sp. vel. var.（注：新種もしくは新変種の意味）という学名を提唱し、またオオシラヒゲソウ（口絵14）の和名を与えた。[151] しかしながら、このような曖昧な学名提唱は認められるはずがなく、一般には受け入れられなかった。そして、大正十五年（一九二六）になって Nakai[152] はオオシラヒゲソウに対して *Parnassia japonica* Nakai の新学名を唱えたが、昭和四十年（一九六五）になって大井[153] はこれを変種に格下げして *Parnassia foliosa* Hook. f. et Thoms. var. *japonica*（Nakai）Ohwi とした。

篤太郎はシラヒゲソウを *Parnassia foliosa* の一変種にしたくらいであるから、オオシラヒゲソウについては、これを独立種とはせずに *Parnassia foliosa* の別の変種にするのが自然の成り行きだったかと思われる。つまり、オオシラヒゲソウに対しては *Parnassia foliosa* Hook.f. et Thoms. var. *yudzuruana* T. Ito という曖昧でない新変種名を唱え、かつ命名規約に抵触しない記載をしていれば、この学名が正名となってその後広く通用していたはずで、今になって悔やまれるのである。

そして、現在ではシラヒゲソウについては篤太郎提唱の変種名が、オオシラヒゲソウに関しては大井提唱の変種名が一般的に用いられているようである。

第六巻もぎりぎり大正元年（一九一二）に発刊に漕ぎ着けた。ところが第六巻を発刊した後、三省堂は資金繰りに行き詰まり、ついに倒産してしまった。例の歌舞伎のダンマリの挿絵騒動などでの無駄使いが積もり積もって、結局、会社が潰れてしまったのである。

この時点で『日本百科大辭典』はまだ未完であり、それを惜しむ知識人や財界人も多く、篤太郎も「（前略）満腔の同情を表す　天は我帝国に於ける文明的大事業を棄つること無く（中略）日本百科大辞典の必ず大成さるべきを信じて　受持の植物部原稿は常の如く日夜執筆継続の上更に一層努力すべし（下略）」との見舞状を三省堂に寄せている。[145]

こうした知識人や財界人の応援が実って、その翌年に「日本百科大辭典完成会」が設立されることになり、未完分の発刊に向かって再スタートが切られた。そして大正四年（一九一五）には株式会社として三省堂は再建された。

以上のようなごたごたもあったが、大正五年（一九一六）に第七巻を発刊した。この巻の「とがくしさう」の項目で、***Ranzania*** 属の属としての記載文を載せた[52]（図59）。その昔の明治二十一年（一八八八）に、篤太郎は新属 ***Ranzania*** を提唱する速報的論文を書いたことがあった[82]

が、その論文の中で、新属の正式な判別文を含む *Ranzania japonica*（トガクシソウ）の詳しい記載を後で発表するつもりであるとしていた。そして二十八年後になって、この『日本百科大辞典』という辞典の中でやっとその発表が実現できたのであった。ただ、その発表文が欧文でなく邦文であったことは幾分残念ではあるが、ここでその記載文を紹介してみたい。

とがくしさう〔戸隱草〕〔*Ranzania japonica*〕【植】小蘖《メギ》科の多年生草本、「とがく志さう」〔戸隱草〕屬の植物。「とがくしさう」は一名「とがくし志ょうま」ともいひ、我國特産の名草なり。今「とがくしさう」屬〔*Ranzania*〕の特徴を記載せんに、多年生草本にして、地下莖は匍匐して細根を着生し、地上莖は圓柱形にして直立し、基部に少數の鱗片を着け、上端には、二枚の複葉を生ず。複葉は三出にして長柄を具ふ。小葉は掌狀脈を有し、邊緣に不整の缺刻あり。長き小葉柄を具ふ。花は嫩葉と共に幼莖の頂に生じ、葉と共に生長し、且其開展に先だちて咲く。三花乃至六花又はそれ以上あ

とがくしさう《ッ》（戸隱草）〔*Ranzania japonica*〕【植】小蘖《メギ》科の多年生草本、「とがく志さう」（戸隱草）屬の植物。「とがくしさう」は一名「とがくし志ょうま」ともいひ、我國特産の名草なり。今「とがくしさう」屬（*Ranzania*）の特徴を記載せんに、多年生草本にして、地下莖は匍匐して細根を着生し、地上莖は圓柱形にして直立し、基部に少數の鱗片を着け、上端には、二枚の複葉を生ず。複葉は三出にして長柄を具ふ。小葉は掌狀脈を有し、邊緣に不整の缺刻あり。長き小葉柄を具ふ。花は嫩葉と共に幼莖の頂に生じ、葉と共に生長し、且其開展に先だちて咲く。三花乃至

図 59　トガクシソウの記載文と図
［『日本百科大辞典』第七巻より］

りて繖形花序をなす。毎花に花梗あり。又三箇の小苞ありて早落性なり。萼片は六枚あり。整齊にして花瓣様をなし、美麗なる彩色あり。花瓣は小形にして六枚あり。各其基部に二箇の蜜腺を具ふ。雄蕊は六本ありて花瓣と對生す。葯は左右兩側に各一箇の蓋ありて裂開すれば上方へ扛起す。子房は單一にして單室をなし、中に數多の胚珠あり。數列をなして側膜胎座に着生す。胚珠は半倒生なり。花柱なくして柱頭は肉質楯形をなす。果實は漿果にして稍々倒卵圓形なり。種子は數多ありて各長楕圓形をなし、堅硬なり。此屬には、單に一種あるを見るのみ。我國に産するのほか、未だ他國にこれあるを聞かず。

そして、トガクシソウの種としての記載が続いている。

とがくしさう（戸隠草）は本州中部の深山陰地に自生す。信濃の戸隠山・白馬山等に産す。莖は高さ七寸乃至一尺五寸ばかり、肥大のものは、高さ三尺に及ぶ。平滑にして綠色を呈し、下部は紫紅色を帶ぶ。其部の鱗片は稍々大にして赤褐色、莖を抱擁す。三出複葉は長さ三寸乃至六寸ばかりの葉柄を具ふ。中央の小葉片は整齊なる卵狀圓形にして、上部は三箇の裂片を有し、更に基部に向うて左右に各四箇ばかりの粗大鋸齒あり。又兩側の小葉片は斜狀の廣卵形をなし、其上部と外側の一半とに三裂片を有し、更に其下方と、内側とに三箇ばかりの粗大鋸齒あり。小葉片は薄くして表裏兩面共に平滑をなし、表面は綠色、裏面は帯白緑色なり。小葉柄は長さ一寸五分乃至四寸ばかりあり。春、地上に莖を抽き、莖・葉未だ伸びざるに、夙く莖頭に花を着け、四五月の頃嫩葉の開展に先だちて花咲く。花は直徑一寸乃至一寸半ばかり、長さ一寸乃至四寸ばかりの繊細なる花梗を具ふ。萼片は花瓣様にして淡紫色、長楕圓狀披針形又は卵狀披針形をなし、鋭頂なり。花瓣は小形にして、其長さ萼片の三分一に過ぎず、厚質にして微凹形をなし、直立し、且内方へ少しく彎曲し、黄褐色にして微凹頂をなし、基部に橙黄色、圓形の蜜腺二箇あり。雄蕊は花瓣よりも更に短小なり。花絲は橙黄色にして太く、葯は花絲と同長にして長楕圓形、黄色なり。漿果は白色にして長さ四分ばかり、梗は果實の生長と共に伸長す。

さらに、トガクシソウの学名命名のいきさつについて説明している。
これが篤太郎としては、「破門草事件」以来、事の顚末を初めて明らかにした文章であった。

明治八年、余が叔父伊藤謙初めて此植物を信濃の戸隱山に採集す。當時白色の漿果を結び居れるを以て、「志ろみのさんかえふ」と命名せり。又同氏は此植物を栽培して開花せしむるを得たり。余は同氏の採集せる材料を研究して一新植物なりと考定せり。依てこれに「*Podophyllum japonicum*」の新學名を命じ、同氏の採集せる腊葉の複標本と、且開花せる彩色圖と、花の解剖圖とを添へて、余の考説と共に、明治十六年に於て、これをロシアの植物學者マクシモヴィチ（Maximowicz）に送りて其意見を質問したり。茲に於てマ氏はこれを未知の一新植物なりと認定し、且余の命ぜる學名を採用して、同十九年ペトログラード（Petrograd）［ペテルブルグ］帝立學士院に提出せる論文中にこれを發表せり。同十九年、余はイギリスなるキュー（Kew）王立植物園に於て、特に日本産小蘗科植物を研究して該論文を發表するに當り、再び此植物の世界に比類なき珍奇のものなるを認識したれど、志かも、當時ヨーロッパに於ては、余がロシアのマクシモヴィチに送りたるものの外に研究すべき材料なきにより、余の論文には、曾て余の祖父伊藤圭介翁と共に命名せる「とがくしさう」の日本名を發表し、其分類學上の論定は、余の日本へ歸朝の後、更にこれを調査するの機會を得るまで保留し置けり。同二十年余はヨーロッパより歸朝して此植物を調査し、伊藤謙の採集せる腊葉、東京上野博物館に保存しある同八年採集の果實を着けたる複標本（Cotype）、余の祖父の稿本中に記載せる此植物の開花せるものの圖説、小森頼信氏の原稿等により、研究の後、此植物の一新屬なることを考定して「*Ranzania*」なる新屬を設立し、曾て余の命名せる學名「*Podophyllum japonicum*」を改稱して、「*Ranzania japonica*」と新訂し、同二十一年これをイギリスなるロンドンに於て發表せり。然るに明治十七年の夏、矢田部良吉氏は戸隠山に於て、此植物の果實を着けたるものを採集して新發見なりと想定し、これを「とがくし志ょうま」と命名し、且これを東京小石川植物園に栽培して開花せるものを圖寫して、標本と共に同二十年七月、ロシアなるマクシモヴィチに送致せり。マ氏は翌二十一年、矢田部氏の姓をとりて此植物に「*Yatabea japonica*」の新學名を命じ、矢田部氏への私信中にこれを報じたり。

日本百科大辞典は第七巻が出版された後、翌年から年に一巻ずつ発刊され、大正八年（一九一九）に『日本百科大辞典』は全十巻をもって完結した。篤太郎はこの間、主要執筆者の一人してかなりのエネルギーをこの大辞典に注ぎ込んだのであった。

豪華図譜『大日本植物圖彙《ずい》』の出版

幾つもの英語、ラテン語あるいは日本語の論文や植物学教科書、さらには辞典中の植物関連の項目を執筆した篤太郎にとって、まだ果たしていない出版物が二種類あった。一つは日本全体を網羅した植物誌（complete flora of Japan）であり、いま一つは色彩が美麗にしてまた精密なる写生図・解剖図を備えた植物図譜であった。後者については、かつて、祖父の圭介が賀来飛霞との共著で明治十四年（一八八一）と十七年（一八八四）に出版した『小石川植物園草木圖説』第一・二冊というものがあった。加藤竹齋の日本画的画風の描写による静的な美しさの植物図(75)が見事で、さらには印刷技術でも当時の欧米の水準に達していた図譜であった。技術的には、第一冊は彫版によるものであったが、第二冊はすでに石版による印刷であった。しかしながら、このすばらしい図譜も四半世紀以上も前に発行されたものであり、この間印刷技術はもとより、学問の方も随分進歩していた。また、植物画も旧来の本草学書にみられる日本画的な画風で描かれることが少なくなってきた。

ただし、このようなカラーの図譜は当然豪華本になり、出版の費用がかかるのは致しかたない。『小石川植物園草木圖說』の場合は、発行元の東京大学が公費で全額出費してくれたので、圭介たちは費用に関しては全く心配がいらなかったが、篤太郎がこのような図譜を個人的に新たに出版するとなると、図譜が売れることを見込んで費用を出してくれる出版元を見付けない限り、自費出版になってしまい、莫大な持ち出しが予想されるのであった。

その出版元に『最新植物學教科書』および『日本百科大辭典』でお互いに信頼関係のある三省堂が最初名乗りを挙げてきた。ところが、先に記したように同書店が『日本百科大辭典』での販売の不振から突然倒産してしまい、同書店から図譜の出版ができなくなってしまったのである。

これには篤太郎は困ってしまった。

というのも、篤太郎が解説文を書き、N. Kawamura および B. Sakuma（佐久間文吾）の両氏が画を担当することで出版の準備が相当進んでいたからである。途中での中止はもはや引っ込みがつかないと判断し、結局は自費出版になってしまったのだが、出版をまかせた者が篤太郎の出版準備金をどさくさにまぎれて横領しようとしたこともあり、[133] 発行は予定よりかなり遅れてしまった。

それでもどうやら明治四十四年（一九一一）十一月に第一輯（第一巻）[154]の発行に漕ぎ着けた。第一輯（第一巻）の第一図版は「たかさごらん」、第二図版は「ふっきさう」、第三図版は「くさぼけ」、第四図版は「めうが（みゃうが）」が取り上げられた。

台湾産の「たかさごらん」を除いたこれらの植物は決して珍しいものや学術上価値があるものではなく、描出の対象になったものは「小石川の林町の自宅の家園に培養せる生植物」とあるように、日常よく眼にするものであっても、図譜として「絵になる」植物をあえて選んだ意図が感ぜられた。また、彩色石版図の美しさ、精密さばかりでなく、解説文も正確な記載に加えてその植物の地方の呼び名が列挙されていて、画文ともに出来映えは上々と思われた。

なお、ラン科の「たかさごらん」については、篤太郎はこの図譜で *Vanilla Griffithii* Rchb. var. *formosana* T. Ito という新変種名を提案したが、現在は *Vanilla somae* Hayata（タイワンバニラ）の異名として扱われている。

続いて第二輯（第一巻）[155]では第五図版は「まんじゅ志ゃけ」、第六図版は「へくそかづら」、第七図版は「るりさう」、第八図版「やぶらん」として、解説文は篤太郎、画は主に N.Kawamura（第三、四、五輯も同じ）が担当し、同年の十二月に発行された。これらのほとんどがやはり「東京近郊に自生せる生植物あるいは小石川の自宅の家園に栽培せる生植物より描写」とあり、対象植物の選択の狙いは第一輯と同じと思われる。花の色が実に見事に表現されている。

ところが第三輯（第一巻）[156]になると、第八図版の「やぶらん」の解説に加えて、第九〜十二図版は「ここのへのきり」で、これには *Paulownia mikado* T. Ito という新種［注：ただし現在は *Paulownia fortunei* (Seemann) Hemsl. の異名とみなされている］としての記載が添えられていて、第一、二輯とは異なる試みがなされている。発行は明治四十五年（一九一二）七月となっている。

第四輯（第一巻）[157]の第十三、十四図版は「きり」、第十五、十六図版は「たいわんきり」（口絵15・38）で、後者は *Paulownia kawakamii* T. Ito［注：種小名は台湾植物目録の編者であり、阿寒湖におけるマリモの発見者である川上瀧弥（図60）に因む］の新種としての記載が添えられている。発行は大正二年（一九一三）七月とある。

図60　川上瀧弥
［東山植物園所蔵］

第五輯（第一巻）[158]では第十七図版は「れんげつつじ」、第十八図版は「さくらさうもどき」、第十九図版は「つりふねさう」、第二十図版は「しうかいだう」として、「さくらさうもどき」を除いたこれらの植物については「小石川の自宅の庭園に栽培せる生植物あるいは巣鴨に自生せる生植物より描写」として、対象植物の選択の狙いは第一、二輯に戻っている。発行は大正四年（一九一五）十二月となっている。出来映えは、第五輯にもなるとさらに磨きがかかってきて、次の第六輯とともに芸術的でさえある。

大場秀章氏[75]によれば、これらの篤太郎の図譜に描かれた植物図は、圭介と賀来飛霞の図説に描かれた加藤竹斎の日本画的画風のものとは全く趣を異にしていて、現代の私たちが意識し、また描いている植物画に通じているという。篤太郎が、日本画という画風が植物画という科学的芸術には向かないと判断したからであろうと、大場氏[75]は推測している。

第六輯（第一巻）[159]の発行は第五輯より九年後の大正十三年（一九二四）三月になってしまった。この間の中断は出版費用の問題によるとされている。[133]この第六輯はこれまでと違って、発行が大日本植物圖彙出版社という自費出版元から、同文館という出版社へ変更され、また海外売捌所が丸善となって、篤太郎の持ち出しは多少少なく済んだことと思われる。第二十一図版は「くろばなうまのみつば」で、佐久間文吾が画を担当しているが、その描写が実に見事である（口絵39）。なお、佐久間文吾については後項で詳述する。第二十二図版は「さくらさう」、第二十三図版は「ゆきの志た」、第二十四図版は「がんぴ」として、これらの画の方はT. Nishikawaが担当し、一部篤太郎が手伝っている。これらのうち「くろばなうまのみつば」は岩手県の姫神山にて採集されたものを材料にしているが、そのほかは自宅近くに自生している生植物や小石川の自宅の家園に栽培されている生植物より描写したとしている。

なお、この第六輯のみ定価が付けられていて、三円六十銭（二〇一六年現在の貨幣価値で七千円位）となっており、一二十四、五頁程度の書物としては比較的高価と思われるが、書物の性質上しかたがないのかもしれない。

ただ『大日本植物圖彙』はこの第六輯をもって突然終わってしまうのである。第一巻としているところをみると、今後も第二巻さらに第三巻、第四巻と続きを出すつもりだったに違いない。その理由は出版費用であったことはいうまでもない。

一民間人にできることは限られているである。

昆虫学者としての篤太郎

圭介は元来、本草学者であったので、研究の対象としての生物も植物だけではなく、禽（鳥）、魚、蟹や虫、あるいはキノコと広汎であった。篤太郎も圭介ほどではないが、植物以外のものを研究の対象とすることがあった。明治二十一年（一八八八）に「動物學雑誌」が創刊された際に、その記念すべき創刊号に篤太郎は「動物ノ卵（第一）」を執筆したことがあった。[160]

また、菌類と昆虫類に造詣が深かったが、後者では特にアリに詳しかった。

明治二十二年（一八八九）に篤太郎は、動物學雑誌に「*Lühdorfia puziloi*, Ersch. ニ就テ」と題した、現在でいうヒメギフチョウに関する論文を発表した。[161] これより数年前の明治十六年（一八八三）に、岐阜県在野の昆虫研究家、名和靖（図61）が岐阜県の飛騨金山町

図61　名和靖
［提供：名和昆虫博物館］

（現下呂市）の山中で本邦固有種の美しい蝶であるギフチョウを発見し、これに対し六年後の一八八九年になり、リーチにより正式に *Luehdorfia japonica* Leech という学名が定められたばかりであった。ヒメギフチョウはギフチョウと似ているものの、新種としての発表はむしろギフチョウより早い一八七二年で、本邦以外の東アジアにも分布することがすでに知られていた。そしてヒメギフチョウはダンダラチョウという和名が以前からあり、むしろこちらの和名を尊重すべきとする提案を篤太郎が行ったのであった。

アリについての研究は、明治三十七年（一九〇四）、昆蟲世界に「蟻の菌畑」[162]を講話として発表しているが、何といっても光るのはその分類学的研究である。

篤太郎の蟻学の師匠格にあたる研究者は、スイスの蟻学の大家、アウグスト・フォーレル（Auguste Forel）（図62）である。

図62　フォーレル

フォーレルはまた神経解剖学者であり、かつ臨床の精神科医でもあって、今日でも解剖学用語として、間脳にある視床下部にフォーレル体（Forel's body）やフォーレル野（Forel's field）の名称が、また他にもフォーレル交連（Forel's decussation）の名前が残っていたり、統合失調症の一症状を示す用語の「Wortsalat, word salad」（単語をでたらめに並べたもので意味が通らない文）

は実はフォーレルの造語であったりして、医学者として多くの功績を残している。

さらに、フォーレルは精神分析学者、性科学者としても有名で、前者としてはフロイトに少なからぬ影響を与えたとされ、後者としては代表的著作の『性欲研究（Die sexuelle Frage）』は世界十六カ国に翻訳された名著として知られている。加えて、フォーレルは社会活動家としても名が通っていて、一貫した反戦・平和主義者、社会主義者、男女平等論者であり、また筋金入りの優生学論者であったとされ、講演や著作にてその進歩的思想の普及につとめたという。

このように、フォーレルは現代では考えられない程のマルチタレントな学者であったが、篤太郎は臆せずにそのフォーレルとの間に書簡のやりとりを行い、学術的交流を深めたのであった。

篤太郎が大阪にて採集し、その同定を依頼してきたアリに対し、フォーレルは明治三十三年（一九〇〇）に *Iridomyrmex itoi* Forel（ルリアリ）という篤太郎に因んだ学名を与えたが、[163] 本種は現在では *Ochetellus glaber* Mayr の異名として扱われている。

その後フォーレルは、篤太郎が東京小石川にて採集したアリに対し、やはり篤太郎の名前が入った学名の *Camponotus itoi* Forel（イトウオオアリ、図63）を一九一二年にベルギーの昆虫学雑誌に新種として発表した。[164]

そしてこのフォーレルの論文中に、篤太郎が小石川の自宅の庭より採集した別のアリに対し、先の新種 *Camponotus itoi* Forel（イトウオオアリ）の一品種としてウメマツオオアリ（*Camponotus itoi* Forel stirps *tokioensis* Ito ex Forel）を篤太郎自身が記載したが、[164]本品種は現在では *Camponotus vitiosus* Smith の異名として扱われることが多いようである。なお、学名の *tokioensis* は採集地の東京から、また和名の「ウメマツ」は篤太郎の次男の「梅松」の名前からきている。

　さらにフォーレル[165]は、名和靖が山口県の長門にて採集し、篤太郎によって送られてきたアリに対し、一九一三年に *Camponotus fallax* Nyl. var. *keihitoi* Forel（クサオオアリ）を記載した。本変種は最近になり、Terayama & Satoh[166]により種のランクに格上げされて、*Camponotus keihitoi* Forel となった。この種小名の *keihitoi* は篤太郎の長男である「圭彦」の名前に由来すると考えられるのだが、Forel が *keihikoi* と表記すべき綴りの *k* を *t* としてしまったらしい。その後訂正するわけにもいかず、現在も *keihitoi* のままのスペリングが使われている。

図 63　イトウオオアリ、*Camponotus itoi* Forel［提供：日本産アリ類画像データベース］篤太郎の名が学名についたアリの一種。

そして、今度は篤太郎自身が大正三年（一九一四）になって、同じベルギーの昆虫学の雑誌に、以下の二新種と二変種を含む八種を記載した。[167]

　まず、篤太郎と長女の「さくら」によって小石川の自宅の庭より採集されたアリに対し、新種として *Strumigenys japonica* Ito（ヤマトウロコアリ）を発表したが、帰属の変遷を経て、最近

は *Pyramica japonica*（Ito）Bolton とし *Pyramica* 属に移されている。[168]

次に、静岡県の三保の御穂神社境内において名和 靖が採集したアリに対して、マダガスカル島に産する *Camponotus fallax* Nyl. var. *quadrimaculatus* Forel に似ているものの違いがあるとして、*Camponotus fallax* Nyl. var. *nawai* Ito（ナワオオアリ）という新変種名を与えた。ところが最近になり、Terayama & Satoh[169] により種のランクに格上げされて、*Camponotus nawai* Ito（ナワヨツボシオオアリ、口絵17）という学名が一般的となった。

また、名和 靖が熊本県にある肥薩線（当時は鹿児島本線）の大畑《おこば》駅付近で採集したアリに対して、欧州産の *Crematogaster auberti* Emery と近似しているものの若干の差異が認められるとして、*Crematogaster auberti* Emery var. *nawai* Ito（ナワコシボソアリ）という新変種名を提唱した。これも最近になり Onoyama[170] によって種のレベルに格上げされ、かつ学名の正当性の検討により *Crematogaster nawai* Ito（ツヤシリアゲアリ）が有効な学名になった。

そして、名和 靖によって長門で採集されたアリに対し、新種として *Prenolepis sakurae* Ito（サクラアリ）の名を提唱したが、その後になり *Paratrechina* 属に移され、*Paratrechina sakurae*（Ito）Emery と扱われていることが多いようである。なお、学名の「*sakurae*」と和名の「サクラ」は虫体の色からきているのではなく（実は飴色）、娘の「さくら」の名前に因むものである。

これとは別に、篤太郎が小石川にて採集したアリに対し、大正七年（一九一八）にフォーレルは *Sysphincta itoi* Forel（イトウカギバラアリ）として篤太郎の名に因んだ新種を発表したが[171]、その後Brown[172]によって*Proceratium itoi*（Forel）Brownとして*Proceratium*属に移されている。なお、*Solenopsis japonica*（Wheeler）Collingwoodの和名の「トフシアリ」は篤太郎が付けたものといわれている。

大正六年（一九一七）になって、篤太郎は『名和　靖氏還暦記念寄贈論文集』に「本邦に於ける科學的昆蟲学の始祖宇田川榕菴翁と其原稿」なる論文を寄稿している[173]。

名和　靖は前述のごとくギフチョウの発見者であっても学名の命名者でないことから判るように、決してアカデミックな昆虫学者ではなく、むしろ実用昆虫学をめざしていて、ウンカやシロアリなどの害虫駆除の普及にも貢献した。一方、その著『薔薇之壹株　昆蟲世界』[174]において、「薔薇の一株は、その花とそれに群がる昆虫から成る一つの小宇宙。花と昆虫はそれぞれの助けによって、その形態を変遷し続けている。もし、花や昆虫のそのどちらかでも欠いたりしたら、生物界には恐ろしい一大変動が起き、その種を絶滅するものも多いであろう。」と、広大な自然観を知る人であった。また新種の命名に関しても、「虫たちは、一億年も前から変遷を繰り返し、生き続けている。人間はそれに勝手に名前をつけているだけなんだ」と無頓着ぶりを発揮していた。篤太郎をはじめ、昆虫のみならずほかの動物学や植物学の分類学を専門にしている研究者達には耳の痛い言葉だが、その無頓着さが名和　靖の貴重な採集標本を、分類学の研究ためにと篤太郎に次々と渡させていたのであった。お陰で篤太郎はアリの分類で功績を残すことができたのである。もちろん篤太郎はそれに感謝して、上述のように二種のアリに彼に因んだ学名や和名を付けたのであった。

また、名和 靖は公職に就いたのは岐阜県立中学校の博物科助教諭や岐阜県尋常師範学校教諭などの五、六年間のみで、後は「私立名和昆虫研究所」を設立して、在野の研究家として研究、講習会、執筆、昆虫展覧会を行って一生を過ごしたのであったが、このような境遇が篤太郎の人生に重なり、二人は妙に気が合っていたのかも知れない。さらに篤太郎は、彼に因んだ学名や和名を付けた二種について、その日本語解説版というべき論文を、これも彼と縁が深い雑誌の昆蟲世界に大正三年（一九一四）[175]および十年（一九二一）[176]に発表して、国内の昆虫愛好家に周知させた。

現在、岐阜市の岐阜公園の近くに名和昆虫博物館があり、昆虫愛好家の来館が絶えない。

ついに東北帝国大学の講師となる

明治四十年（一九〇七）に東北帝国大学が創立されたが、大正九年（一九二〇）にその理科大学内に生物学科が新設されることになり、米国のウィスター研究所教授であった畑井《はたい》新喜司《しんきし》に命じて、さっそく設置の準備に取りかかった。畑井新喜司は明治九年（一八七六）に青森県平内町の旧黒石藩士の家に生まれ、動物生理学が専門で、大正十四年（一九二五）には白ネズミの研究で帝国学士院賞を受賞した。またミミズ博士として有名であり、さらに昭和天皇の生物研究指導者としても知られている。畑井教授は植物学では田原正人（植物形態学）、日比野信一（植物生理学）、伊藤篤太郎（植物系統分類学）、吉井義次（植物生態学）にそれぞれ講義を担当させることにして、[177] 大正十年（一九二一）に篤太郎を東京から仙台に呼び寄せ、篤太郎はその十月に講師に就任した。また、ウィーン大学より植物生理学の大家であるハンス・モーリッシュ（Hans Molish）教授を招き、開講より二年間授業を担当させた。[177]

この就任時に篤太郎は五十六歳になっていた。畑井教授より十歳年上の講師であった。それでも、篤太郎にとっては念願の官職であった。それも帝国大学の研究職である。講義や実習に多少の時間がさかれるものの、研究に没頭する時間と場所を得たのである。

思えば、遡ることその八年前の大正二年（一九一三）に、「小生官海ヲ出デ浪人者トシテ民間ニ罷在候事回顧スレバ最早ヤ十八年ト」と長らく公職から遠のいていた自分の窮状を訴え、大学就職の斡旋を懇願した手紙を札幌の宮部教授に送ったことがあったくらいである。[133] それからさらに数年の歳月が流れていた。

そして、仙台市内の片平町に居を構えた。現在の仙台市青葉区片平一丁目付近で、職場の大学に程近く、清流広瀬川のほとりの風光明媚な地であった。

家族を東京から呼び寄せて［図64、写真は大正十五年（一九二六）撮影のもの］、仙台の暮らしに慣れようとしていた矢先、不幸なことが起こった。大正十一年（一九二二）十月二十六日に母親の小春が仙台で亡くなったのであった。

七十八歳であった。

小春は前にも述べたように、ある意味で父圭介の学者としてのＤＮＡを最も受け継いでいた子供であった。当時女性が学問することは憚られた時代だったゆえ、父の本草学や植物学を受け継ぐことはなかったが、もし彼女が男だったら、あるいは女性でも自由に学問できる時代であったのなら、さぞ立派な学者になっていたことであろう。

そんな小春であったが、母親が子供を思う気持ちは子供が幾つになっても変わらないのであった。正に、長年就職問題で心配をかけ続けてきた息子の篤太郎が、大学講師に任官されるのを見届けて逝ったかのような最期であった。

そして大正十二年（一九二三）四月には大学の授業も始まった。

校舎は外面に赤レンガを貼った鉄筋コン

図64　仙台片平町の自宅庭での家族　［伊藤 昭氏所蔵］ 大正15年（1926）3月13日撮影。左より長男圭彦、四男篤介、長女さくら、五男篤、三男篤男、篤太郎（61歳）、京子、次男梅松、次女篤子。

クリート造りの瀟洒なものであった［この校舎は現存していて、放送大学宮城学習センターとして内部は改装されてはいるものの、今も現役で使用されている（図65）］。

こういった環境の下に、篤太郎は意気揚々として仙台での新生活を送るはずであった。

ところが、土井康弘氏[133]によると、仙台における篤太郎の研究生活は考えていたよりも厳しいものであったという。生物学科は新設された部門だったため、研究面での環境作りを零から行う必要があったからだという理由である。また加えて、上司の主任教授が自分よりも十歳も年下であり、多少のやりにくさもあったかもしれない。

図65　旧東北帝国大学理学部生物学科教室（仙台・片平キャンパス、現放送大学宮城学習センター）

それでは、仙台での篤太郎の生活ぶりは実際はどうであったのであろうか。

東北大学理学部生物学教室五十年史[178]が教室の創設五十年を記念して発行されたのは昭和五十五年（一九八〇）であった。この記念誌の随所に当時の篤太郎のことが書かれていて、その教官生活を垣間見ることができる。

まず、篤太郎は念願の官職であるである大学の教官になったのではあるが、その篤太郎自身は学生の目にはどう映っていたのであろうか。

一回生の川本信之はこう回想している。

私は動物学科の学生だったが植物学の講義も勿論拝聴した。田原正人教授からは植物一般を、伊藤篤太郎講師からは植物分類学の御教示をいたゞいた。伊藤先生はシーボルト先生の御弟子としての祖父伊藤圭介先生を持たれた方で植物の分類は詳細を極めた。講義の後、午後から先生に従って大年寺、向山或は仙台市の北東に当る台の原、小松島等を植物採集でドーランをさげて歩き廻ったことも度々であった。

東北帝国大学は創立間もなくから女子学生に門戸を開いた帝国大学として知られ、大正二年(一九一三)には日本初の三人の女性大学生が誕生したことで有名である。これらの女子学生に続いて生物学科にも女性の入学者が出てきたが、こういった女子学生には篤太郎の評判はいかがなものであっただろうか。

三回生の小川文代は「学生時代の思い出」の中で次のように述べている。

待望の大学の講義を聴くことが出来るようになり、その印象で今なお、記憶に残っているのは植物分類の伊藤篤太郎先生（伊藤圭介翁の孫）の禁延講座（吾々学生の敬称）のことです。先生はケンブリッジ大学の御出身ですが、その風采はイギリス流の立派な方でした。お講義は英語が多く、実験の図も絵具で彩色し、記載は英文で書くので綴りの間違いから文章の誤りなど丁寧に直して下さいましたのが今も手許に残っておりまして、そのご親切なご指導振りに感謝いたしております。

篤太郎は、男子学生はもとより女子学生にも人気があったようである。丁寧な講義、熱心な実習が受けたらしい。またジェントルメン的雰囲気が女子学生に対しては特に好印象を与えたようである。

また、十歳も年下の教授の下、随分窮屈な教官生活を送っていたのではないかと推察されたが、実情は違っていて、かなり自由なことが許されていたようである。

まず、篤太郎が東北帝国大学に就職する時の条件として、画家で生物画も巧みな佐久間文吾（次項で詳述）を仙台に呼び寄せることであったと、篤太郎の後任である木村有香《ありか》が述べている。文吾は篤太郎との仕事だけではなく、教室全体の専任生物画家として多くの仕事をした。

また、篤太郎が仙台に来たばかりの頃、東京で顔なじみだった庭師の柴田虎之助と街中でバッタリ出会ったことがあったという。どうして仙台にいるのかと篤太郎が質問したところ、虎之助は実は事情があって東京千駄木の団子坂の仙寿園をたたむことになってしまい、仙台にやってきたという。菊人形で有名な団子坂は明治二十年代から三十年代にかけて全盛を極めたが、その後、この地における菊人形が廃れるとともに経営が苦しくなる植木屋も出てきたらしい。仙寿園もそんな店の一つのようで、虎之助は定職がなく今はブラブラしているという。それではといって、篤太郎は東北帝国大学理学部の生物学教室に園丁として雇ってもらえるように口添えしようと約束した。そして結局、虎之助は大正十二年（一九二三）から昭和四年（一九二九）まで大学に勤めることになり、教室の実験園と庭園の造成に貢献したという。

篤太郎の祖父、圭介は名古屋では小栗曾吉、東京に移ってからは柏木吉三郎といった学究肌の植木屋と懇意にしていたことはよく知られている。[179] こういった有能な植木屋を大事にする圭介の姿を、篤太郎は小さい時から見て育ったためであろうか、少年の頃に圭介と一緒に通っていた小石川植物園の小澤又右衛門や内山富次郎といった園丁達にもなつき、随分と可愛がられていたようである。篤太郎が後年英国留学に出発する際には、富次郎が園丁を代表して園内の興味ある植物を美麗な腊葉に調整し、これを餞別として横浜港まで見送り方々届けに来てくれたという。[19]

また、園丁とか植木屋を大事にするという篤太郎のこういった姿勢は年を重ねても変わらなかったようで、明治三十五年（一九〇二）には圭介と親しい交友があった曾吉を偲び、その孫の家を父延吉とともに訪ねたことがあった。[180]

その後も篤太郎には馴染みの植木屋というものが何人かいたらしい。そういった植木屋の一人が困っているところ見ると、篤太郎は黙っていられなかったのであろう。

生物画担当の画家の雇い入れや園丁の就職の口添えまでしていたという篤太郎の逸話は、仙台ではかなり自由奔放にやっていたことを示す証拠であると思われる。

仙台での研究活動

大正十二年（一九二三）四月には授業も始まったわけだが、東北帝国大学理科大学生物学科は新設のため、文献・図書はまだ揃っておらず、植物の標本類は無いにも等しかった。(133) 若い研究者であれば、自分が徐々に揃えればいいのであるが、五十歳代の後半になっていた篤太郎にとって、あまりゆっくりはしていられないのであった。

そこで、この問題に対処するために篤太郎は二つの対策を考えてみた。まず一つは、一年のうち二、三か月は研究材料の豊富な北海道帝国大学の宮部金吾教授の研究室にやっかいになり、そこで研究を行うのはどうであろうかということである。(133) もう一つは、研究の対象を植物に限定せず、菌類などにも範囲を広げてみるのも悪くないのではないかということである。幸い東北地方はキノコの宝庫と知られている。キノコの研究であれば新制大学でも条件は劣っていないのではないかと考えた。

とはいっても、植物学の分類を担当している研究者であるからして、まずは植物学の論文を書いて実績を示さなくてはならない。

　講師に任官された後の大正十一年（一九二二年）には「高山に於ける植物の分布[181]」と題した講演の要旨を地學雜誌に載せていたが、大正十三年（一九二四）三月には中断していた『大日本植物圖彙』の第六輯（第一巻[159]）の発行を行った。

　そして、同年創刊したばかりの東北帝國大學理科報告第一巻[182]に「De nova *Asari* specie ex Japonia australi（南日本産カンアオイ属の新種）」と題した論文（図66）の発表をして、講師としての任を果たした。これについては、藤野寄命《ふじのきめい》が明治三十九、四十年（一九〇六、一九〇七）に奄美大島で採集した標本を篤太郎に送ったことがあったが、篤太郎はそれらの標本を検討して *Asarum fudsinoi* T. Ito（フジノカンアオイ）（口絵16）という彼に因んだ学名と和名をつけて、新種として記載した。藤野寄命については、篤太郎が後に「染井吉野櫻と其命名者藤野寄命翁」と題してソメイヨシノの和名の命名者（学名は *Prunus* ×

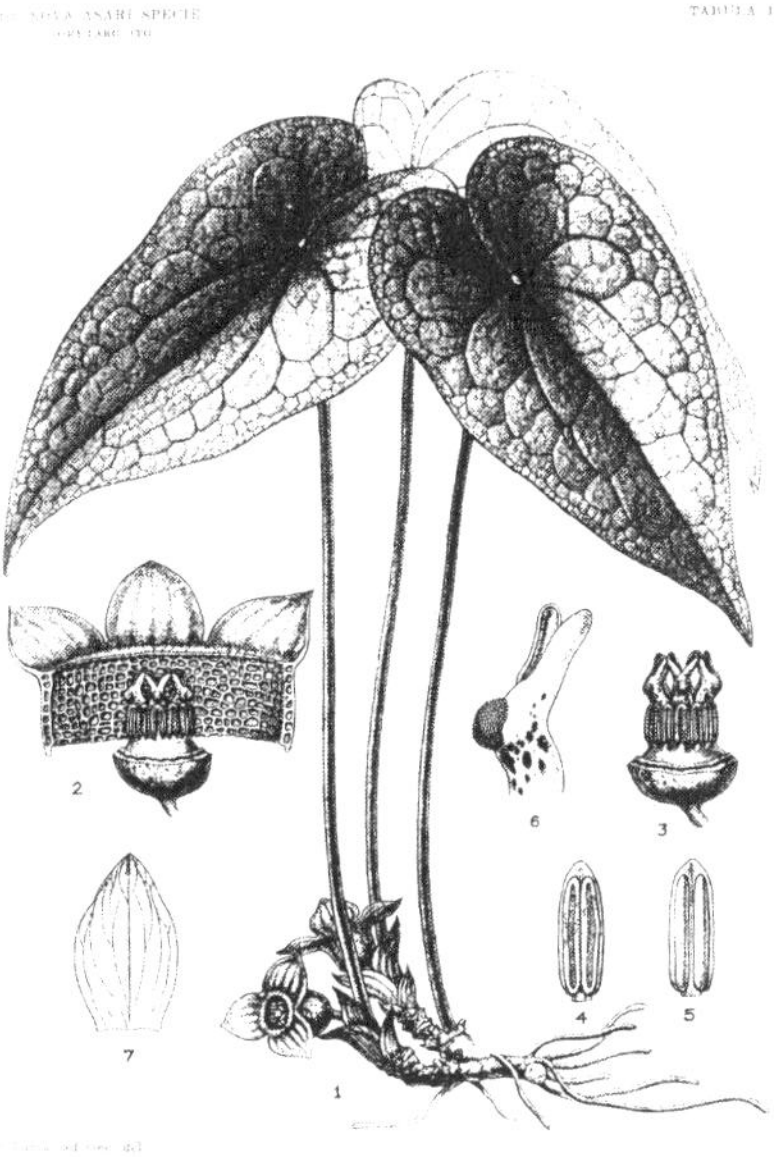

図66　フジノカンアオイ、*Asarum fudsinoi* T. Ito の原図［東北帝國大學理科報告第一巻より］

yedoensis Matsum. で松村任三の命名）であることを紹介している。

この後、篤太郎は仙台の大学で講義をするかたわら、札幌の宮部金吾の教室に通って菌類の研究をしていたと思われるが、[133]大正十四年（一九二五）から昭和三年（一九二八）までは主だった論文は発表しておらず、むしろその後に備えて力を貯めていたようであった。

そしてついに昭和三年（一九二八）、東北帝国大学を講師の身分のまま定年退官することになった。年は六十三歳になっていた。

オオバカンアオイの学名とその命名者について

そもそも独特のつぼ形の花が特徴的なウマノスズクサ科のカンアオイの類について、篤太郎は若い頃より関心があり、奄美大島と徳之島に自生するカンアオイの一種であるオオバカンアオイ（口絵40）に対して *Asarum lutchuense* T. Ito との学名を冠したことがあった。ただし、学名の正式の発表は行われなかった。その後、名称のみ明治四十五年（一九一二）発行の松村任三編の『帝國植物名鑑』下巻後編に[183]裸名（*nomen nudum*）として載った。

そして昭和十六年（一九四一）六月になって、やっと小泉源一により *Asarum lutchuense* T. Ito ex Koidz.（オオバカンアオイ）として正式に記載されたのである。[184]

その後から最近まで、この学名と命名者名が一般的だったため、著者は拙稿[13]や本書の旧版に掲載した「篤太郎が学名を付けた植物」の一覧表の中に、オオバカンアオイを *Asarum lutchuense* T. Ito ex Koidz. として、その一員にラインアップしたのであった。

ところが平成二十三年（二〇一一）になり、池田 博 氏ら[185]により重要な指摘がなされた。小泉の発表よりわずか一カ月前の昭和十六年（一九四一）五月に、本田正次[186]は *Asarum lutchuense* T. Ito を *Heterotropa lutchuensis*（T.Ito）Honda との名の下に属の組み替えを行っていたという。となると、本田が組み替えを行った時点では、小泉の発表の一カ月前であり、*Asarum lutchuense* はまだ正式名称ではなかったため、*Asarum lutchuense* T. Ito は基礎異名とはなり得ず、従って *Heterotropa lutchuensis* の命名者は本田になるとのことである。

以上により、オオバカンアオイの学名とその命名者については、*Heterotropa* 属のもとで扱う場合は *Heterotropa lutchuensis* Honda と、また *Asarum* 属のもとで扱う場合は *Asarum lutchuense*（Honda）Koidz. としなければならず、いずれにしてもオオバカンアオイの学名の命名者名から T. Ito の文字が消えることになる。

さて、このような命名学的混乱の元凶は、考えてみれば、篤太郎がオオバカンアオイについて、記載を伴った新種としての正式の発表を行わなかったことに尽きると思われる。それならば、学名命名の規約を熟知しているはずの篤太郎がなぜそれを怠ったのであろうか。

もともと篤太郎がこの種のカンアオイを明治二十七年（一八九四）七月に奄美大島にて多数採集したことがあったが、時期が夏だったので、花を付けていなかったとされている。それゆえ、この時点では詳しい分類学的検討は進まなかったようである。その後、藤野寄命が花を付けた標本を送ってくれたので、やっとこの種のカンアオイが未記載種の可能性があると結論できたらしい。そこで、明治二十年（一八八七）九月に奄美大島住用付近で田代安定が採集し、その後東京大学で保存中の ***Asarum* sp.** とラベルされていた標本（No.5）をあらためて見直してみたところ、正しくこの種に違いないと判断したようである。その時なぜか、正式な発表はまだであったにもかかわらず、「*Asarum lutchuense* T. Ito」という自身が考えた新種名および「オホバカンアフヒ」という和名を記入したラベルをこの標本に張り足すという先走り的行為をしてしまったのであった（図67）。

　ところがその後篤太郎は、この種のカンアオイについてのさらなる検討を重ねていくうちに、どうも種としての独立性に疑問を持ちはじめたよ

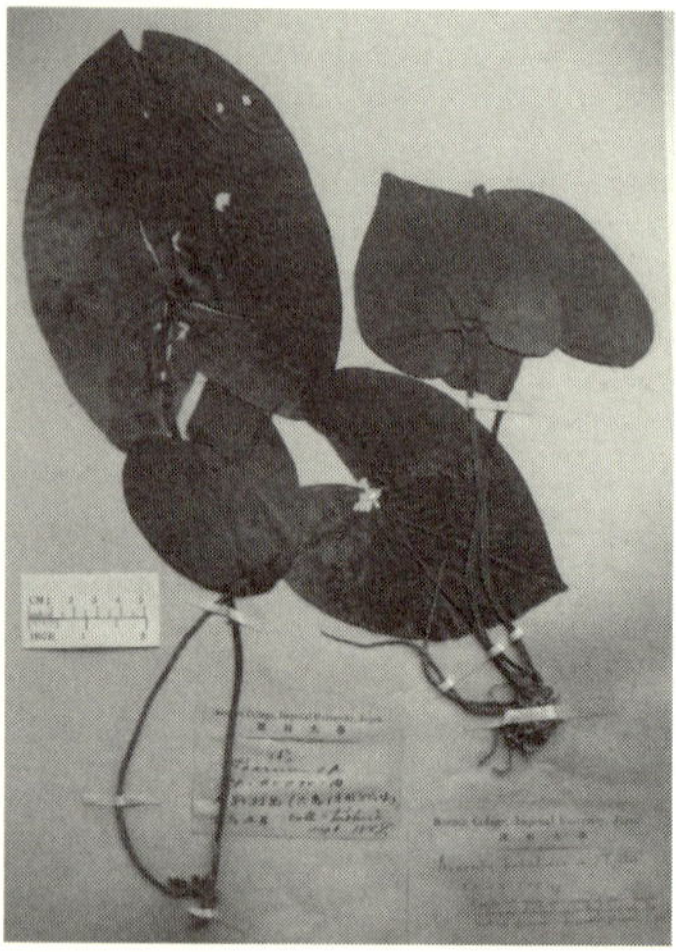

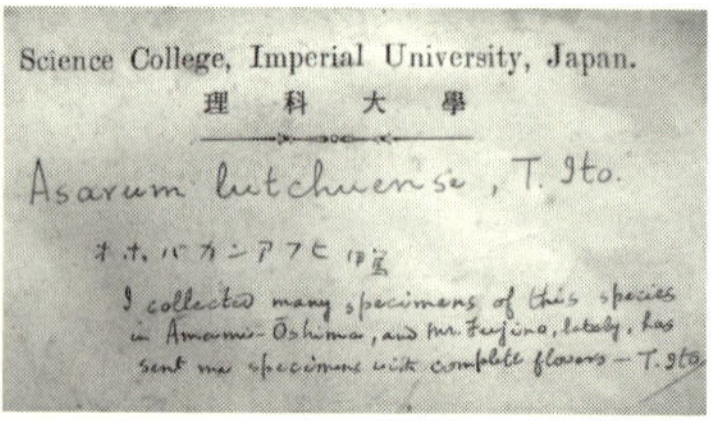

図67　オオバカンアオイ、*Heterotropa lutchuensis* Honda = *Asarum lutchuense* (Honda) Koidz. のレクトタイプ標本（Y. Tashiro no.5）（左）と右下のラベルの拡大像（右）［東京大学総合研究博物館所蔵］右下のラベルには伊藤篤太郎が考えた“*Asarum lutchuense,* T. Ito”という学名ならびに“オホバカンアフヒ”という和名の記入がある。

うであった。台湾などに産し、やはり大形の葉を持ち、暗紫色の花をつける既知種の ***Asarum macranthum*** Hook. f. との間に分類学的な差がみられないと考えたようである。ちなみに、この ***Asarum macranthum*** なる学名の命名者は、篤太郎が英国留学の際に何かとお世話になり、篤太郎が「田舎の素朴な村長のような風貌」だったと表現したあのジョゼフ・フッカーである。

明治四十二年（一九〇九）に出版された『日本百科大辞典』[187] 第二巻の中で、篤太郎が「かんあふひ」の項の執筆を担当しているが、オオバカンアオイについて次のような解説をしている。

（六）「たほばかんあふひ」（新名）〔*A.*（=*Asarum*）*macranthum*〕は奄美大島・琉球・臺灣及支那東部に産す。大形にして、稍々平滑をなし、地下莖も肥大にして匍匐す。葉は大形にして長き柄を具ふ。葉は幅四五寸、廣き心臓形又は戟狀心臓形にして、鈍頂又は稍々鋭頂をなし、下部の二裂片は各々廣き圓形をなす。地に接して多く花を着く。花は直徑二寸ばかり、紫褐色にして、裂片は疎なる波動緣をなす。

というわけで、この頃から篤太郎はオオバカンアオイについて、和名を新たに提唱したものの、新種にあたるものではないとの最終的判断を下してしまったようである。

しかしながら現在、***Asarum macranthum*** についてはホウライアオイという和名も与えられていて、*Asarum lutchuense*（Honda）Koidz. とは別な独立した種として考えられている。

こうして振り返って考えてみると、オオバカンアオイに関しては、篤太郎は正式な発表をする前の先走り的行為をしてしまったり、また独立種とはせずに *Asarum macranthum* の中に含ませてしまったりと何かと失敗続きであったと思われる。といっても、篤太郎は大正十三年(一九二四)になって、カンアオイについての別の新種、フジノカンアオイ *Asarum fudsinoi* T. Ito を正式に発表し、結果的に名誉挽回を果たしたようであった。

画家の佐久間文吾と篤太郎

伊藤圭介に関しては、コンビを組む絵師が何人かいたが、その中で代表的な人物といえば何といっても加藤竹齋であろう。そこで、篤太郎にとっての竹齋にあたる植物画家は誰かというと、佐久間文吾がそれにあたると思われる。

佐久間文吾《さくまぶんご》は慶応四年一月八日(西暦一八六八年二月一日)に福島県で生まれた。明治十五年頃より洋画家の本多錦吉郎《きんきちろう》の塾で洋画を学び、その後、不同舎で小山正太郎の教えを受けた(188)。文吾の代表作といわれるものの中に、「和氣清麿奏神教圖《わけのきよまろそうしんきょうず》」がある。明治二十三年(一八九〇)作ということで、文吾が二十三歳というまだ若き頃の作品である。和氣清麿とは奈良朝末期から平安朝初期にかけての延臣であり、道鏡の得た(自分に帝位を譲るべし)という神託に対して、これを確かめるべく宇佐八幡宮に行き、そこで得た神託について、その内容(帝位を道鏡に譲るべきではない）を称徳天皇（＝考謙天皇、女帝、道鏡を寵愛した）に奏上する場面を描いたものである。いわゆる宇佐八幡宮神托事件を題材にした歴史画であるが、心中で死をも覚悟しつつ奏上の言葉を告げる忠臣の心理状態を見事に捉え、緊張感とすさまじい程の迫力をもって鑑賞する者の心を鷲づかみにした本作品は「明治中期の最高水準の一作」と評されている。また同時に、描かれた和氣清麿の顔の肌や髪の毛、衣装の細かな折り目や皺、磨き上げられた木の床には油彩画の細密的な写実技法が用いられていて、文吾の高い技量を示している作品と考えられている。[188]

文吾は明治二十八年（一八九五）年に創刊された日本初の総合雑誌である『太陽』の創刊号の表紙を描いた画家としても知られているが、彼の高い写実技法は植物画などの生物画を描く際に遺憾無く発揮され、この頃から教科書等の挿絵を多く描いていた。

その才能を大いに認めていた一人に篤太郎がいた。そして、自分が記載する植物の画を描いてほしいと依頼したのであった。

篤太郎と文吾との共同作業としてまず評価されているのは『大日本植物図彙』ではないかと思われる。明治四十四年（一九一一）に第一巻第一輯が出版され、以後第一巻第五輯まで順調に世に出ていたのだが、十年余の間をあけて大正十三年（一九二四）に出版された第一巻第六輯を最後に突然終わってしまった図譜である。この図譜は篤太郎が解説文を書き、文吾、N. Kawamura および T. Nishikawa の三氏が画を主に担当し、一部、篤太郎と川上瀧弥が作図を手伝ったとされている。描かれた十九種二十四の図版のうち、「ふっきさう」、「くさぼけ」、「るりさう」および「くろばなうまのみつば」の四つの図は文吾が描いたものである。

彩色図の色彩の美しさ、精密さの評判は高く、植物画家としての文吾の名はこれをもって世に鳴り響いたと思われる。東北帝国大学で篤太郎の後任になった木村有香も中学生の頃にこの植物画を目にして心を引かれたという。

特に第一巻第六輯[159]に載っている「くろばなうまのみつば」の図（口絵39）は岩手県の姫神山にて採集されたものを材料にしていて、仙台の地で描かれたものである。この図は文吾がこのシリーズの図譜で描いた中でも特に秀逸と思われるもので、植物画としての美に加えて高い芸術性を感ずる程である。

篤太郎は大正十年（一九二一）十月に東北帝国大学理科大学生物学科の講師に就任した。そしてその後、先に述べたように、就任の条件としていたという文吾の仙台への呼び寄せを実行した。

大正十二年（一九二三）八月に生物学科の専任の絵師として着任した文吾は昭和四年（一九二九）三月まで勤め上げた。つまり、篤太郎の退職後一年間も仙台にいたことになる。

篤太郎は大正十三年（一九二四）に創刊したばかりの東北帝國大學理科報告 Fourth series（生物學）第一巻に「南日本産カンアオイ属の新種」と題した論文を発表した[182]。この中で、新種フジノカンアオイ（*Asarum fudsinoi* T. Ito）の原図（図66）を描いたのが文吾である。臘葉から書き起こしたというこの図は、精密さと美しさを兼ね備えた植物画という印象を受け、篤太郎が文吾をわざわざ仙台に呼び寄せたというのもうなずける程である。

またこの頃、東北地方では「なめこ」と称した食菌が盛んに出回っていた。篤太郎は大正十三年（一九二四）から十四年（一九二五）にかけ、福島県や宮城県産のこの食菌を調べ、未記載種であることをつきとめた。そこで、文吾に成菌と幼菌の図を描いてもらい、これを新種ナメコ（*Collybia nameko* T. Ito）の記載論文[189]の原図のもとにした（口絵37）。

文吾が顕花植物ばかりではなく、菌類のような隠花植物も得意にしていたことが窺える図である。

もちろん、文吾は生物学科の生物画担当の画家であったから、篤太郎以外とでも教室の研究者とコンビを組み仕事をした。ウィーン大学より招いていたモーリッシュ教授との間では、東北帝國大學理科報告に掲載された氏の論文「日本植物調査I〜IX」に挿入された図版を描いている。[190]

また、モーリッシュ本人の肖像画も描いていて、その画は現在も東北大学理学部生物学科の講義室の後ろの壁に掲げられている。横に並んで飾られている畑井新喜司の肖像画（伊原宇三郎画）とともに、背部から学生達を見守っているが、モーリッシュの方の目は眼光鋭く、肖像画における文吾の迫力ある筆勢が怖い程である。

篤太郎の後任である木村有香が着任間もない頃、研究の合間に文吾の部屋に油を売りに行くと、自分が描いている植物画についての話をしてくれることがあったという。「花の色に関しては白は一寸苦心するが、他の色は大したことはない。厄介なのは葉の緑で、特に濃緑色で光沢のある葉はむつかしい。これがうまく表現できるようになれば、植物の画家として一人前である」と語っていた。また文吾が植物の水彩画を描いている所をつぶさに観察してみると、色をベッタリ塗るのではなく、点描式にやや淡い点の色を重ねるようにしてゆっくり入念に書いていくようであったという。[178]

文吾はその後、台北帝国大学理農学部に嘱託（研究補助）として移り、多くの生物画に彼の筆跡を残して、昭和十五年（一九四〇）に死去した。

第6章　晩年の篤太郎

菌学者としての篤太郎とナメコの学名の命名

東北帝国大学講師時代に研究した菌学の成果をいよいよ発表する時が来た。

篤太郎といえば本分は確かに植物学者であるが、先に述べたように昆虫学者としても業績を残していたし、昆虫以外の動物学やカビやキノコを扱った菌学にも造詣が深かったのである。

そもそも、篤太郎の名前が最初に学名につけられた生物は、実は植物ではなく、ツルドクダミの葉に寄生する菌類であったことは前述したごとくである。

昭和四年（一九二九）から五年（一九三〇）にかけて五回にわたるシリーズで、植物學雑誌に「Symbolae ad mycologiam Japonicam（日本菌學への寄与）I～V」と題して、本邦、千島、樺太、台湾産の *Aleurodiscus, Peniophora, Corticium, Gloeocystidium, Asterostroma, Asterostromella, Hymenochaete* といったコウヤクタケ、カワタケ、タバコウロコタケなどの仲間の菌、計五十一種を記載した。[191～195] これらは菌体が膜質、革質、木質で、倒木や枯枝にその和名のごとく膏薬《こうやく》や鱗のような外見で付着し、茎がないかあるいは目立たない、およそキノコらしくないキノコ達である。また、食用にならないものがほとんどで、木材腐朽菌としての意義が大きい菌群である。

この中で五種については、帰属の変更を行うことによる学名の新しい組み合わせを発表した。しかしながら、これらの菌群は形態的に単純なものが多いために、分類は容易ではなく、分類体系自体これまで混沌としていた。そして、多くの属が設けられては消え、消えては設けられて、安定しているものは少ないという。こういった経緯があり、これら五種のうち *Gloeocystidium chrysocreas*（Berk. et Curtis）T. Ito（コガネネマリコウヤクダケ、コガネネバリコウヤクタケ、コガネコウヤクタケ）、*Gloeocystidium abeuns*（Burt）T. Ito（ナメシネマリコウヤクダケ、ナメシコウヤクタケ）、*Asterostromella epigaea*（Lloyd）T. Ito（ツチコウヤクタケモドキ、ツチウロコタケ）および *Hymenochaete lirata*（Lloyd）T. Ito（シブオオウロコダケ、シブウロコタケ）の四種は、現在ではさらに別種に移されて異名扱いとなっているが、*Hymenochaete intricata*（Lloyd）T. Ito（ミヤベオオウロコダケ）（図68）だけは学名は篤太郎が組み替えたものが、また和名も篤太郎が名付けた名称が汎用されている。この菌は、Lloyd[196] により一九二二年に *Stereum*（or *Hymenochaete*）*intricatum* Lloyd という新種として発表されたものだが、この *Stereum*（or *Hymenochaete*）という曖昧な属名の提唱の仕方が学名の命名規約に抵触するためか、篤太

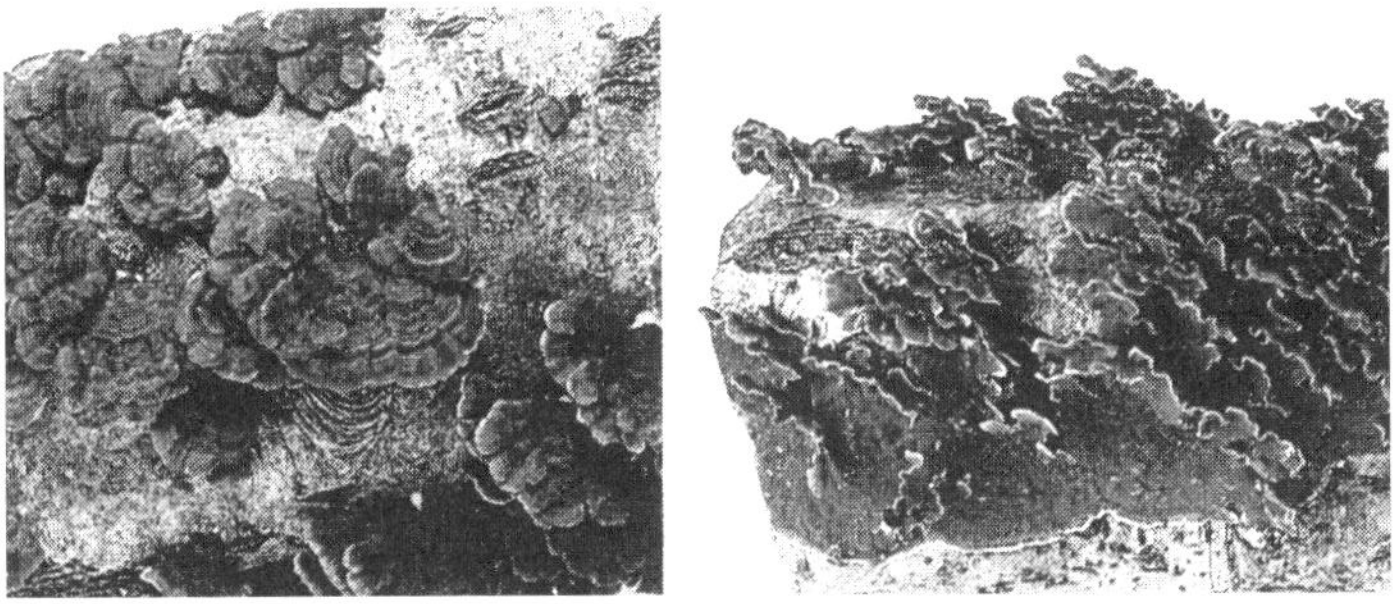

図68　ミヤベオオウロコダケ、*Hymenochaete intricata*（Lloyd）T. Ito
［『原色日本新菌類図鑑（II）』保育社（1989）より］

郎[194]は正式に ***Hymenochaete*** 属に移し、新しい組み合わせの学名を提唱した。なお、和名のミヤベオオウロコダケ（注：ミヤベオオウロコタケと呼称することが多い）の名前は北海道帝国大学の宮部金吾教授への献名である。また、この他にもこのシリーズでは、属より下で種より上の単位の節（section）に新しいものを提唱したり、和名にも新名称を提唱したりした。

なお、このシリーズは篤太郎最後の大作との評価もあるが、大作というよりは労作という表現がぴったりする論文であった。そもそも一般に、論文の評価についてはいろいろな考え方があるが、その指標の一つに「引用回数」がある。後世の研究者によって書かれた論文や著作で、当の論文が何回引用されたかをカウントして、その当の論文の評価とするものである。そして、むしろ小作であったが、後の世においていろいろと論議のもとになり、篤太郎の論文や著作の中では、トガクシソウ関係以外のものでは、引用回数としてはおそらく一番であろうと思われる論文が、次に述べるナメコの学名の命名に関するものである。

篤太郎は昭和四年（一九二九）、帝國學士院紀事に「***Collybia nameko*, sp. nov.: a new edible fungus of Japan**（新種 *Collybia nameko*：日本の新食菌）」と題したナメコ（口絵18）の新種に関する論文を発表した[189]（図69、口絵37）。当時より東北地方では「なめこ」と称した食菌が盛んに出回っていた。篤太郎はこの食菌に注目して未記載であったことをつきとめ、基準標本を作製し、またその形態学的特徴をラテン語で記載し、さらに成菌と幼菌の図を添えて新種として報告した。

この論文が発表された四年後の昭和八年（一九三三）に、伊藤誠哉《せいや》（篤太郎と血縁関係はない）

と今井三子《さんし》はこれを *Pholiota* 属に移し、*Pholiota nameko*（T. Ito）S. Ito et Imai ex Imai という新しい組み合わせの学名を提唱した。[197]

ところがその後、川村清一は篤太郎の原記載において、その胞子が白色としている点に注目し、本来のナメコであれば胞子は褐色を帯びているはずで、色がついていないのは実はエノキタケ

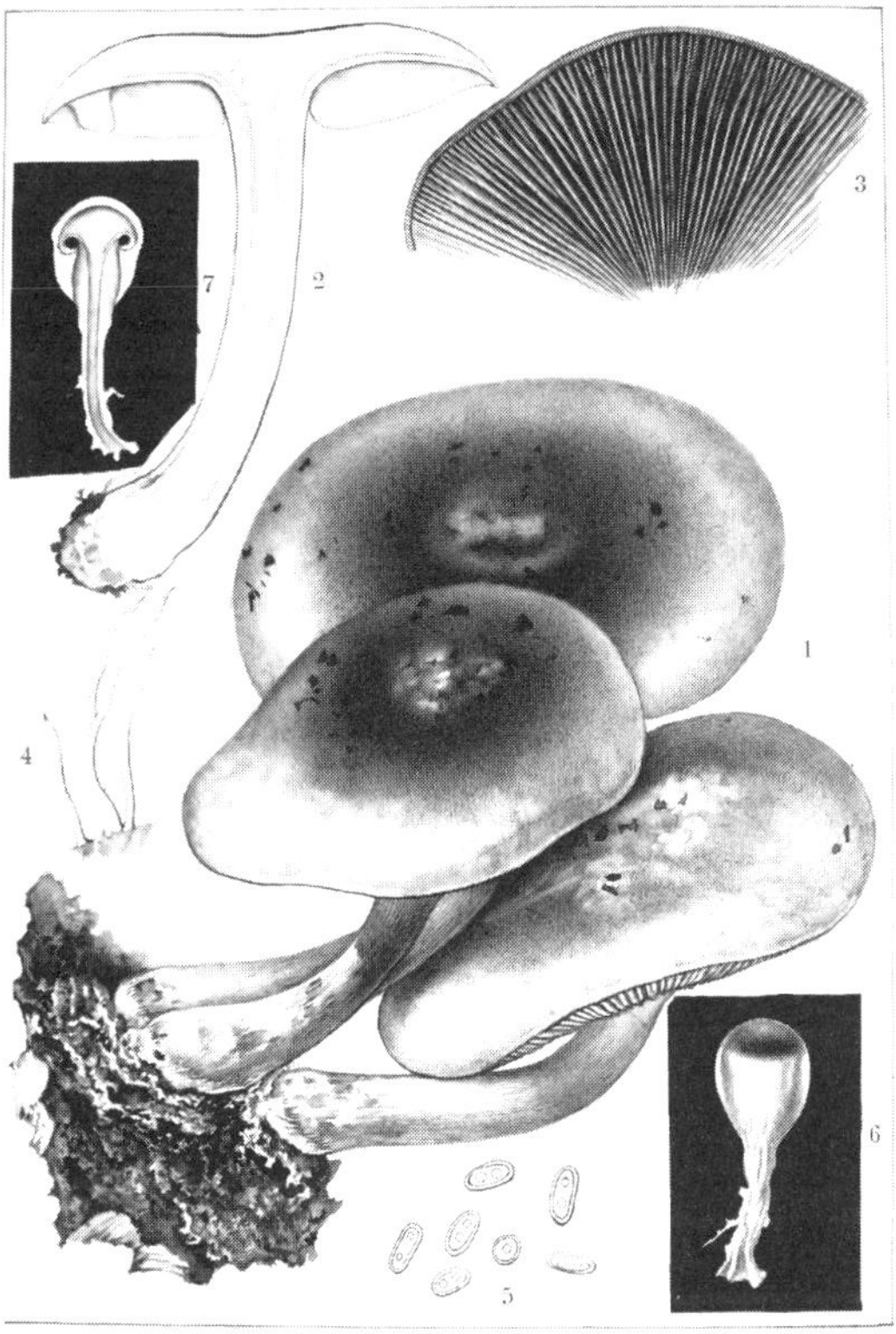

図69　ナメコ、*Collybia nameko* T. Ito［=*Pholiota nameko*（T. Ito）S. Ito et Imai ex Imai］の原図［神奈川県立生命の星・地球博物館所蔵］

ではないのかと疑った。そこで、東北帝国大学植物学教室に当時保存してあった基準標本（注：乾燥標本ではなく、液浸標本と言われる）を調べたところ、やはりエノキタケ［*Collybia velutipes*（Curtis）Fr.］であったとし、*Collybia nameko* あるいは *Pholiota nameko* の学名は無効とし、ナメコに対して *Pholiota glutinosa* Kawam. という学名を昭和二十九年（一九五四）に新たに提唱した[198]。ただし、この提唱学名は一九三五年以降の命名としてはラテン語記載を伴っていなかったため、『国際藻類・菌類・植物命名規約（メルボルン規約）二〇一二 日本語版』[84]の第三十九―一条に違反することになり、無効となるのであった。

その後、今関と本郷[199]は篤太郎の論文中の原図に注目し、「これはたしかにナメコを画いたものであるから」として、川村の提唱した学名はそもそも無効であるとし、*Pholiota nameko* なる学名を正当とした。

この *Pholiota nameko* がナメコの学名として、最近に至るまで定着していたのが実情である。

一方、平成十八年（二〇〇六）になり、根田 仁氏[200]は「ナメコの学名」と題して日本菌学会第五十回記念大会で次のように口演発表した。

「伊藤篤太郎の原記載によると、*Collybia nameko* は〈白色の胞子を有し、*Collybia velutipes*（エノキタケ）に近縁〉とナメコではないと判断できるが、〈柄は無毛、胞子には一、二個の油滴がある。主にブナに生える〉などのナメコをさす記載もある。*Collybia nameko* の原記載の図では、多量の粘液に被われたナメコと思われる幼菌が描かれ、胞子の図もナメコの胞子に見える。成菌の図の柄の根もとに毛が描かれているが、全体に無毛であるためナメコに見える。*Collybia nameko* の基準標本は、川村清一がエノキタケと同定し、その特徴を記録したが、現在は所在が不明である。以上のことから *Collybia nameko* はナメコとエノキタケのいずれを記載したものか判断できない。」と結論を見送り、さらなる検討が必要とした。さらに根田氏は「東北大学に保存してあった基準標本が液浸標本であったため、保存しにくく、破損あるいは廃棄してしまったのではないか」と口演中に推論を述べた。また「当時、東北地方では、地方名あるいは土着名としてエノキタケをナメコと呼ぶ地方もあったようであり、このようなことも混乱に拍車をかけていたかも知れない」とコメントした。もっとも篤太郎はエノキタケ（*Collybia velutipes*）のことは十分承知していて、両者の形態と宿主の違いを彼の論文の中で鑑別して述べているのだが。

ある分類群に懐疑がある場合、基準標本あるいはそれに準ずる標本にあたって調べるのが常道だが、それらがない場合、図解、記載文あるいは写真が判断材料となる。そこで、その口演の翌々年の平成二十年（二〇〇八）になり、Neda[201]は篤太郎の論文の中の原図をlectotypeと定め、この原図と *Collybia velutipes* の原記載との比較を詳細に行った。その結果、篤太郎の原図に描かれていた菌は正しくナメコと結論し、今井[197]や今関と本郷[199]の説に賛同した。

さらに、Neda[201]は *Pholiota* 属の中でも *Pholiota nameko* と一番類似しているといわれている *Pholiota microspora*（Berk.）Sacc.（= *Agaricus microsporus* Berk.）について、*Pholiota nameko* と

の異同を調べた。*Pholiota microspora* はそもそもヒマラヤで採集されたものについて、一八五〇年にバークレイ（M. J. Berkeley）によって *Agaricus* の新種として発表されたものであるが、一八八七年になってサッカルド（P. A. Saccardo）により *Pholiota* 属に移された経緯がある。ただし、サッカルドの記載はあまりにも簡潔であったため、Neda[201]は *Agaricus microsporus* の基準標本を英国キュー王立植物園より取り寄せ、この基準標本と *Pholiota nameko* との比較検討を行った。その結果、*Agaricus microsporus* の傘の色が辺縁に向かって土気色の色調を帯びている以外は *Pholiota nameko* との間に差が見られないとして、命名の優先権の関係から *Pholiota nameko* を *Pholiota microspora* の異名と結論づけた。ただ、両者は形態観察のみで比較されたもので、ＤＮＡ情報を用いた系統的比較は行われていない。

折原貴道氏（名古屋大学博物館・伊藤篤太郎生誕１５０年講演会で平成二十八年二月十三日に講演）によると、ヒマラヤ産の *Pholiota microspora* と日本産の *Pholiota nameko* の地理的な隔離分布の状況を考えると、両者は分子レベルで完全に一致しない可能性があるという。もしそうなれば、種あるいは亜種のレベルで *Pholiota nameko* の学名が復活するかもしれないと指摘している。

さらに、両者が完全に同一であったとしても、長年親しまれた学名ということで、*Pholiota nameko* が保存名（保留名、nomen conservandum）として命名規約上の先取権の例外として残る可能性があるという。

というわけで、篤太郎が昭和四年（一九二九）に発表したナメコの学名の命名に関する論文は、今後も何かと話題に上るものと思われる。

また、篤太郎は昭和六年（一九三一）、植物研究雑誌に「Notes on Japanese fungi（日本菌類雑録）」と題して、大型の白色の傘が特徴的なキノコの *Paxillus giganteus* Fr. = *Leucopaxillus giganteus* (Fr.) Sing.（オオイチョウダケ）を記載した。[202] この和名は篤太郎による新しい名称である。なお、このキノコは篤太郎の長男の圭彦が昭和四年（一九二九）十月に神奈川県本郷村（現横浜市戸塚区）にて採集したもので、そのことを記録するために篤太郎がわざわざこの論文を書いた気がしないでもない。

さてここで、伊藤篤太郎の名が学名に付く植物、および篤太郎の名が学名に付く菌類とアリ類をそれぞれ表3、4にまとめてみることにする。さらに、篤太郎が学名を付けた植物、および篤太郎が学名を付けた菌類とアリ類をそれぞれ表5、6に一覧してみたい。

表3　伊藤篤太郎の名が学名に付く植物

Burmannia itoana Makino	ルリシャクジョウ（ヒナノシャクジョウ科）
Acer oblongum Wall. ex DC. var. *itoanum* Hayata	クスノハカエデ（ムクロジ科）
Itoa orientalis Hemsl.	イトウノキ（伊藤樹）（ヤナギ科）
Itoa stapfii (Koorders) Sleumer	（ヤナギ科）

表4　伊藤篤太郎の名が学名に付く菌類とアリ類

Phyllosticta tokutaroi Speg.	（菌類）
Camponotus itoi Forel	イトウオオアリ（アリ類）
Proceratium itoi (Forel) Brown	イトウカギバラアリ（アリ類）

表5　伊藤篤太郎が学名を付けた植物

Ranzania japonica (T. Ito ex Maxim.) T. Ito	トガクシソウ（＝トガクシショウマ）（メギ科）
Clematis uncinata Champl.ex Benth. var. *ovatifolia* (T. Ito ex Maxim.) Ohwi ex Tamura	キイセンニンソウ（キンポウゲ科）
Achlys triphylla DC. var. *japonica* (Maxim.) T. Ito	ナンブソウ（メギ科）
Anemone keiskeana T. Ito ex Maxim.	ユキワリイチゲ（キンポウゲ科）
Euonymus lutchuensis T. Ito	リュウキュウマユミ（ニシキギ科）
Camellia lutchuensis T. Ito	ヒメサザンカ（ツバキ科）
Polygala sibirica L.var. *japonica* (Houtt.) T. Ito	ヒメハギ（ヒメハギ科）
Paulownia kawakamii T. Ito	タイワンキリ（キリ科）
Tarenna subsessilis (A. Gray) T. Ito	シマギョクシンカ（アカネ科）
Parnassia foliosa Hook. f. et Thoms. var. *nummularia* (Maxim.) T. Ito	シラヒゲソウ（ウメバチソウ科）
Asarum fudsinoi T. Ito	フジノカンアオイ（ウマノスズクサ科）
Idesia polycarpa Maxim. f. *albobaccata* (T. Ito) H. Hara	シロミイイギリ（ヤナギ科）

表6　伊藤篤太郎が学名を付けた菌類とアリ類

Pholiota nameko (T. Ito) S. Ito et Imai ex Imai = *Pholiota microspora* (Berk.) Sacc.	ナメコ（菌類）
Hymenochaete intricata (Lloyd) T. Ito	ミヤベオオウロコダケ（菌類）
Pyramica japonica (Ito) Bolton	ヤマトウロコアリ（アリ類）
Camponotus nawai Ito (=*Camponotus fallax* Nyl. var. *nawai* Ito)	ナワヨツボシオオアリ（アリ類）
Paratrechina sakurae (Ito) Emery	サクラアリ（アリ類）
Crematogaster nawai Ito (=*Crematogaster auberti* Emery var. *nawai* Ito)	ツヤシリアゲアリ（＝ナワコシボソアリ）（アリ類）

海藻に興味があった篤太郎

篤太郎はさらに藻類、なかでも海藻に関してかなりの興味を示していたことが、国立科学博物館で藻類の研究をしている北山太樹氏[114, 203〜205]による最近の調査で明らかとなった。

篤太郎がいつから海藻に関して興味を持ったかは明らかではないが、明治十二年（一八七九）十月十日に圭介のお供として、横浜に停泊中であったスウェーデンの北氷洋航海探険船ヴェガ号を訪ね、ウプサラ大学のキェルマン（キゼルマン）と会ったことは第1章で触れた通りである。

このキェルマンについては篤太郎の目には植物学者としてしか写らなかったようではあるが、実のところ顕花植物のみならず藻類にも造詣が深かったである。それも超一流の海藻学者だったのである。現在でもアナアオサ（*Ulva pertusa* Kjellman）やアサクサノリ（*Porphyra tenera* Kjellman）といった我々にも馴染みの深い種をはじめ、三十数種類の日本産海藻についての学名の命名者としてその名が残されている。[206] もしかすると、ヴェガ号の船の上で、篤太郎はシオガマギクの一種とユキワリソウの一種といった顕花植物の標本だけではなく、何かしらの海藻の標本を見せてもらったかもしれないが、この時は興味の対象が顕花植物だけであったのであろうか、先の篤太郎の投稿文には海藻のことは触れられていない。

篤太郎は明治二十七年（一八九四）から二十九年（一八九六）まで鹿児島の高等中学校造士館

で植物、動物、英語およびラテン語の教師をしていたことがある。この赴任期間の最後の年の四月に、帝国大学動物学教授である箕作佳吉《みつくりかきち》が鹿児島に来た際に同行し、海産動物の採集を手伝ったとされている。この時、篤太郎は造士館の学習教材用にと、三十品の海藻を採集している[111]。また、鹿児島から名古屋に戻った翌年の明治三十年（一八九七）に、今度は淡水藻であるアミミドロ［***Hydrodictyon reticulatum***（L.）Lagerheim］を名古屋にて採集しており、その標本が国立科学博物館植物研究部に残っている。

もっとも篤太郎が藻類の採集をしはじめた明治二十年代の後半といえば、本邦における藻類の研究は少しずつ手が付けられはじめたばかりの頃であったから、その詳しい同定には困難を伴っていたことと思われる。そしてなぜか、篤太郎はカサノリについて特に関心を示していたようである。

カサノリ（口絵41）は直径一センチメートルほどの緑色の円錐状のカサと長さが最大一〇センチメートルになる白い柄を持つ巨大な単細胞性の緑藻類で、奄美諸島から沖縄本島付近さらには八重山諸島にかけて生育する日本固有種である。

ドイツの隠花植物専門雑誌 **Hedwigia** の一八九九年七～十月号に[207]篤太郎が英語で書いたカサノリについての論文が掲載されている（投稿日は同年四月十六日となっている）。北山太樹氏[114]によると、十九世紀において海外の雑誌で海藻の論文を発表した日本人といえば、日本最初の海藻学者といわれる岡村金太郎の他には篤太郎くらいしかいないという。また、篤太郎にとっても、藻類に関する論文は生涯においてあまり書いていないため、貴重なものといえる。

　この論文の中で、篤太郎は沖縄本島読谷村で採集された（採集者は未記載）この種の海藻（カサノリ）について調べてみたところ、欧州に分布する既知種の *Acetabularia mediterranea* Lamour. と同定するに至ったとしている。一方、明治三十年（一八九七）に松村任三が同じ読谷村で採集した別の同様の海藻については、同種と一応考えたものの、前述のものとの若干の形態学的差異を指摘している。加えて、篤太郎はこの種に特徴的なカサの構造と機能に関する論述を展開させ、論文を締め括っている。

　篤太郎は論文執筆後もこの松村採集標本のことが余程気になっていたのか、その年の明治三十二年（一八九九）十二月十九日に札幌農学校の宮部金吾教授宛にその同定を依頼した手紙を送っている。[203] 宮部教授は *Acetabularia mediterranea* に間違いないと返信し、さらにこの琉球産の海藻はすでに明治二十六年（一八九三）に岡村金太郎[208]によってすでに報告済みであることを篤太郎に伝えた。

　その後、篤太郎は明治四十二年（一九〇九）に出版された『日本百科大辞典』第二巻に[209]「かさのり」の項を執筆し、その学名として *Acetabularia mediterranea* を用いている。

　ところが昭和七年（一九三二）になって、岡村と山田は琉球産のものは欧州産のものと比べて、カサの上下冠に切れ目があり、そのためカサがバラバラに崩れやすいことや、上冠の毛痕の数が少ないといった特徴を見出して、別種と考えるべきと結論づけ、*Acetabularia ryukyuensis*

Okamura et Yamada ex Okamura という新種名を提唱した[210]。

そして、カサノリの学名はこの岡村と山田が提唱したものが現在に至るまで使われている。遡って、篤太郎が明治の頃に、欧州産の *Acetabularia mediterranea*〔現在でいう *Acetabularia acetabulum*（L.）P. C. Silva〕のタイプ標本を取り寄せたりして、琉球産のものとの比較検討を突っ込んで行っていれば、カサノリの研究史は現在とは違ったものになっていたかもしれない。といっても、カサノリが琉球において採集されたことを最初に報告したのが岡村であったから、新種命名の栄誉を岡村らが得たことは、回り回って元の鞘に収まったということで、ある意味好ましいことなのであろう。

考証家としての篤太郎

昭和七年（一九三二）頃、篤太郎は一時体調を崩し入院生活を送ったようであるが、その後元気を取り戻した[10]。

そして土井氏[133]によると、この前後より祖父譲りの考証家としての篤太郎像が顕在化してきたという。これについて同氏は、東北帝国大学退職後の研究環境の問題から、自身の専門とする植物分類学に邁進することが困難になったため、考証的な論文を書くことに仕事の内容がシフトしたのではないかと推察している。篤太郎は圭介から受け継いだ古今の本草学書、植物学書および動物学書を数多く所持しており、また圭介から古典的な本草学も学んでおり、近代植物学しか学んでこなかった同時代の他の学者達よりも、古い事柄についての造詣が深かったのは事実であった。以前より篤太郎は「伊藤圭介翁と翁に關するシーボルトの遺稿」(211)など、事あるごとに考証的記文を発表していたが、この頃よりこの種の論文の執筆が確かに多くなってきた。

その幾つかを紹介してみよう。

まず、昭和十年(一九三五)には「文政年代に於ける東西文化の偉大なる交換者 Philipp Franz von Siebold」と題して、シーボルトが我が国の科学、文化に与えた功績を総括した。(57)

また、同年の五月一日付で書かれた「水谷豊文先生ノ〈莨若図《はしりどころ》〉ニ題ス」(212)においては、土生《はぶ》玄碩《げんせき》(注：幕府の奥医師で眼病の名医として有名)がシーボルト事件の連座として処罰される有名な一件に、水谷豊文や圭介らが間接的ながら関わっていたことを指摘している。

誠に興味深い話なので、ここに引用してみよう。

水谷豊文先生ノ「莨若図」ニ題ス

水谷豊文先生写生　伊藤圭介先生由来書 莨若図　壹幅

シーボルト氏ガ長崎ヨリ江戸ニ上ルノ途ヲ擁シテ、当時、名古屋本草家水谷助六(注：水谷豊文のこと)先生ガ　門人伊藤圭介及、実兄大河内存真ノ二先生ト共ニ　宮(熱田)駅ニ会見セルニ当リ、美濃国根尾山ノ産莨若ヲ示シテ　ラテン名ヲ質問セルガ、シーボルト氏ハ「ベラドンナ」ト答ヘタリト。其際、シーボルト氏ヨリ贈ラレタル煙草ノ種子ヲ蒔キテ得タル植物ト、莨若トヲ水谷先生ガ自ラ写生シテ　当時ノ紀念ニトテ伊藤圭介先生ニ贈ラレタリ。若シコノ時、水谷先生等ガ此植物ヲ示サザリシナラバ、シーボルト氏ガ後ニ江戸ニ於テ　土生玄碩先生ニ散瞳薬ノ原料タル植物ノ日本ニアルヤ否ヤヲ問ハレタル際、シーボルト氏ハ手帖ヲ出シテ「宮々」ト答フルコトナカリシナラム。

土生玄碩先生ノ『師談録』ニ、「余ハ一奇法ヲ蘭医シーボルトニ得タリ。初メ　シーボルト之ヲ秘シ、敢テ伝エズ。余之ヲ得ント慾シ、萬方請求シテ　後チ之ヲ許ルス。然ルニ薬名蘭語解スベカラズ、由テ問ウテ曰ク、此薬品、日本ニアリヤ否ヤト、シーボルト曰ク、有リ、便チ小冊子ヲ翻シテ曰ク、〈宮〉、〈宮〉、宮ハ尾州ノ地名ナリ。蓋シ彼レ長崎ヨリ江戸ニ至ル路、尾州宮駅ヲ経シトキ、路傍ニコノ植物ヲ見タルカ。余ノ悦ビ甚シク、之ヲ謝スル所以ヲ知ラズ、即チ御賜ノ外套ヲ脱シテ之ヲ与フ（注：玄碩が将軍家からの拝領品である葵の紋服をシーボルトに渡したということの事が原因で、後のシーボルト事件では責任を問われ、玄碩は晩年の大半を刑に服することになる。当時、将軍家紋服は国禁の品であった）。人ヲシテ山野ニ捜探セシム。果シテ採リ得タリ。乃チ法ノ如ク之ヲ製ス。其効、蘭製ニ比シ却テ勝レリ。余ノ罪ヲ得タル唯此一事ニ坐スルナリ。」トアレドモ、今日ヨリ想像スレバ、恐クハ　シーボルト氏ハ〈宮〉ニテ実物ヲ観タルコトヲ告ゲ、水谷先生等ノ中ニ紹介シ、玄碩先生ハ竊カニ水谷先生等ノ助力ニヨリテ　採集シ得タルニハ非ザル無キカ。シカモ、累ノ及バムコトヲ恐レテ　名古屋本草家ノ助力ニヨレルコトヲ秘シタルナラム。

水谷先生等ノコノ一挙ナカリセバ、土生玄碩先生ハ罪ヲ得ルコトモナカリシ代リニ、大正ノ聖代ニ於テ　皇恩ノ枯骨ニ及ブガ如キコト　或ハコレ無カリシナラム。

按ニ右莨菪ハはしりどころニシテ　シーボルト氏ハ当時之ヲヨーロッパ産ノ「ベラドンナ」（別剌敦那、*Atropa Belladonna*）ナリト考定セルモ、其後ロシアノ有名ナル植物学者マキシモヴィッチ氏（C. J. Maximowicz）ハ我国ノはしりどころヲ精細研究シテ、ヨーロッパ産ノ「ベラドンナ」トハ別属別種ノ植物ナリト新定シ、*Scopolia japonica* Maximowicz ノ新学名ヲ命ゼリ。又、莨菪ノ漢名ハ従来、我国ノ本草家ニヨリテ　之ヲはしりどころニ充当セルモ、近来ノ研究ニ拠レバ、寧ロ欧亜両大陸ニ播布セル「ヒヨス」（菲沃斯、*Hyoscyamus niger* L.）ナラムト云エリ。何ヅレモ、茄科ノ草木ナリ。我日本産ノはしりどころハ未ダ支那ニ産スルヲ知ラザルモ　一種 *Scopolia sinensis* Hemsley ト呼ブモノ湖北・四川等、諸省ニアリト云ウ。聊カ茲ニ之ヲ附言シテ　以テ解題トナサムト欲ス。

昭和十年五月一日

七十一齢（註：実際は七十齢）理学博士　伊藤　篤太郎　識

つまり文政九年（一八二六）、シーボルトが江戸参府の折、豊文、圭介および大河内存真らが宮の宿で会見したことがあった。その時、豊文が美濃産のハシリドコロを持参し、シーボルトにラテン名を尋ねたが、シーボルトは「ベラドンナ」と答えたという。そのベラドンナは、当時西洋医学では瞳孔を開かせる作用を持つ、いわゆる散瞳薬の原料植物として知られていた。後年、豊文はこの会見の記念としてハシリドコロの図を書いて圭介に渡し、さらに明治の世になってから圭介がこれに解説文を書き加えたという[二一]。その「和産莨若図」は圭介の遺品として、篤太郎からその孫の伊藤 昭氏に受け継がれたが、その後、昭氏は東山植物園伊藤圭介記念室に寄贈し、現在はここで保管されている（口絵42）。その図に関しての考証的記文ということで、篤太郎が論文の題名を右記のようにしたのであった。

シーボルトは豊文らとの宮の宿での会見により、日本にもベラドンナかあるいはその類似の植物が自生していることを知り、後日江戸において、玄碩から散瞳薬の原料植物が日本にあるかどうかの質問に対して、シーボルトは玄碩に、ハシリドコロを持参した豊文を紹介したのではないかと、篤太郎は推論したのであった。もし豊文がハシリドコロをシーボルトに見せなければ、シーボルトは玄碩に散瞳薬の原料植物が日本にあることを話さなかっただろうし、その結果として、玄碩が秘薬製造法伝授の御礼にと、将軍家からの拝領品である葵の紋服をシーボルトにプレゼントしなくて済んだのではないかと篤太郎は考えたのである。そうなれば当然、玄碩がシーボルト事件の連座として刑に服さなくても済んだことになるのである。また、尾張本草家に罪が及ばぬようにと、ハシリドコロ採集の際に彼らから助力を得たことを玄碩は臥していたようであったと続けている。

さらに、篤太郎は本邦産のハシリドコロとヨーロッパ産のベラドンナの違いについても言及した。

そして、この他にも篤太郎の考証家ぶりを発揮した論文がある。

台湾の動植物を世に示した最初の邦人である栗田萬次郎について、「隠れたる博物學者栗田萬次郎を偲ぶ」[(213)]と題して紹介を行ったことがあった。栗田萬次郎と圭介とは何十年もの間の知友であったので、当然篤太郎も顔見知りであった。多識會のメンバーであったし、錦窠九十賀壽 博物會では「ひめいなだノ説」を寄稿してきたこともあった。

その後、篤太郎は昭和十二年（一九三七）三月四日に東京帝国大学医学部脳研究室において開催された形態学座談会で、「家藏ノ和蘭解體書クルムスノ『ターヘル・アナトミア』ト同書ノ和解ニ就テ」と題した講演を行った。[(214)]この講演日のちょうど百六十六年前の明和八年（一七七一）三月四日、杉田玄白が前野良沢や中川淳庵とともに小塚原刑場で罪人の死体腑分けを実見し、蘭学の解体書に書かれていた解剖図の正確さに感嘆したのであった。後に玄白、良沢、淳庵らはこの解体書を和訳し、安永三年（一七七四）に『解体新書』として刊行するに至ったのである。その記念日に医学部の解剖学の専門家を前にして、圭介から延吉、さらには篤太郎へと伝わった書であるクルムスの『ターヘル・アナトミア』に関する考証を行ったのであった。

圭介の残した資料集の整理

圭介は多くの著作を書いたが、これとは別に膨大な一連の資料集を残している。草部を対象とした『植物圖説雑纂』および、それと一対となる、木部を対象とした『錦窠植物圖説』の二大資料集をはじめ、『錦窠禾本譜《かほんふ》』『錦窠菌譜』『錦窠羊歯譜』『錦窠竹譜』『錦窠蘭譜』『錦窠蟹譜』『錦窠禽譜』『錦窠魚譜』などで、これらは圭介自身をはじめとする多数の博物家・画家の自筆資料、すでに失われた著作あるいは稀本の実物や写し、一枚刷、書簡、広告等々を含んでいて、当初はかなり未整理の状態であったとされている。

これらの資料集は「禁レ出二門外一」として、伊藤家の本家や篤太郎宅において保管されていたものであるが、遺族の好意で、国立国会図書館、名古屋大学図書館および名古屋市東山植物園に移され、近年、『植物圖説雑纂』を中心にした磯野直秀氏の詳細な研究[131]がある。

この磯野氏によると、これらの資料集のうち、『植物圖説雑纂』は圭介自身が幕末の頃より編集に着手し、明治九年（一八七六）には一応製本段階に入ったとさえ言われている。しかしながら、『錦窠植物圖説』とともに『植物圖説雑纂』は資料の量が膨大であり、圭介が晩年になっても完成する見通しは立たなかった。そこで圭介は篤太郎にもこの編纂に参与させ、後日さらに増訂完備の上で刊行するように孫に強く期待していたのであった。

『植物圖説雜纂』冊一の扉には圭介によって、「植物圖説雜纂　伊藤篤太郎ニ與フ　陸續尚増補スベシ　明治十五年六月　伊藤圭介記」と書かれており、増補に関しての篤太郎への期待ぶりが窺える（図70）。

ところが、『植物圖説雜纂』をはじめとしてこれらの資料集は完成した本として発刊されるには至らなかったのであった。

そこで、圭介の並々ならぬ願いを尻目に、これらの資料集の上梓を篤太郎はなぜ行わなかったのかという疑問が残るが、その理由として磯野氏[215]によれば、なによりも資料そのものの量がきわめて膨大であったことによるという。『植物圖説雜纂』は二百五十四冊、『錦窠植物圖説』は百四十四冊、そのほか一連の資料を合わせると計五百八十冊余にもなると

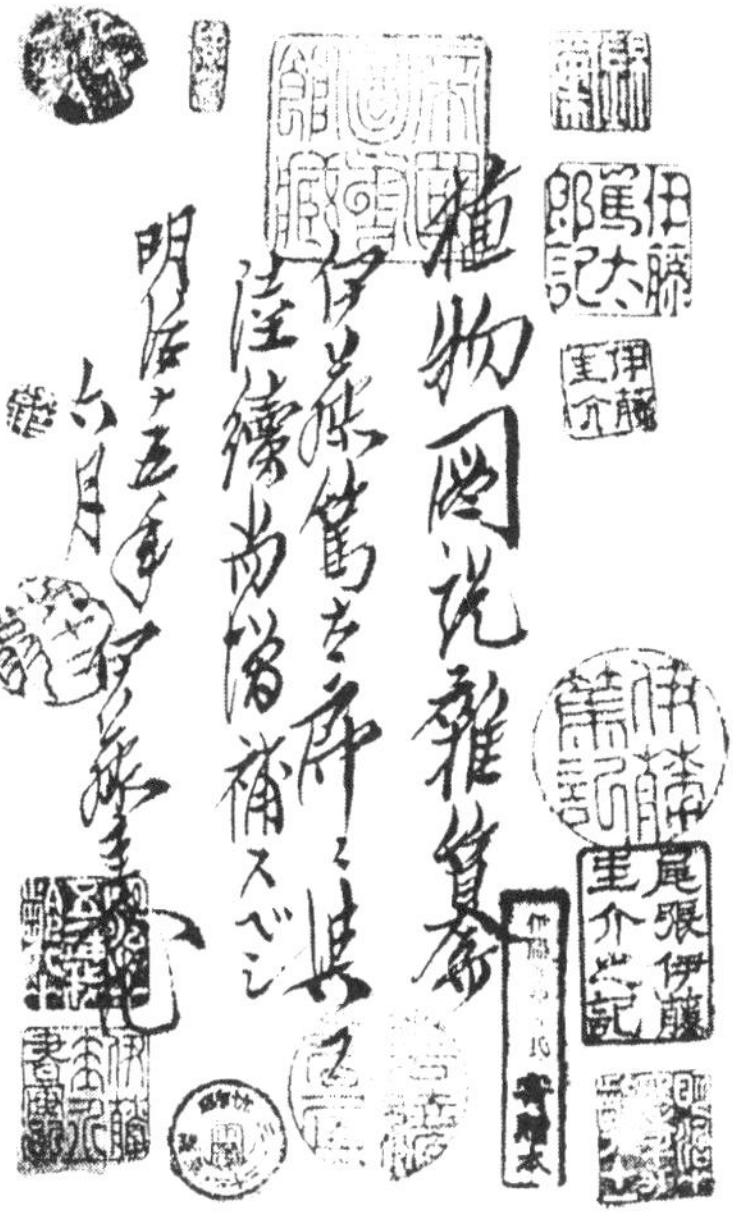

図70　圭介が篤太郎に『植物圖説雜纂』の増補を期待した文［『植物圖説雜纂』冊一の扉表紙］［国立国会図書館所蔵］

いう。これらの膨大な資料集を整理し、かつ増補すべきものは増補し、刊行する直前までもっていくだけでもたいへんな労力が必要である。そしてさらにいざ刊行するとなると、図版が多くて出版費用がかさむこれらの原稿を、採算のとれる形で刊行できる出版社が現れるはずはないのである。そこで自費出版となると、この当時『大日本植物圖彙』という豪華本の自費出版を行っていて、相当の持ち出しがあった篤太郎家にとって、経済的にまず無理であったと思われる。

当時の話として「圭介翁が百歳の賀を催す折に、醵金《きょきん》（注：お金を出し合うこと）して『植物圖説雜纂』を刊行しようとの企てがあって、福沢諭吉が翁のためにその費用を計算したところ、約五万円かかろうとのことであった」とされている。[10] この当時の五万円というと、二〇一六年現在の貨幣価値に換算すると二億五千万円程となり、これでは自費出版は正に絶望的であった。

なお、福沢諭吉の名前がここで突然出てきたが、諭吉は明治十二年（一八七九）に創設された東京学士会院の初代会長であり、創立会員にも選ばれた圭介とは繋がりがあったようで、それで諭吉が圭介のために一役買って出たのかもしれない。

そこで、篤太郎は刊行そのものを諦めて、資料を整理し注記を加えることに専念し、後の世のために利用しやすい形にして残そうと考えたようである。[131, 215] こういった篤太郎の努力により、後世の研究者達が多くの恩恵を受けているとの指摘がある。

といっても、これら『植物圖説雜纂』および『錦窠植物圖説』の増補については、磯野氏[131]によれば、篤太郎は最低限度しかしていないという。また、編集についても然りである。その理由として、篤太郎は圭介を厚く尊敬していたので、圭介が残した本草学書の香りをできるだけそのままの姿にして置きたかったからだという指摘がなされている。明治中期以後の近代植物学の資料を増補するとなると、本草学書とは異質なものになってしまうからであろう。

『植物圖説雜纂』と『錦窠植物圖説』以外の『錦窠禾本譜』をはじめ八つの稿本では、篤太郎は圭介の遺稿の単なる整理に加えて編集も行った。これらの資料集のうち、『錦窠菌譜』、『錦窠羊歯譜』および『錦窠竹譜』は資料が最初から手元にあったためか、圭介が没した翌年の明治三十五年（一九〇二）の夏に篤太郎は早々整備したが、『錦窠禾本譜』や『錦窠蘭譜』ではこれらよりずっと遅れて、昭和十四年（一九三九）になってやっと整理がなされたという。[131] しかしながら、整理や編集が進んだといってもこれらの八つの資料集もやはり本として発刊されることはなく、今日を迎えるに至った。

ところが平成二十一年（二〇〇九）になり状況が一変した。科学書院という出版社から『錦窠魚譜』および『錦窠禽譜』の刊行がなされたのである。次いでその翌々年には『錦窠菌譜』および『錦窠禾本譜』が出版され、また平成二十四年（二〇一二）からは大著『植物圖説雜纂』が順次出版されつつある。[216]

これらの資料集の出版が可能になった理由については、デジタル技術を駆使した技術的進歩によるところが少なくないが、出版社および編集にかかわった関係者の熱意によるところがかなり大きいと思われる。[217]

圭介にとって、これらの資料集を完成した本として上梓することが長年の夢であった。願わくは、篤太郎の手によって成し遂げてもらいたかったかもしれないが、代わりとなる後年の圭介研究者達が圭介のこの夢を実現しつつあり、圭介は草場の陰からさぞ喜んでいることと思われる。

篤太郎家の経済状態は？

篤太郎は生涯で定職に就けたのは、二十五歳から三十一歳までの愛知県尋常中学校と鹿児島高等中学造士館の教諭職の計六年半、および五十七歳から六十三歳までの東北帝国大学理学部講師という研究職の五年半の計十二年間程であった。三十二歳から五十六歳までの二十数年間のうち何年間は二、三の学校の非常勤講師をやったり、何か月間は台湾総督府の植物調査の嘱託をしたりしていたが、基本的に定職には就いていなかった。もちろん、『最新植物學教科書』や『日本百科大辭典』などの原稿料は多少とも入ってきたようだが、額にしては生活費の足しになった程度と思われる。

ところが、後年の野方時代の篤太郎家の経済状態について孫の伊藤 昭氏が語ったところによると、豊かであったと述べられている。[218] それ以前においても、広い庭付きの自宅を有していて、一般家庭と比べると随分裕福な生活を送っていたようである。

これはやはり、父延吉が優秀な医者で経済的に余裕があり、死後もかなりの資産を残していたからと推察される。

篤太郎の後継者は？

篤太郎は七人の子供がいた。

長男の圭彦は明治三十七年（一九〇四）の四月八日生まれである。

篤太郎が藁半紙の裏に生後八十日を超えたこの息子のスケッチ（図71）を描いており、これがなぜか以前鹿児島時代に雑記帳として書いていた「薩陽雑爼」(112)に張り付けられて残っている。

植物分類学者だけあって、普段から植物の描画を描き慣れているせいか、デッサン力は見事で、初めての子供への愛情があふれている。

篤太郎は圭彦を連れて植物などの採集にしばしば出かけたことが、残された標本のラベルの記載から推察できる。

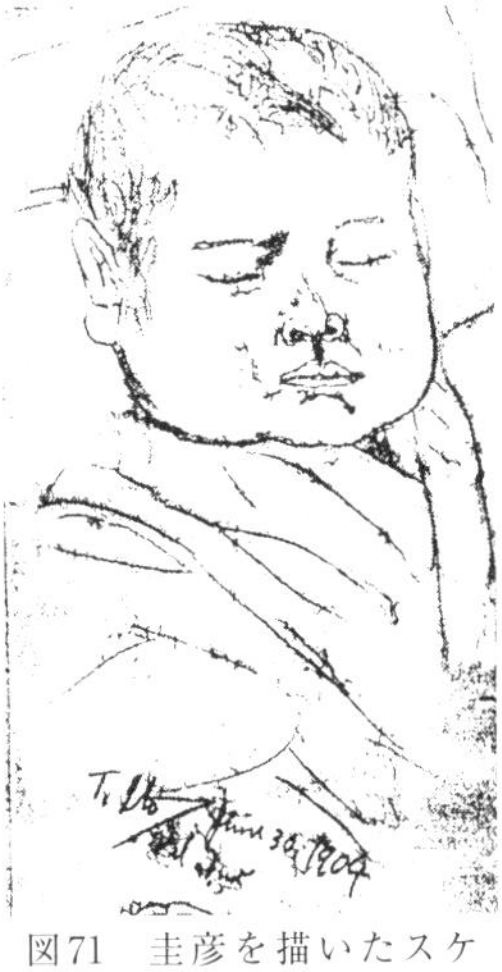

図71　圭彦を描いたスケッチ図［「薩陽雑爼」より］［国立国会図書館所蔵］

篤太郎は大正九年（一九二〇）五月一日、十七歳の圭彦を連れて、東京市外の滝野川から神奈川県藤沢の片瀬海岸に海藻の標本採集に出かけた。緑豊かな江の島を眼の前にして、五月の薫風が肌に心地よく、相模湾の水も温み、採集は大いに捗った。アナアオサ（*Ulva pertusa* Kjellman）やホソバノトサカモドキ（*Callophyllis japonica* Okamura）をはじめ十数品の海藻を得たのであった。(203) 親の篤太郎の目には採集に精を出す息子の姿が眩しく映ったかもしれない。滝野川の自宅に戻ると標本を作製することにした。標本には「伊藤篤太郎所藏腊葉」という特注のラベルに篤太郎の字で伊藤圭彦採集と明記した。これらの標本は現在、国立科学博物館植物研究部に保管されている。

大正十年（一九二一）八月十四日には、当時十八歳の圭彦とさらに十四歳の弟の梅松を連れて、東京郊外の高尾山近くの小仏にてフシグロセンノウとイワタバコを採集している。また仙台に移ってからの大正十二年（一九二三）五月十三日には、当時二十歳の圭彦を連れて、仙台郊外の太白山にてサクラスミレやエイザンスミレ等のスミレを採集したことが記録されている。

昭和四年（一九二九）に圭彦が神奈川県本郷村（現横浜市戸塚区）にて、オオイチョウダケを採集したという記録が父篤太郎によって報告されていることは、前に述べた通りである。息子が菌学に興味を示してくれたことが、篤太郎は余程嬉しかったのであろう。

圭彦は一時、園芸の勉強をしたとされているが、学問としての植物学を研究する道は結局選ばなかった。このことで、長男の圭彦を自分の後継者として期待していた篤太郎と当の圭彦の間で摩擦が絶えなかったという。[218] 圭彦はある時、横浜の伊勢佐木町で花屋を開業し、自ら洋式のフローリストと称して外国人相手の商売を始めたことがあった。これは英語に堪能という圭彦の特技を生かそうという目論見によるものであった。しかしながら、もともと商売に向いている性格ではなかったため、長続きはしなかったという。[218]

圭彦は昭和九年（一九三四）三月二十三日に吉田登志と結婚し、翌々年の昭和十一年（一九三六）一月二十三日には長男の昭が、そしてその次の年の三月二十四日には次男の光彦が誕生した。

ところが圭彦は子供も二人できて、人生これからという時に肉腫に罹患してしまい、激痛と戦いながらも昭和十二年（一九三七）八月二十一日に亡くなってしまった。三十四歳であった。その時の篤太郎の落胆ぶりは目を被うばかりで、何日間も滝野川の自宅内を歩き回っていたとされている。[218]

次男の梅松は明治四十一年（一九〇八）生まれで、北海道帝国大学農学部農学科に入学し、学生として宮部金吾教授の世話にもなったようだが、研究者としての道は選択せず、昭和八年（一九三三）に卒業後、農林省に入省して穀物とくに米関係の仕事に長年従事したという。

ほかの子供達のさくら、篤子といった娘達はもちろん、篤男、篤介、篤といった息子達も植物学の研究とは無関係な世界に巣立っていった。

結局は篤太郎の跡を継ぐ子供達はいなかったのである。

篤太郎は宮部金吾への昭和十一年（一九三六）一月十四日付の書簡の中で、「子女中ニ而斯之後継者無之、祖父以来三代ニ渉リタル動植物学ニ関係之文献・標本等之蒐集物之散逸ヲ恐レ居リ候」と悩みを打ち明けている。(133)

篤太郎は例の破門草事件のこともあり、安定な研究職に長らく就くことができなかった。そのことによる心労は、篤太郎自身はもとより妻の京子や子供達も骨身に沁みていたと思われる。経済的にはさほど困っていなかったとはいえ、家族全体に落とす影は大きいものがあったに違いない。

篤太郎は偉大な祖父圭介の後継者になるということは、小さい頃より宿命的に定められていたので、逃れられなかったのは事実である。ところが、篤太郎の後継者となると、好き好んでその道に進む者は誰もいなかったのであった。

そして、官職に長らく就くことができなかった篤太郎にとって、身内以外の弟子もできにくかったのはしかたがないことであった。

圭彦の死亡の悲しみが覚めやらぬ昭和十二年（一九三七）の十月に、篤太郎一家は長らく住みなれた滝野川から、東京中野の野方に引っ越した。野方は当時東京といってもまだ武蔵野の面影を残す郊外であった。この引っ越しも圭介からの蔵書、稿本、標本、資料などの遺品や自分自身のものを類焼から防ぐためであったと思われる。この頃、滝野川から王子、さらに赤羽にかけては軍関係の工場が集中していたため、時代の要請から労働者が一気に増えてきたという。人家が建て込んできた滝野川から、人家の疎らな郊外への移住であった。

引っ越してから間もなく、まだ二歳になるかならないかの孫の昭氏を乳母車に乗せて、散歩することを篤太郎は日課としていた。引っ越した次の年の春、昭氏〔図72、写真は昭和十四年（一九三九）八月撮影のもの〕をいつものように乳母車に乗せて日課の散歩をしていた時、木立の下草の中に花のつぼみがあるのに気付いた。

ナギイカダ科（旧ユリ科）に属するワニグチソウ（口絵43）であった。

『植物圖説雜纂』冊一一四[53]のワニグチソウの項に、篤太郎が挿入したと思われる「ワニグチサウ考」という短文がある。昭氏に「姥車を押す祖父の姿に、孫への深い思いを感じ受ける」[218]と表現させた文章である。


「ワニグチサウ考」

七十四齢（註：実際は七十三齢）伊藤篤太郎 記

昭和十三年四月二十四日。
全部残トシテ　初孫昭《アキラ》ヲ姥車ニ乗セ　余自ラ引キテ　昨昭和十二年十月滝野川町ヨリ移シ来タル中野町野方町ノ自宅ヲ出デ　江古田ヲ経テ中新井ノ田舎家ノ林地ニ至リ休息ス　林間ニテ「ナルコユリ」ノ一種、「ワニグチサウ」ヲ採集ス
Polygonatum involucratum Maxim. ナリ　花まダ早ケレバ　ステッキニテ根ヲ掘リ　姥車中ニ

投ジテ自宅ノ園中ニ移花ス。……

昭和十五年（一九四〇）の春、四歳になった昭氏に篤太郎は厳しい植物採集の手解きを始めた。早朝から散歩と称し、胴乱を下げ、自宅前の砂利道を中野の江古田、中新井といった何時ものコースから、時には哲学堂まで足をのばして一時間を超えた外出となることがあり、朝食前に帰宅するのを常としていた(219)。

長男の圭彦を亡くし、その下の子供達も自分の跡継ぎにはならないことがはっきりした頃でもあり、孫の昭氏に期待をかけ始めたのである。これは、圭介が孫の自分に期待をかけた昔のことと重なったかもしれない。

昭氏はしばしば発熱をして、「遠くに行き過ぎですよ」と篤太郎は家族に叱られたこともあったとされている(219)。

図72　篤太郎と昭氏［伊藤 昭氏所蔵］　昭和14年8月撮影（篤太郎74歳、昭氏3歳7ヵ月）。

野方の自宅および家族との生活（孫 昭氏の幼き頃の回想から）(218, 219)

野方の自宅について、孫の昭氏が小さい時の記憶を頼りに間取り等を記録しているが、それによると二階建ての広い自宅の居住スペースの南側に軒続きに西洋館があったという。西洋館は後から増築したものとされているが、東の庭側の書斎と西の道路側の図書室兼標本室兼研究室からなっていて、いずれもかなり広いスペースがあった。居住スペースから西洋館に入るには書斎の北側にある入口からであるが、そこには南京錠が二カ所取り付けられていて、篤太郎が外出の際には施錠して、家族にさえ無許可の入室を禁じたという。書斎の入口の対側の奥には英国製と思われる書斎机があり、また部屋の両側には本棚、整理棚が設置されていて、そこにはアリの巣箱が置いてあったとされている。つまり、この頃になっても篤太郎はアリの研究になお情熱が残っていたようである。地球儀、人体骨格図と模型、鹿の頭蓋骨が所々配置され、部屋の中央には仮眠用スプリングベッドが置いてあり、書き物などで夜遅くなった時など、ここで睡眠をとっていたとされている。図書室兼標本室兼研究室へは書斎の西側から入った。この多目的な部屋の西側と南側には数段の図書棚が整備されていて、西側には圭介関係の蔵書・遺品を、南側には篤太郎の蔵書と研究資料をと、両者を明確に区分して整理していたという。部屋の中央には標本棚があり、植物の標本はもちろんのこと、昆虫や鉱物の標本が保管されていた。また、その隣には水道口が二カ所設備され、その脇には金属張りの作業台・流し台が設置されていて、標本作りなどの研究スペースとなっていた。

自宅の玄関は西側のやや北寄りにあった。この自宅の玄関で、ある日、篤太郎はささいな失態を演じてしまったのである。

篤太郎は洋書を丸善から購入していたが、これは季節がなぜか冬に集中していた。どうして冬かというと、買ってきた洋書を着ていたマントの下に隠し持って帰宅できるからである。当時は洋書というとべらぼうに高価で、何冊も買うと妻の京子に文句を言われるからである。ところが冬のある日、帰宅して玄関に入り妻から出迎えを受けていた際、例によってマントの下に隠し持った本が、その日は本が立派過ぎたせいか、あるいは冊数が多過ぎたせいか、重みで足下に落ちてしまったのであった。これを境に妻にこの戦術がばれてしまったことは言うまでもない。

篤太郎は野方の自宅のほかに、軽井沢の千ヶ滝に別荘を持っていた。これはもともと、三男篤男の病気療養を目的に入手したものだったという。夏になると孫の昭氏ら家族を連れて、この別荘に避暑に出かけ、ここを起点に小諸懐古園の千曲川付近や、山荘の庭から千ヶ滝の滝つぼに降りる山道で植物採集を行ったという。この頃、近くの浅間山の火山活動が活発で、噴火の音がたびたび聞こえ、その後まもなくして上空から軽石と灰が屋根や庭に降り落ち、手を触れると余熱があったと昭氏は回想している。篤太郎は焼きりんごが好物だったらしく、白樺の幹で造った山荘のベランダで、甘く煮つめた信州りんごを一人テーブルで食したという。

軽井沢から自宅に帰ると、昭氏は採取した植物を西洋館の祖父の机の上に置いた。そこで早速、篤太郎による押し花の手解きがあり、水で根元の土を落とし、和紙と新聞紙に挟み、木板と木板で押さえて石を乗せたが、時折心配になり、そっと覗きに行ったこともあったという。翌朝乾いた新聞紙に取り替え、前より大きめな石を乗せ、これを何回か繰り返し、見計らって書斎に移し、白い和紙に張り付けたとしている。

また、昭氏は書斎で巣箱のアリに餌を与え、ガラス細工の長い道沿いに巣へこれを運ぶ様子を観察し、この結果を篤太郎に報告すると、その褒美にベッドの下に隠してある駄菓子をもらったという。祖父に可愛がられた思い出は尽きないようである。

篤太郎の死

篤太郎は昭和十五年（一九四〇）九月に発行された『東京帝國大学理學部植物學教室沿革附植物園沿革』に「伊藤圭介翁と小石川植物園」と題した追想記を載せたことがあった(19)。内容に関しては前述したが、これが篤太郎の生前の最後の記文となった。

同年の四月二十日に「櫻の會例會」の席で、「染井吉野櫻と其命名者藤野寄命翁」と題した講演を行い、ソメイヨシノの和名の命名者が藤野寄命ということを述べた。さらに、氏が明治三十九年（一九〇六）十一月十三日および同四十年（一九〇七）一月五日に奄美大島名瀬付近の山中渓谷において採集したカンアオイの一種に対し、篤太郎が大正十三年（一九二四）に新種として ***Asarum fudsinoi***（フジノカンアオイ）と命名したことをこの席で解説した。そして、これらの要旨をまとめた解説論文の発表は昭和十七年（一九四二）四月発行の「櫻」誌上となり[220]、篤太郎の遺稿となってしまった。

　昭和十六年（一九四一）二月二十四日、篤太郎は当時上野公園内東京科学博物館にいた奥山春季へ書簡を送っている。これは、篤太郎が亡くなる一カ月前に書かれたもので、その下書きと思えるものが『植物圖説雜纂』冊一九五[53]に収録されている（図73）。書簡の内容は、すでに篤太郎により科学博物館に寄託してあったトガクシソウの標本についての解説で、『日本百科大辞典』第七巻[52]ではこの標本について「東京上野博物館に保存しある同八年採集の果實を着けたる **Cotype**」となっていたのを、書簡では「叔父謙が明治八年（一八七五）に採集した標本は果柄のみあって果実がないのである」として、以前書かれた辞典中の文章の一部訂正がなされたのである。

　亡くなる少し前まで、篤太郎が気になっていた植物はやはりトガクシソウであった。

　この後、あまり時を置かずして篤太郎は脳内出血にて突然倒れた。

　東京下落合の聖母病院に入院して治療したが、昭和十六年（一九四一）三月二十一日午後四時五分、ついに帰らぬ人となってしまった。

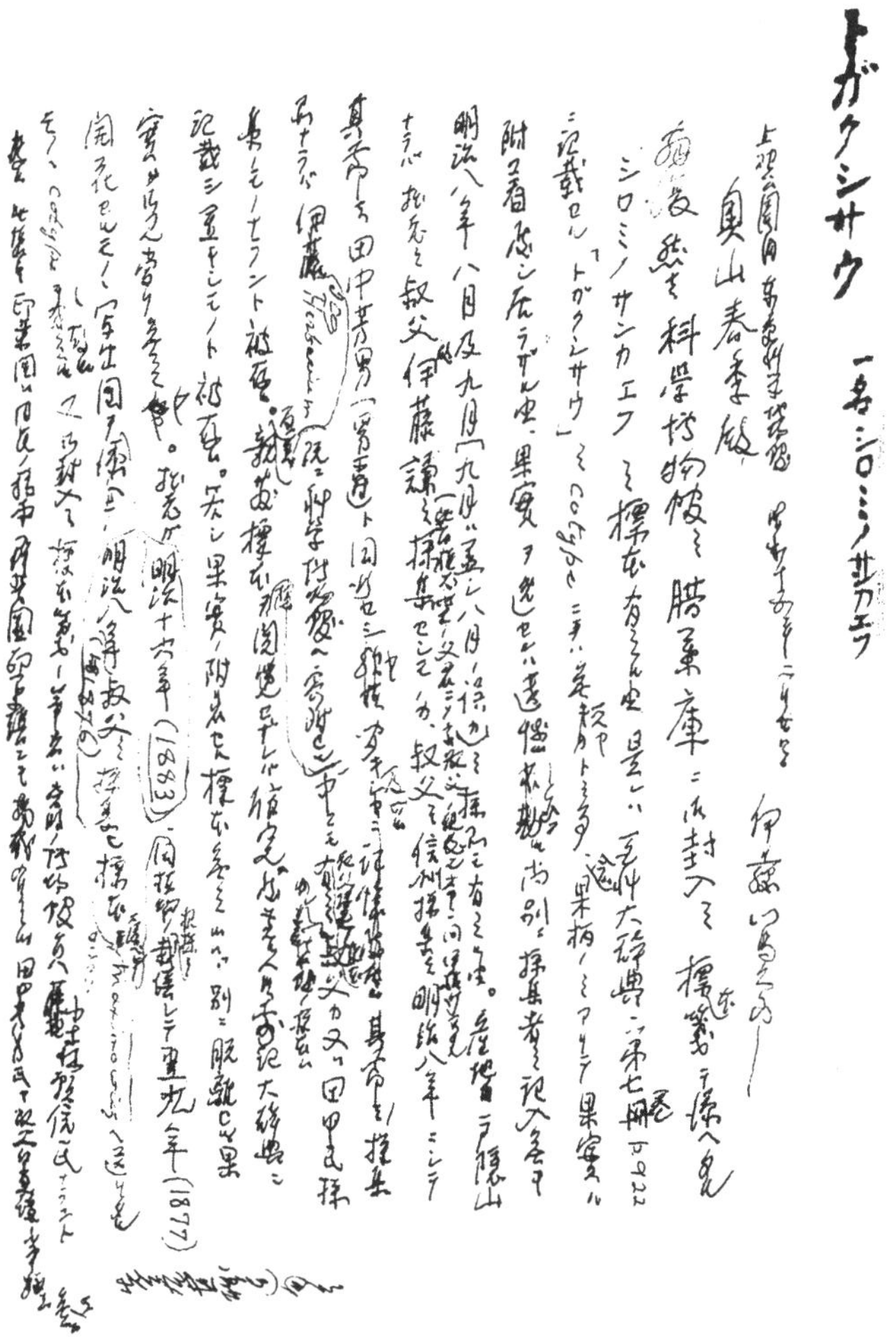

図73　篤太郎から奥山春季への書簡［昭和16年（1941）2月24日付］の下書き［『植物圖説雑纂』冊一九五より］［国立国会図書館所蔵］

七十六歳であった。

三月二十八日に東京青山の青山葬儀所にて葬儀が行われた。遺骨は東京駒込にある都営染井霊園の、父延吉と母小春さらに息子圭彦が眠る墓に埋葬された（図74）。

幾ばくの月日が経過したある日、急に親族の集まりがあった。その際妻京子より、圭介および篤太郎が所蔵していた書物や標本類が一般市場に流失するのを憂いて、国に一括管理をお願いするのはどうかとの相談があった。これには、昆虫学者であり、本草学・博物学史研究家としても知られ、篤太郎と生前親交があった矢野宗幹《むねもと》の助言があったものと思われる。親族には反対者もいたが、京子の決断で蔵書は上野の帝国図書館（現国立国会図書館）へ、また標本類は上野の東京科学博物館（現国立科学博物館）へ寄贈が決まった。野方の自宅前から二台のトラックで、蔵書が上野の図書館に、また別便にて標本類が博物館にそれぞれ運ばれたのを昭氏が鮮明に記憶しているという(219)［磯野氏(131)によると帝国図書館がこれらの蔵書を受け取った事務上の日付は昭和十九年（一九四四）三月二十二日とされている］。

妻京子は、その後昭和三十四年（一九五九）に亡くなった。満年齢で七十七歳であった。

なお現在、蔵書は国立国会図書館の古典籍資料室に全国屈指の本草コレクション「伊藤文庫」として約二千冊が所蔵されており(10)、一方、標本類は筑波にある国立科学博物館植物研究部の標本庫に約三百点が保管されている。

図74　篤太郎墓
（東京都立染井霊園）

追録　篤太郎誕生の地およびその後の住所の移り変わりについて

伊藤篤太郎は慶応元年十一月二十九日（西暦一八六六年一月十五日）に名古屋城の近くの名古屋七間町二丁目十八番地（八十三番戸）に生まれた。

この七間町の家は篤太郎の父、中野延吉が元治二年（一八六五）に伊藤圭介の五女である小春の婿養子として入籍し、分家として独立した際に住みはじめた。そして、ここに「同済堂」という診療所を開き、医師として圭介の家業を継いだ。その後、明治三十七年（一九〇四）十一月に延吉は隠居するが、延吉・小春夫婦は明治三十九年（一九〇六）十二月に東京小石川林町の篤太郎宅に引き取られるまでこの家に住み続けた。

篤太郎はこの七間町の家で幼少時代を過ごし、ある時、東京に移った祖父の圭介の許に預けられて在京生活を送ったこともある。しかしながら、親許離れた東京での生活が馴染めずに名古屋に戻り、小学校や英語学校にこの七間町の家から通っていた。また、成人した後、愛知県尋常中学校の教師をしていた時は、この実家を本拠地として活動し、篤太郎にとって、この七間町の家はまさに「名古屋のふるさと」そのものであった。

この七間町という町は、元々、圭介の父である西山玄道が天明六年（一七八六）に住居を構えた地ともいうが[10]、その玄道の旧居と篤太郎の実家の場所が一致するかどうかは不明である。

その後、玄道は寛政四年（一七九二）に隣町の呉服町に転居したが、圭介はその呉服町一丁目（後に表記が二丁目となり、四番地という地番が付与された）で生まれた。現在でいう中区丸の内三丁目十番十一号付近で、呉服町通り沿いにあたるが、生家は現存しておらず、圭介誕生の地を示す生誕碑のみが建てられている。碑は昭和十四年（一九三九）にまず建てられたが、戦災で焼失し、昭和三十三年（一九五八）に再建された。先代のものが飾り気のないクラシカルなデザインだったのに対し、二代目のものは上部に双葉を象徴した多少モダンなものになっている。

なお、この先代にあたる生誕碑の建立に関するいきさつと碑の除幕式当日の模様については幸田ら[221]による研究が詳しい。

さて、篤太郎の業績は偉大な祖父、圭介と比ぶべくもないが、日本人として初めて植物に学名を与えた学者であり、日本の博物学史や植物学史を通覧する上で無視できない人物であることには間違いない。そして、将来、篤太郎を顕彰する意味での生誕碑といった類の碑が建つ可能性が全くないわけでもないと考えられる。

そこで、仮に生誕碑を建てるとするならば、その場所をどこにするのか、つまり具体的に現在地のどの辺になるのかを一考してみたい。

まず、篤太郎誕生の地、七間町二丁目十八番地の場所の特定が問題となる。昭和四年（一九二九）一月に調査した「名古屋市居住者全図　昭和四年調昭和八年調」[222]（図75）によると、呉服町二丁目四番地の圭介旧宅（当時は宮地清治郎氏所有）から真西の方向に目を移すと七間町通りとぶつかるが、その通りの東側で僅かに北に寄ったあたりが七間町二丁目十八番地となっている（当時は中村氏の住居がその一角に建てられている）。

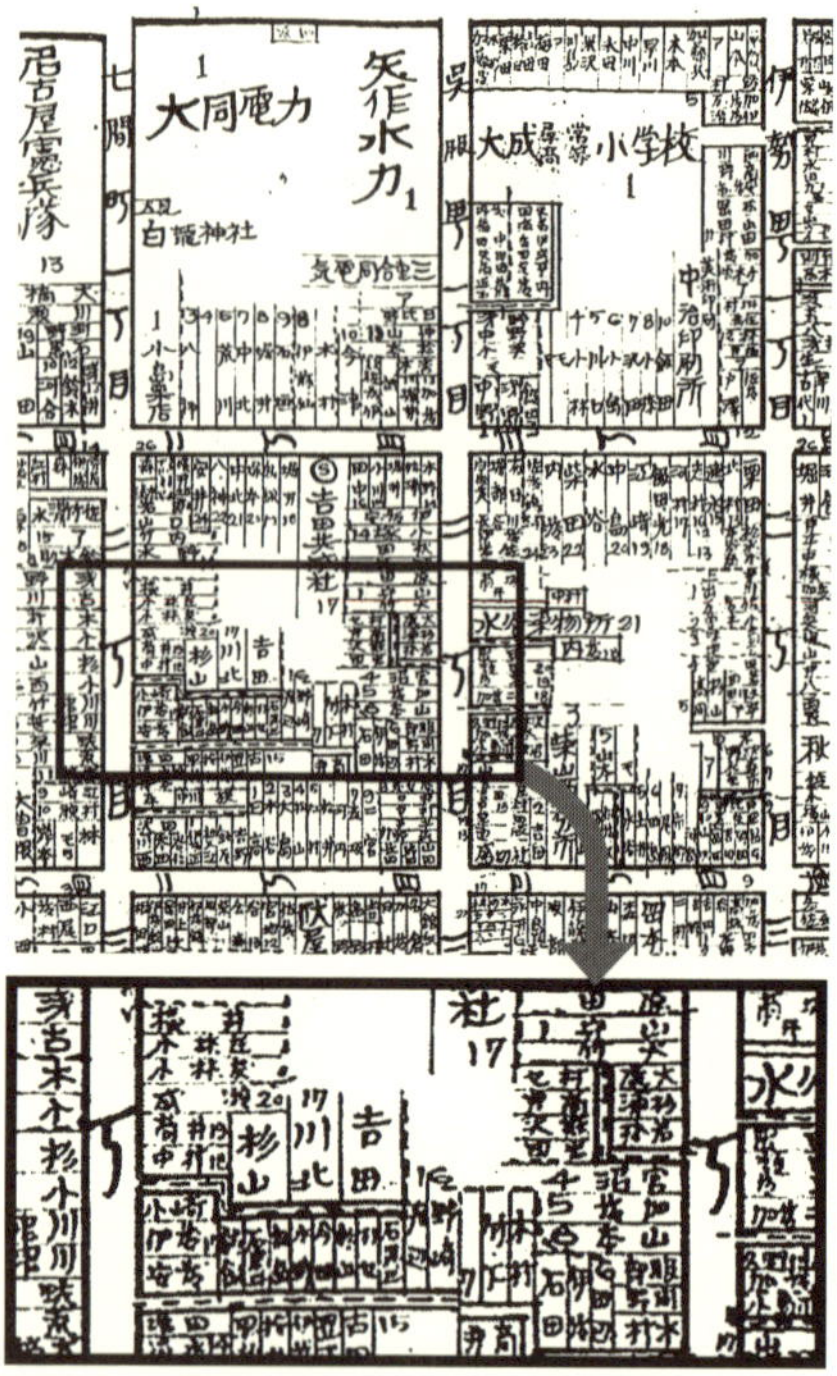

図75（上）　旧呉服町２丁目と旧七間町２丁目の住居地図およびその拡大図［「名古屋市居住者全図　昭和４年調昭和８年調」名古屋市鶴舞中央図書館（1938）より］下の拡大図中、呉服町２丁目４番地の「宮地（宮沼と誤記されている）」氏の住居とその周辺が旧伊藤圭介宅であり、その真西の方向にあたる七間町２丁目18番地の「中村」氏の住居とその付近が伊藤篤太郎の生家があった所である。

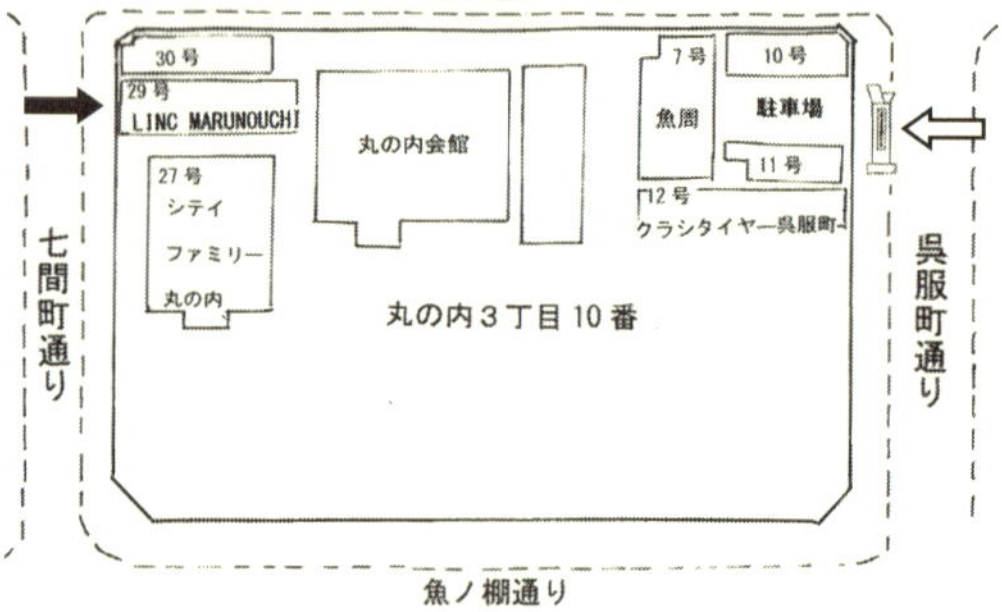

図76（下）　現在の名古屋市中区丸の内３丁目10番付近の住居地図　伊藤篤太郎の生家は現在の丸の内３丁目10番29号あたり（黒矢印）にあったようで、その一角にLINC MARUNOUCHIというビルが建っている。（白矢印）は圭介生誕碑建立地を示す。

これを現在の地図に照らし合わせてみると、図76の黒色の矢印で示すあたりで、中区丸の内三丁目十番二十九号付近になり、平成二十八年（二〇一六）現在、一角にLINC MARUNOUCHIというビルが建てられている。

また、圭介旧宅は東西方向に細長く、呉服町と七間町の両家の敷地は続いていたというような話もあるので[10]、七間町の家も東西に細長く奥行きのあるものだったかもしれない。ただ、碑を建てるとなると、玄関があった七間町通り側が適当であろう。

さて、圭介は九十九歳まで長生きしたのにもかかわらず、本住まいの住居としては名古屋では呉服町の生家と東京に移ってからの本郷真砂町の家の二か所だけであった。

一方、篤太郎の方は、生涯に亘ってなにかと転居が多かった（表7）。

といっても、英国留学に出発する明治十七年（一八八四）三月までは、名古屋七間町の生家と東京本郷真砂町の圭介宅を行ったり来たりしていただけであった。

この本郷真砂町の家は圭介が明治四年（一八七一）から三十四年（一九〇一）に亡くなるまでの三十年間、東京での生活の基盤になった所であり、篤太郎にとっても「東京でのふるさと」的存在であった。

真砂町の屋敷を圭介が購入したいきさつや購入後の管理に纏わる様子については、岩崎の論文「伊藤圭介　明治六年の東京生活」[14]が詳しい。

この本郷真砂町の圭介の屋敷は四三一・二五坪の敷地を有し（図77）、屋敷の前の道が本妙寺坂と呼ばれたように、斜面状の地形になっていた。家屋は坂の上の小広く平坦な所にあり、平屋で総坪三十六坪（内瓦二十三坪、板屋十三坪）の面積を有し、外に五坪の土蔵があったという[223]。圭介の家が「本郷真砂町本妙寺坂上」と通称されることが多いが、正にその通りであったと思われる。その家屋がある所から北から西の方向にかけては斜面になっていて、庭として利用されていたようであった。もしかしたら、高い建物がないこの時代、家屋から庭越しに東京大学方面が遠く見渡せたかもしれない。そして斜面の下となる平らになった敷地には貸し家としての長屋が建っており、平屋で二十一坪だったとされている[223]。

　この場所は、現在でいう文京区本郷四丁目五番十七号および三十六番一、二号で、平成二十八年（二〇一六）現在、文京区男女平等センターの前にあるマンションのクオス本郷本妙寺坂およびコート富士館とその奥にあたる所である。

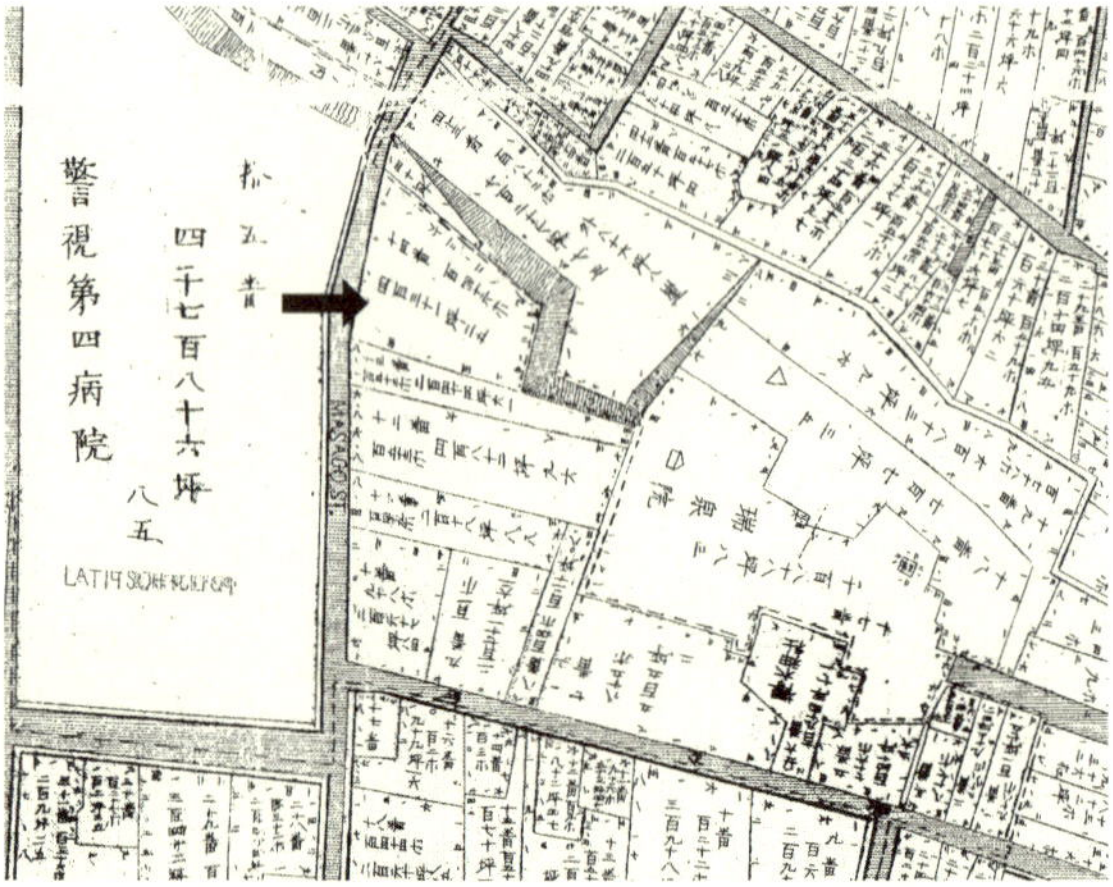

図77　本郷真砂町の圭介の屋敷敷地（矢印）
［大日本東京全図　本郷区 改正 1/2400 西川光通編（1878）より］

表7　伊藤篤太郎における住所の移り変わり（＊＝詳しい町名や番地名などは不詳）

慶応元年 11 月～	名古屋七間町 2 丁目 18 番地 （現名古屋市中区丸の内3丁目10番29号付近）
明治 6 年 6 月～	東京本郷真砂町 14 番地（現東京都文京区本郷 4 丁目 5 番 17 号および 36 番 1、2 号）
明治 7 年 4 月～	名古屋七間町 2 丁目 18 番地
明治 10 年～ 17 年 3 月	東京本郷真砂町 14 番地
明治 17 年 5 月～ 20 年 9 月	英国［2 Warkworth Street, Cambridge など］
明治 20 年 11 月～	東京本郷真砂町 14 番地
明治 22 年 12 月～	東京本郷区西片町 10 番地に 23 号 （現東京都文京区西片 2 丁目 10 番 9 号）
明治 23 年～	名古屋七間町 2 丁目 18 番地
明治 27 年 3 月～	鹿児島＊
明治 29 年 9 月～	名古屋七間町 2 丁目 18 番地
明治 31 年～	東京＊
明治 32 年 8 月～	東京本郷弓町 1 丁目 9 番地 （現東京都文京区本郷 1 丁目 28 番 29 号）
明治 34 年 3 月～	東京小石川区指ヶ谷町 82 番地 （現東京都文京区白山 2 丁目 37 番 5、6 号）
明治 38 年 2 月～	東京小石川区白山御殿町 110 番地 （現東京都文京区白山 4 丁目 29 番付近）
明治 39 年 5 月～	東京小石川区林町 4 番地 （現東京都文京区千石 1 丁目 1 番）
大正 5 年～	東京市外滝野川町東三軒家 1899 番地 （現東京都北区滝野川6丁目3番および2番付近）
大正 10 年～	仙台市片平町 58 番地 （現仙台市青葉区片平 1 丁目 4 番付近）
昭和 3 年～	東京市外滝野川町東三軒家 1899 番地
昭和 12 年 10 月～ 16 年 3 月	東京中野区野方町 1 丁目 865 番地 （現東京都中野区野方 4 丁目 19 番 3、4、6 号）

そして、この地は確かに圭介の旧宅があった所であるが、現在のところ、付近に圭介に関する碑や案内板のようなものは一切見られない。名古屋では生誕碑や記念碑、さらには胸像・坐像が幾つも建てられているのと比べると、些かさびしい気がしないでもない。もっともこの東京本郷界隈は坪内逍遙、樋口一葉、石川啄木、宮沢賢治、正岡子規などの文人の旧宅や寄宿先だった所が隣接していて、地元の文京区などが彼らに関する碑や案内板を精力的に整備しているが、これら超有名人達と比較すると圭介はまだまだ無名なのかもしれない。

さて、篤太郎は英国留学後の明治二十年（一八八七）十一月からしばらくは圭介宅に身を置いていたものの、外国留学まで果たしたいい大人がいつまでも本家を継いだ叔父恭四郎とその妻の館宮子夫妻の厄介になっているわけにもいかず、明治二十二年（一八八九）には圭介・恭四郎宅を出て独立したようである。その年の十二月十日の圭介日記には、後に学者町として名高くなった本郷区西片町に篤太郎が転居した旨の届書を区役所に提出したことが載っている。(224)

しかしながら、独立した直後の明治二十三年（一八九〇）、故郷名古屋にて愛知県尋常中学校の教諭という就職先が見つかり帰郷。さらに明治二十七年（一八九四）三月には鹿児島高等中学校造士館に移ったため鹿児島に転居したが、突然の同校廃校の憂き目に会って失職し、翌々年再び名古屋に戻った。

明治三十一年（一八九八）には、東京帝国大学の松村任三教授との共著を仕上げることや学位取得の準備のこともあり上京し、翌年、圭介・恭四郎宅に程近い本郷の弓町一丁目九番地に居を構えた。現在の文京区本郷一丁目二十八番二十九号で、区の保護樹木である大きなクスノキの北側にあたり、また本郷教会の斜め左前に位置する場所である。

また、期間はハッキリしないが、本郷区臺町四十三番地にも居住したことがあるようである。

明治三十四年（一九〇二）に圭介が亡くなったが、それを見届けるようにして、本郷から小石川植物園に程近い小石川指ヶ谷に移った。

これまでは独身でありも身軽だったゆえ、引っ越しも気楽であったが、明治三十六年（一九〇三）の結婚後は子供が生まれ、また隠居した父、延吉と母、小春を引き取ることになったため、小石川の白山御殿町における一年余の仮住まいを経た後、明治三十九年（一九〇六）には同じく小石川の林町四番地に本格的な屋敷を構えた（図78）。現在でいう文京区千石一丁目一番で、一行院と呼ばれ

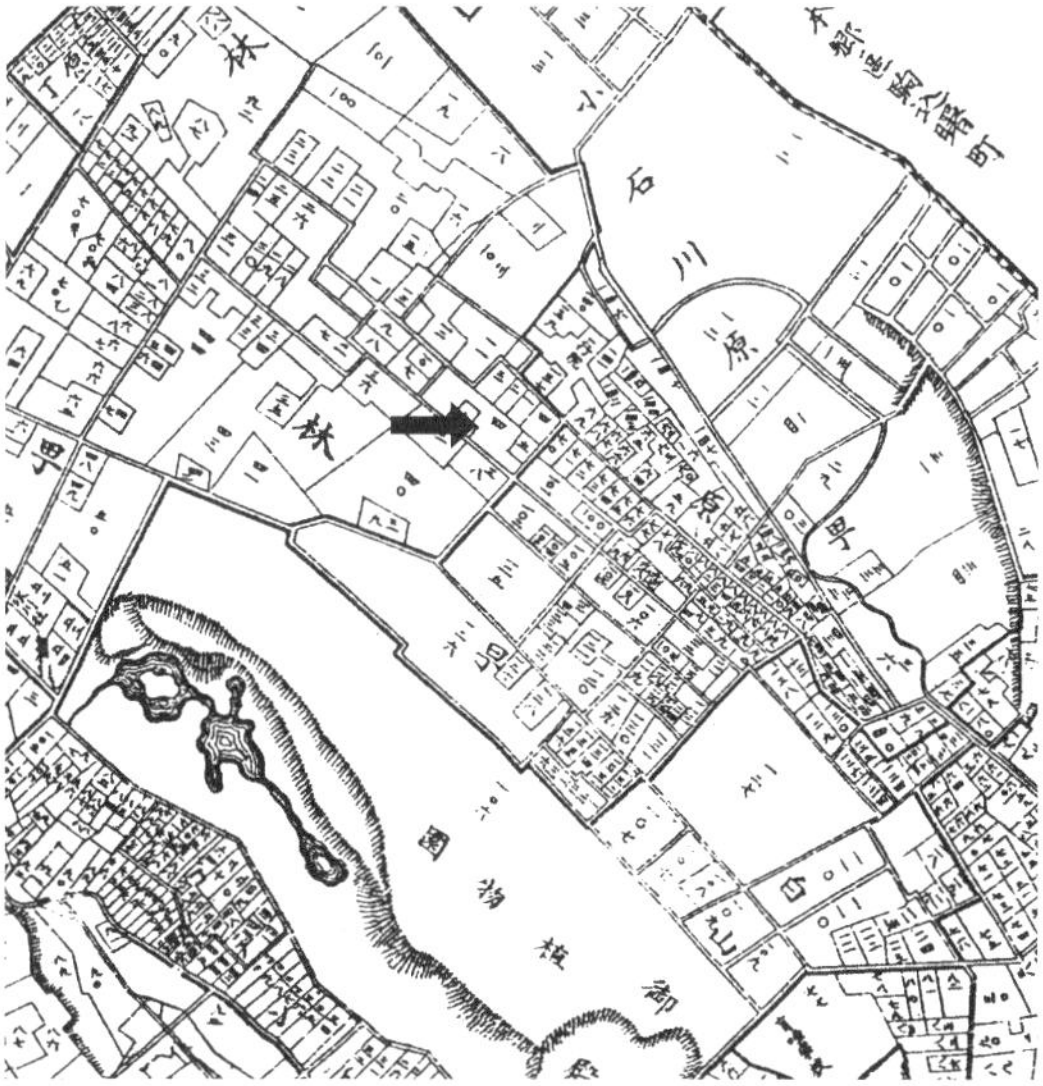

図78　小石川林町の篤太郎の屋敷敷地（矢印）
［東京十五區分小石川區 明治三十七年（1904年）
飯田錦之助著　東京・人文社復刻版（2008）より］

る寺院に近く、面積三八七・二八坪の広大な敷地を有していたという[225]。

ところが、この付近は住居が年々増えてきて、火災からの類焼という心配が頭をもたげてきた。圭介からの貴重な遺品である蔵書、稿本、標本、資料などを類焼から守るためには、人家がより疎らな地に転居した方が得策と考えたのであろう。

大正五年（一九一六）には、十年余に渡って住んだ思い出深い小石川林町から、当時、東京の郊外であった滝野川町東三軒家一八九九番地に引っ越した（図79）。現在でいう北区滝野川六丁目三番および二番付近であり、平成二十八年（二〇一六）現在、明治通り沿いにある朝日信用金庫西巣鴨支店の敷地とそのまわりにあたる。現在の、拡張されて交通量が多い明治通りの賑やかさと比べると、当時は想像できない程の閑静な所だったとされている。

この滝野川の屋敷もかなりの敷地面積を有しており、十人程となった家族が余裕を持って生

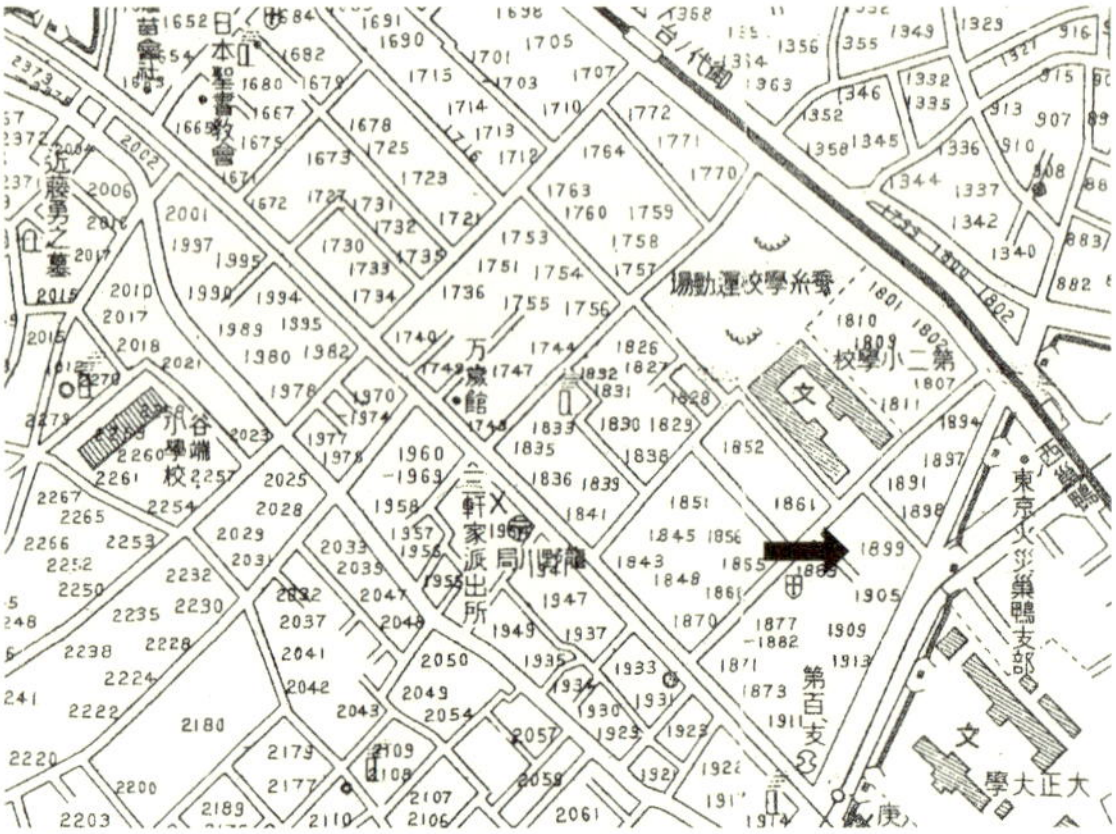

図79　滝野川の篤太郎の屋敷敷地（矢印）［復刻・大東京三十五区分詳図（昭和十六年）：滝野川区詳細図　地形社編、東京・人文社復刻版（2008）より］

活を送ることができ、かつ膨大な数の圭介からの遺品類を保管するスペースが確保できたようである。

その後、篤太郎は東北帝国大学理学部の講師としてのポジションを得、仙台の片平町五十八番地に大正十年（一九二一）から昭和三年（一九二八）まで六年半程、居を構えたことがあった（図80）。現在の仙台市青葉区片平一丁目四番付近で、職場の大学に程近く、清流広瀬川のほとりの風光明媚な地であった。

大学退職後は再び東京の滝野川に戻った。仙台での六年半を挟んでの正味十五年程を過ごした滝野川が終の住処と思われたが、この付近も住居が建て込んでくると、火災からの類焼という例の心配が頭をもたげてきた。

そこで昭和十二年（一九三七）になって、さらに郊外である東京中野の野方町一丁目八六五番地に引っ越した（図81）。現在でいう野方四丁目十九番三、四、六号あたりになるが、

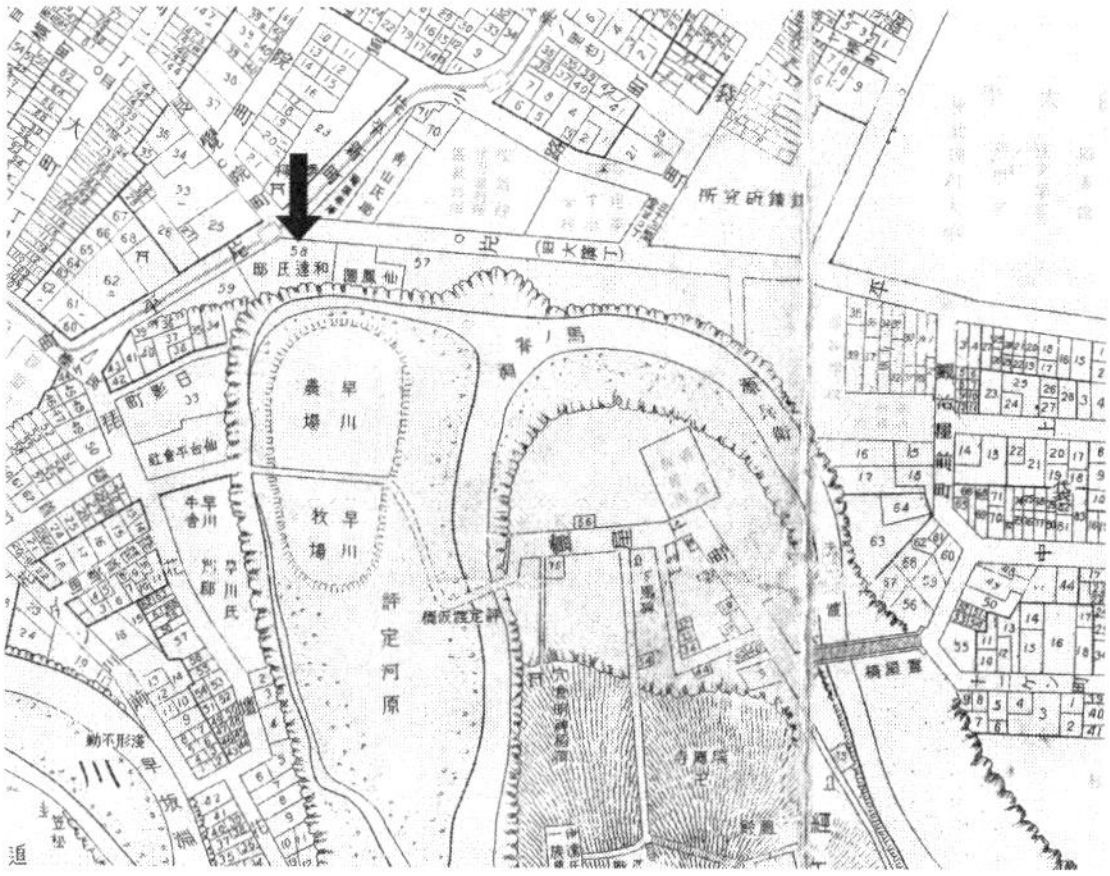

図80　仙台片平町の篤太郎の屋敷敷地（矢印）［地番入仙臺市全圖大正十五年度最新版　仙台・川名文明堂（1926）より］和達氏邸となっている所に篤太郎が借りた家があった。

その敷地の一部に戦後の高度経済成長期に造られた環状七号線と呼ばれる広い自動車道路とその側道がかかり、篤太郎が住んでいた頃の静かな郊外といった風情は現在は全く残っていない。

なお、この野方の家については、篤太郎の孫である伊藤 昭氏による追想録[219]で詳しく述べられている。

そして、この野方の地が篤太郎にとっての正真正銘の終焉の地となったのであった。

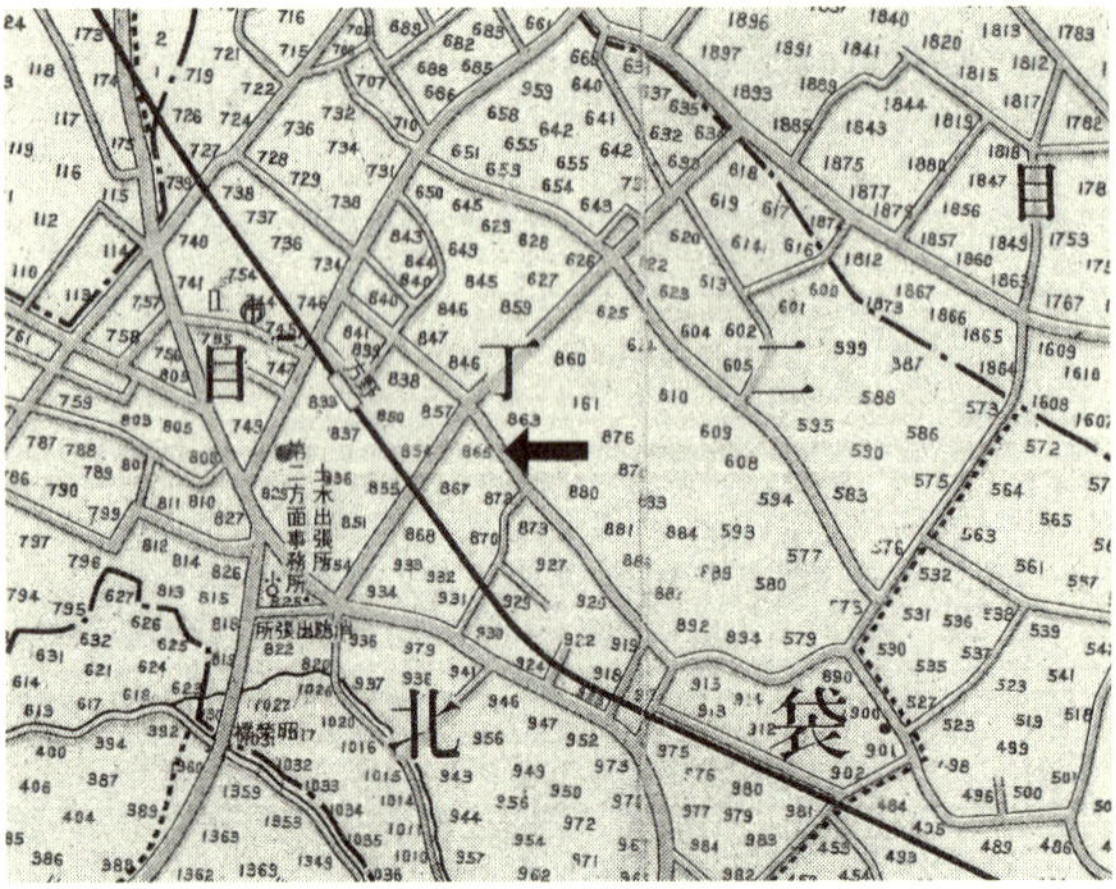

図81　中野野方の篤太郎の屋敷敷地（矢印）
［番地入新大東京市三十五區分圖之内　中野區詳細圖　坂西慶次郎著　昭和8年（1933）2月より］

おわりに

著者は、伊藤篤太郎の妹である伊藤順子（岩津家に嫁ぐ）の孫にあたる。順子は著者が四歳の時の昭和二十九年（一九五四）に亡くなったが、著者には祖母の記憶はほとんどない。

著者の母に言わせると、姑の順子は気位の高い人だったようである。

著者の父、岩津道二郎は先祖や親族のことをあまり話さない人であったが、母からは伊藤圭介は偉い植物学者で、その孫の篤太郎も植物学者であったことを聞かされていた。父は少年時代に名古屋から東京滝野川の伯父篤太郎宅のすぐ近くに移り住み、母との結婚後もしばらくはそこで暮らしていた。そんなこともあり、父や母は篤太郎一家のことをよく知っているはずで、父と母が元気な頃にもっと詳しい話を聞いておくべきだったと思われるが、二人が故人となってからはもう後の祭りである。

著者が大伯父にあたる篤太郎のことを調べようと思ったのは、名古屋市東山植物園での圭介生誕二百年記念会で、「はとこ」の伊藤 昭氏にお会いしたことがきっかけである。

昭氏は篤太郎の初孫で、五年間篤太郎と一緒に生活したというだけではなく、篤太郎が自分の後継者と考えて可愛がった方である。これはちょうど、圭介と篤太郎との関係に似ている。

篤太郎が、九十九歳で没した圭介のように、七十六歳より二十年以上も長生きをしていたら、昭氏も植物学者になっていたかもしれない。

昭氏は圭介と篤太郎の遺品を多く所持し、その保管保存に関する苦労話を太平洋戦争中と終戦という時代背景を加味しながら講演したのは、東山植物園での平成十八年（二〇〇六）の『伊藤圭介日記』第十二集出版記念会においてであった。その講演が好評だったため、翌年の『同日記』第十三集出版記念会では、続編ともいえる戦後直後から昭氏が東山植物園へ遺品を寄贈した平成十五年（二〇〇三）までの間の話をされた。現在東山植物園の伊藤圭介記念室にある圭介関係の遺品の多くは、昭氏はもとより、伊藤家本家筋にあたる伊藤 宏氏や伊藤俊夫氏をはじめとする遺族や関係者の努力があってこそ良好な状態で保存され、その後、彼らの厚意により寄贈されたものであると身に沁みて感じた次第である。

その昭氏から篤太郎の話を伺っているうちに、これは何かに記録して残しておかなくてはいけないと、ふと思ったのである。そして、篤太郎の業績をまとめておけば、後日、誰かの研究の役に立つと考えたのである。

「破門草事件」を起こしたということだけではなく、ケンブリッジ大学やキュー王立植物園への研究留学という実績があるものの国内での実質的な学歴がない篤太郎にとって、この時代、自分が官学の外に置かれるのはある意味でしかたがないことであった。それゆえ、長らく自分を活かせる研究職に就くことができず、また社会的にも高い地位に上がれなかったわけで、その点からすれば、篤太郎の人生の大半は不遇であったという評価はあながち外れていないかもしれない。しかしながら、その実、在野の学者として多方面で大いに活躍していたことは、本書をお読みいただいておわかりになったかと思う。

篤太郎の業績を総括してみると、まず、日本人として初めて植物に新種としてラテン語で学名を与えたり、さらに新属の提唱をしたりと、日本の科学史上に残る画期的な仕事をしたことがあげられる。また、これらの命名に関する仕事は「圭介の長年の夢」を実現させたことでもあった。

ただし、新属の提唱に関しては「破門」という高い代償を払うはめになってしまったが、「伊藤家の名誉」を守る方がずっと重要であるという篤太郎の判断は決して間違っていなかったと思われる。

また、ロンドンのリンネ協会の会員になった初めての日本人でもあり、英国の自然科学雑誌 Nature に投稿した日本人の魁となる一人であった。

破門草事件の影響だけではないと思われるが、篤太郎は一時東京を遠く離れて、鹿児島で教師をしていたことがあった。そして、その夏の長期休暇を利用して奄美や琉球に植物採集を行った。それが基礎となって暖地性の植物を研究することになり、その結果、数種類の植物が新種や新変種であることがわかり、また一部の植物の学名に篤太郎の名が献名されるに至った。そしてさらには、それら暖地性の植物の植物地理学的研究により理学博士の取得につながった。

日本初の本格的百科辞典である『日本百科大辭典』における植物の項目の多くを担当したのも篤太郎であった。それらの執筆は辞典の項目の単なる解説というような範囲にとどまらず、自分の植物学に対する思いを具象化したようなレベルの高いものになった。

また、豪華図譜『大日本植物圖彙』のシリーズを自費出版したことがあった。この図譜は色彩が美麗にしてまた精密なる写生図・解剖図を備えたものであり、こういった本の出版は篤太郎の長年の夢でもあった。図譜は芸術的な美しささえ感じられる素晴らしいものであったが、経済的事情によりシリーズを続けられなくなったのは残念であった。

さらに植物だけではなく、ナメコをはじめとする菌類や昆虫のアリなどの幅広い分野において、新種や新組み合わせを発表し、博物学者としての面目躍如たるところを示した。また藻類、特に海藻についても深い関心を寄せた。これらも「圭介ゆずり」の一面であった。

加えて、篤太郎は未整理だった圭介の膨大な本草関係の資料集の整理を行い、またそれらに注記を加え、さらに一部の資料集については編集もし、後年、圭介やこの時代の本草学者を研究する学者達に大いなる便宜を与えた。これらのことも「圭介の後継者」としての役割として重要なものであり、篤太郎はその責任を多少なりとも果たし得たと考えられる。

以上のように、篤太郎は家学である本草学あるいは博物学について、その伝承という圭介の願いを満たしながら、一方では、近代植物学者として官学から外れた立場にいながらかなりの仕事をしたと結論づけてもよいと思われる。

といっても、やはり、篤太郎は「偉大なる圭介の手のひら」から出られなかったかもしれない。しかし、それもまた良いのであろう。篤太郎にとって圭介は、尊敬すべき師匠であり、また大好きなお祖父《じい》さんでもあったのだから。

Itoa orientalis Hemsl.（イトウノキ、伊藤樹）は英国のヘムズレーが圭介と篤太郎という二人の「伊藤」にささげて命名したヤナギ科（旧イイギリ科）の植物である。自生地は中国南部の雲南省の東南地区やベトナムで、日本には自生していない。著者はこの植物を是非この目で見たいと思ったが、調べた限り、我が国には植栽もされていないことがわかった。となれば、本来ならば自生地に行ってそれを見るのが一番であろうが、アメリカのロサンゼルス郡植物園に植栽されているとの情報を得た。そして同植物園に問い合わせてみたところ、植物情報担当のロフグレン（D. Lofgren）氏よりこの植物の蒴果が送られてきたのである。そこで、その種子を東山植物園に受け取っていただき、その播種とその後の世話をお願いしたところ、快諾を得ることができた。その後、種子は無事発芽し、順調に育っていて、平成二十七年（二〇一五）現在、雌株と雄株が寄り添うように、独特の大きな葉を付けて、立派に成長している。

篤太郎は本来、植物分類学者である。分類学上のやりとりについては、関心のないものにとっては、本来あまりおもしろいものではない。著者は菌類（カビ）の分類について多少関わった経験があり、その経験を生かして、本書における植物分類学上のやりとりについて、わかりやすい解説を試みたが、その結果はどうだったであろうか。

茨城県つくば市にある国立科学博物館植物研究部に、篤太郎が集めた植物の標本三百点程と藻類の標本十数点が保管されている。あのトガクシソウ〔*Ranzania japonica*（T. Ito ex Maxim.）T. Ito〕のタイプの重複標本もこの中にある。一方、著者がかつて新種として命名した七種の菌類（カビ）の holotype も、実はこの研究棟の菌類標本庫に収蔵されているのである。大伯父の標本と著者の標本が同じ施設に永久的に保管されていると思うと、なぜか血のつながりを感じさせる不思議な気がするのである。

本書の執筆に関しては多くの方々に御世話いただいた。

第一に伊藤 昭氏である。氏の存在がなければ、本書を執筆しようとさえと思わなかったであろう。氏の協力は絶大であった。また、幼い頃の氏の記憶は誠に貴重なもので、本書に収録させていただいた。そして、大切な写真を提供して下さり、また本稿の校閲もお願いした。

また、土井康弘氏が書かれた篤太郎に関する論文は詳細極まるもので、氏のこの論文がなければ、本書の執筆は困難を極めたと思われる。

そして、名古屋市東山植物園伊藤圭介記念室元担当の横山 進氏、前担当の三浦重徳氏および現担当の蒲原政幸氏からは有用な情報や貴重な写真の提供を賜り、また、史料の閲覧等大いなる便宜を与えていただいた。

さらに、圭介文書研究会の遠藤正治氏をはじめ岩崎鐵志氏、河村典久氏ら研究会のメンバーからは有意義なアドバイスを頂戴した。

東京大学大学院理学系研究科附属植物園（小石川植物園）園長の邑田 仁教授、摂南大学薬学部の邑田裕子氏、ロサンゼルス郡植物園の D. Lofgren 氏、国立科学博物館植物研究部の北山太樹氏、秋山 忍氏、細矢 剛氏および海老原 淳氏、筑波大学菅平高原実験センター（前所属：神奈川県立生命の星・地球博物館）の出川洋介氏、神奈川県立生命の星・地球博物館の折原貴道氏および大坪 奏氏、長野市立戸隠地質化石博物館の中村千賀氏、名古屋大学博物館の野崎ますみ氏、医師であり歴史研究家の金谷俊則氏、教師であり歴史および郷土研究家の橋詰文彦氏、田中芳男の曾孫で同氏に関する研究の第一人者である田中義信氏、慶応義塾大学の故磯野直秀名誉教授、法政大学の大森 實名誉教授、名古屋市東山植物園ガイドボランティアの飯田順子氏、千葉県我孫子市の書家である吉永永子氏らには多大なる協力を賜った。

親族である高垣 至氏、円道寺政直氏、小川政亮氏、小川政邦氏、中野五郎氏、伊藤 宏氏の諸氏は身内ならではの情報を提供して下さった。

加えて、本書を出版するにあたり、恩師である千葉大学の故宮治 誠名誉教授、および八坂書房の前担当である中居惠子氏と現担当である八坂立人氏にお骨折りいただいた。

以上の諸氏に厚くお礼を申し上げたい。

参考文献

（1）伊藤篤太郎「家王父伊藤圭介先生を想ふ」植物界（中京植物学会）第二巻第一号　四三―四五頁　名古屋市東山植物園吉川文庫所蔵（整理番号フA―四二）大正十四年（一九二五）
（2）杉本　勲『伊藤圭介』（新装版）吉川弘文館　昭和六十三年（一九八八）
（3）土井康弘「蕃書調所出役期の伊藤圭介に随行した門人の動向」『伊藤圭介日記』第三集　名古屋市東山植物園　二〇九―二二六頁　平成九年（一九九七）
（4）土井康弘『日本初の理学博士　伊藤圭介の研究』皓星社　平成十七年（二〇〇五）
（5）平野　恵「『吾妻日記』翻刻と解説（1）」『伊藤圭介日記』第十五集　名古屋市東山植物園　一九五―二一〇頁　平成二十一年（二〇〇九）
（6）吉川芳秋『尾張郷土文化医科学史攷拾遺』尾張郷土文化医科学史攷刊行会　昭和三十年（一九五五）
（7）圭介文書研究会編『伊藤圭介日記』第五集　名古屋市東山植物園　二五頁　平成十一年（一九九九）
（8）伊藤順子『萩花集説』明治二十五年（一八九二）
（9）伊藤篤太郎編『錦窠翁九十賀壽博物會誌』上・下　明治二十六年（一八九三）
（10）吉川芳秋（木村陽二郎・遠藤正治編）「伊藤圭介」「伊藤篤太郎」『医学・洋学・本草学者の研究：吉川芳秋著作集』八坂書房　平成五年（一九九三）
（11）『生誕二百年記念　伊藤圭介の生涯とその業績』名古屋市東山植物園　平成十五年（二〇〇三）
（12）遠藤正治「伊藤圭介編『植物図説雑纂』と遺欧使節齎来の植物」近世植物・動物・鉱物図譜集成［諸

国産物帳集成　第Ⅲ期」第29巻・伊藤圭介稿　植物図説雑纂（Ⅳ）〔解説編〕科学書院　平成二十五年（二〇一三）
（13）岩津都希雄「*Itoa*―二人の「伊藤」にささげられた属名」『伊藤圭介日記』第十四集　名古屋市東山植物園　二〇三―二〇九頁　平成二十年（二〇〇八）
（14）岩崎鐵志「伊藤圭介　明治六年の東京生活」『伊藤圭介日記』第六集　名古屋市東山植物園　一四一―一六二頁　平成十二年（二〇〇〇）
（15）「伊藤篤太郎禽譜稿」国立国会図書館古典籍資料室所蔵〔請求記号 W391－N40（7）〕
（16）『錦窠禽譜』二編二〇巻　国立国会図書館古典籍資料室所蔵（請求記号 寄別11－10）
（17）圭介文書研究会編『伊藤圭介日記』第十四集　名古屋市東山植物園　一〇五頁　平成二十年（二〇〇八）
（18）桜田通雄、邑田裕子、坂崎信之「小石川御薬園から植物園へ―日本の近代植物園誕生の歩み―」『伊藤圭介日記』第十五集　名古屋市東山植物園　二三九―二七八頁　平成二十一年（二〇〇九）
（19）伊藤篤太郎「伊藤圭介翁と小石川植物園」『東京帝國大學理學部植物學教室沿革　附理學部附属植物園沿革』東京帝國大學理學部植物學教室　三〇七―三一一頁　昭和十五年（一九四〇）
（20）圭介文書研究会編『伊藤圭介日記』第二十集　名古屋市東山植物園　五四、五八頁　平成二十六年（二〇一四）
（21）吉田裕『徴兵制：その歴史とねらい』学習の友社　昭和五十六年（一九八一）
（22）磯野直秀「日本博物学史覚え書Ⅴ」慶応義塾大学日吉紀要・自然科学二二号　六一―九六頁　平成

九年（一九九七）
（23）田中義信「田中芳男自筆『富士紀行』—解説と翻刻—」飯田市美術博物館研究紀要十八号　六七—一〇七頁　平成二十年（二〇〇八）
（24）『科埜行雑記』東京大学総合図書館所蔵（請求記号ST16）
（25）田中義信「田中芳男自筆『科埜行雑記』—解説と翻刻—」飯田市美術博物館研究紀要十九号　三一—六七頁　平成二十一年（二〇〇九）
（26）水谷豊文『木曾採薬記』全二巻　国立国会図書館古典籍資料室所蔵（請求記号　特七—八九）
（27）圭介文書研究会編『伊藤圭介日記』第十集　名古屋市東山植物園　九六頁　平成十六年（二〇〇四）
（28）圭介文書研究会編『伊藤圭介日記』第十一集　名古屋市東山植物園　五—一一頁　平成十七年（二〇〇五）
（29）竹中祐典『花の沫—植物学者サヴァチエの生涯』八坂書房　平成二十五年（二〇一三）
（30）伊藤圭介（伊藤謙編次）『日本植物圖説』草部イ初篇　明治八年（一八七五）
（31）伊藤篤（篤太郎）「北氷洋瀕海之地所産ノ植物幷新薬硫酸規尼涅傑列乙ノ説」郵便報知新聞　明治十二年十二月十一日号　明治十二年（一八七九）
（32）『伊藤圭介日記』明治十二年十一月十九日の条　名古屋市東山植物園所蔵（整理番号一二一—六四）
（33）伊藤篤太郎編『錦窠翁耋筵誌』巻一　明治十五年（一八八二）
（34）内田一「日本の跳蟲研究史と日本産跳蟲總目録」自然科學と博物館　第九巻　一—九頁　昭和十三年（一九三八）

(35)竹中梨紗「明治期日本人植物学者とC・J・マクシモーヴィチ」『小野蘭山』八坂書房　四〇一―四二五頁　平成二十二年（二〇一〇）
(36)『牧野富太郎とマキシモヴィッチ』高知県立牧野植物園　平成十二年（二〇〇〇）
(37)岩津都希雄「伊藤篤太郎研究雑録（1）」『伊藤圭介日記』第十八集　名古屋市東山植物園　二九三―三一〇頁　平成二十四年（二〇一二）
(38)『日本菌学史』日本菌学会　平成十八年（二〇〇六）
(39)岩津都希雄「一八八三年（明治十六年）にスペガッツィーニから伊藤篤太郎に送られた菌類標本集について」日本菌学会ニュースレター　二〇一一年四号　九―十二頁　平成二十三年（二〇一一）
(40)田中義信「田中芳男自筆『田中芳男履歴年表』解説と翻刻」飯田市美術博物館研究紀要十四号　六三―八〇頁　平成十六年（二〇〇四）
(41)北山太樹「海藻標本採集者列伝（7）田中芳男」海洋と生物　三十六巻　六〇二―六〇三頁　平成二十六年（二〇一四）
(42)『伊藤圭介書簡幷願書扣』国立国会図書館古典籍資料室所蔵（請求記号 特七―三〇〇）
(43)「伊藤篤太郎資料（1）」第3袋「東京植物學會創立後並植物学雑誌發行前後に於ける歐州植物学會の状況」国立国会図書館古典籍資料室所蔵［請求記号 W391―N40（21）］
(44)伊藤篤太郎「含羞草動作實驗新説」植物學雜誌　第二巻　一一三―一一六頁　明治二十一年（一八八八）
(45)伊藤篤太郎「植物ニ於ケル原形質ノ収斂力」植物學雜誌　第二巻　一六三―一六七頁　明治二十一年（一八八八）

（46）Gardiner W. and T. Ito: On the structure of the mucilage-secreting cells of *Blechnum occidentale*, L., and *Osmunda regalis*, L.. Annals of Botany 1: 27 - 54, 1887
（47）吉川芳秋『紙魚のむかし語り』昭和三十三年（一九五八）
（48）伊藤篤太郎「明治十六年伊藤篤太郎ヨリ露人マキシモーヴヰッチ氏へ所贈腊葉圖」国立国会図書館古典籍資料室所蔵（請求記号 特七－二六四）
（49）伊藤篤太郎「露國植物學者マキシモヴヰッチ氏ヲ想フ」札幌博物學會會報 第十巻第一号 八七－九一頁 昭和三年（一九二八）
（50）秋山 忍「トガクシソウ 日本人が初めて属の学名をつけた植物」milsil［ミルシル］第一巻第四号 二〇－二一頁 平成二十年（二〇〇八）
（51）岩津都希雄「トガクシソウ学名命名のいきさつに関する再検討」『伊藤圭介日記』第十五集 名古屋市東山植物園 二七九－二九一頁 平成二十一年（二〇〇九）
（52）『日本百科大辭典』第七巻 三省堂 九二二頁 大正五年（一九一六）
（53）伊藤圭介編著『植物圖説雑纂』冊一一四、一九五 国立国会図書館古典籍資料室所蔵（請求記号 別六－九）
（54）Maximowicz C.J. : Diagnoses plantarum novarum asiaticarum.VI. – Insunt stirpes quaedam nuper in Japonia detectae. Mélanges Biologiques tirés du Bulletin de l'Académie Impériale des Sciences de St.-Pétersbourg 12 : 415 - 418, 1886
（55）岩津都希雄「伊藤篤太郎研究雑録（2）」『伊藤圭介日記』第十九集 名古屋市東山植物園 二六五－

二八〇頁　平成二十六年（二〇一四）

（56）河村典久　著者への私信

（57）伊藤篤太郎「文政年代に於ける東西文化の偉大なる交換者　Philipp Franz von Siebold」科學（岩波書店）第五巻　四四七－四五二頁　昭和十年（一九三五）

（58）田村道夫「東亜産センニンソウ屬についての知見1」Acta Phytotax. Geobot. 第十五巻　十七－二二頁　昭和二十八年（一九五三）

（59）Maximowicz C.J. : Diagnoses plantarum novarum asiaticarum VII. Bulletin de l'Académie Impériale des Sciences de St.-Pétersbourg 32 : 478 - 479, 1888

（60）『日本百科大辭典』第一巻　三省堂　五九三－五九四、六三四頁　明治四十一年（一九〇八）

（61）Ito T. : Berberidearum Japoniae conspectus. J. Linn. Soc., Botany 22 : 422 - 437, 1887

（62）Ito T. : On a species of *Balanophora* new to the Japanese flora. J. Linn. Soc., Botany 24 : 193 - 197, 1887

（63）Spegazzini C. and T. Ito : Fungi Japonici nonnulli : new species of Japanese fungi found parasitic on the leaves of *Polygonum multiflorum*, Thunb., and *Lycium chinense*, Mill. J. Linn. Soc., Botany 24 : 254 - 256, 1887

（64）Spegazzini C. : Fungi Japonici nonnulli. Revue mycologique 8 : 183 - 184, 1886

（65）Aa H. A. van der and S. Vanev :『A revision of the species described in *Phyllosticta*』Centraalbureau voor Schimmelcultures, Utrecht p. 459, 2002

（66）Ito T. : On the history of botany in Japan. J. Botany: British and foreign 25 : 225 - 229, 1887

（67）Dickins F.V. : The progress of botany in Japan. J. Botany: British and foreign 25 : 147 - 148, 1887
（68）「伊藤延吉・小春より伊藤圭介への書簡（明治二十年四月十日付）」名古屋市東山植物園所蔵（整理番号 四－七）
（69）『伊藤圭介日記』明治二十年十一月六日の条 名古屋市東山植物園所蔵（整理番号 十二－一五一）
（70）植物學雜誌 第一巻 二〇九頁 明治二十年（一八八七）
（71）伊藤篤太郎「蓴菜粘稠液細泡論」植物學雜誌 第二巻 九九－一〇七頁 明治二十一年（一八八八）
（72）伊藤篤太郎「東洋植物學ノ一大改革ヲナサヾル可ラス」植物學雜誌 第二巻 一七三－一七七頁 明治二十一年（一八八八）
（73）北山太樹「海藻標本採集者列伝（6）大久保三郎」海洋と生物 第三十五巻 六〇二－六〇三頁 平成二十五年（二〇一三）
（74）松村任三「故理學博士矢田部良吉君ノ略傳」植物學雜誌 第十四巻 一－四頁 明治三十三年（一九〇〇）
（75）大場秀章『大場秀章著作選Ⅰ 植物学史・植物文化史』八坂書房 二二九－二三七、二九七－二九九頁 平成十八年（二〇〇六）
（76）松村任三「戸隠山ニ登ルノ記」植物學雜誌 第四十一巻 二六九－二七〇頁 昭和二年（一九二七）
（77）植物學雜誌 第一巻 二二頁 明治二十年（一八八七）
（78）矢田部良吉「New or little known plants of Japan（No.10）」植物學雜誌 第五巻 二八一－二八三頁 明治二十四年（一八九一）

(79)中村千賀　著者への私信

(80)牧野富太郎「園藝植物瑣談(其十三)」實際園藝　第二十六巻第一号　九―一八頁　昭和十五年(一九四〇)

(81)牧野富太郎『牧野富太郎自叙伝』講談社　平成十六年(二〇〇四)

(82)Ito T.: *Ranzania*: A new genus of Berberidaceae. J. Botany: British and foreign 26: 302 - 303, 1888

(83)中村千賀、田辺智隆「戸隠における植物研究の歩み―特に新種の発見について―」長野市博物館紀要　第十号　十七―三二頁　平成二十一年(二〇〇九)

(84)大橋広好、永益英敏、邑田仁編『国際藻類・菌類・植物命名規約(メルボルン規約)二〇一二日本語版』日本植物分類学会　六〇、七六、八一―八二頁　平成二十六年(二〇一四)

(85)『信州諸山採薬紀行』東京国立博物館所蔵(請求記号　和十九)

(86)『信州諸山採薬記』東京国立博物館所蔵(請求記号　和五四)

(87)圭介文書研究会編『伊藤圭介日記』第十集　名古屋市東山植物園　五四―七二頁　平成十六年(二〇〇四)

(88)圭介文書研究会編『伊藤圭介日記』第十五集　名古屋市東山植物園　九頁　平成二十一年(二〇〇九)

(89)『明治八年　信州諸山採薬記　全』東京大学総合図書館所蔵(請求記号　V30：90)

(90)橋詰文彦「田中芳男『信州諸山採薬記』」信濃　第五十三巻　一〇六―一三四頁　平成十三年(二〇〇一)

(91)牧野富太郎「日本植物報知第二」植物學雜誌　第三巻　一―九頁　明治二十二年(一八八九)

（92）Miyoshi M.：「Notes on *Pinguicula ramosa*, sp. nov.」植物學雜誌　第四巻　三一五―三一九頁　明治二十三年（一八九〇）
（93）Yatabe R.：「A few words of explanation to European botanists」植物學雜誌　第四巻　三五五―三五六頁　明治二十三年（一八九〇）
（94）Yatabe R.：「Two new species of Japanese plants」植物學雜誌　第四巻　三五六―三五九頁　明治二十三年（一八九〇）
（95）Yatabe R.：「A new genus of the order Saxifragaceae」植物學雜誌　第四巻　四三三―四三五頁　明治二十三年（一八九〇）
（96）渋谷 章『牧野富太郎 私は草木の精である』平凡社　平成十三年（二〇〇一）
（97）大場秀章「牧野富太郎伝に向けた覚書き」Bunrui 第九巻　三―一〇頁　平成二十一年（二〇〇九）
（98）伊藤篤太郎編『多識會誌』第一輯　明治二十一年（一八八八）
（99）伊藤篤太郎編『多識會誌』第二輯　明治二十三年（一八九〇）
（100）Makino T.：「Observations on the flora of Japan」植物學雜誌　第二十七巻　一―五頁　大正二年（一九一三）
（101）横山 進「資料紹介〈人名封筒集〉」『伊藤圭介日記』第六集　名古屋市東山植物園　一一一―一一七頁　平成十二年（二〇〇〇）
（102）伊藤圭介「花史雜記」天竺花　東京學士會院雜誌　第十一編第二冊　八七―九二頁　明治二十二年（一八八九）

（103）井上幸三『マクシモヴィッチと須川長之助』（増訂版）岩手植物の会 二七四－二七七頁 平成八年（一九九六）

（104）植物學雜誌 第八巻 四四－四五頁 明治二十七年（一八九四）

（105）山下玄洋『中学造士館の研究：資料の紹介と考察』斯文堂 一三一頁 平成九年（一九九七）

（106）Ito T.: Botany of the Riukiu（Loochoo）Islands. Nature 37: 538-539, Oct. 6, 1887

（107）伊藤伊三郎『大島沖縄漫遊見聞録』国立国会図書館古典籍資料室所蔵（請求記号 特七－三〇九）

（108）伊藤篤太郎『琉球植物圖録』国立国会図書館古典籍資料室所蔵（請求記号 特七－二五七）

（109）伊藤篤太郎『琉球八重山列島動植物採集雜記』国立国会図書館古典籍資料室所蔵（請求記号 特七－五四八）

（110）Ito T. and J. Matsumura: Tentamen florae Lutchuensis. Sectio prima. J. Coll. Sci. Imp. Univ. Tokyo 12: 263-541, 1900

（111）「伊藤篤太郎資料（1）」第9袋「鹿兒嶋縣沿海諸地出張復命書」国立国会図書館古典籍資料室所蔵［請求記号 W391－N40（21）］

（112）伊藤篤太郎「薩陽雜俎」国立国会図書館古典籍資料室所蔵（請求記号 特七－五八三）

（113）長久保片雲『世界的植物学者 松村任三の生涯』暁印書館 平成九年（一九九七）

（114）北山太樹「海藻標本採集者列伝（5）松村任三」海洋と生物 第三十五巻 五〇八－五〇九頁 平成二十五年（二〇一三）

（115）Hayata B.: Materials for a flora of Formosa. J. Coll. Sci. Imp. Univ. Tokyo 30: 1-471, 1911

(116) 伊藤篤太郎「理學博士伊藤圭介翁小傳」東洋學藝雜誌 第十五巻 一八九―一九七頁 明治三十一年(一八九八)
(117) Ito T.:「Comparative studies on the ecology of some Chenopodiaceous plants collected in North Africa and China」植物學雜誌 第十三巻 一三四―一三六頁 明治三十二年(一八九九)
(118) Ito T.:「Plantae Sinenses Yoshianae I, II, III, IV, V, VI, VII, VIII, IX, X」植物學雜誌 第十三巻 一六―一九、三七―四二、六〇―六二、七二―七五、八五―八七、一〇三―一〇五、一一六―一一九、一二九―一三七、一四八―一五八、一六三―一七八頁 明治三十三年(一九〇〇)
(119) Ito T.:「On the genus *Zeuxine*, Lindl. and its distribution」植物學雜誌 第十四巻 二七―二九頁 明治三十三年(一九〇〇)
(120) 植物學雜誌 第十四巻 一四七―一四八頁 明治三十三年(一九〇〇)
(121) 北村四郎『花の研究史』保育社 二一〇―二一三、二九四―二九六頁 平成二年(一九九〇)
(122) Ito T.: Mangroves growing in Japan. Nature 60: 79-79, May 25, 1899
(123) 南方熊楠(中沢新一責任編集)『南方熊楠コレクション 第五巻 森の思想』河出書房新社 四九四頁 平成四年(一九九二)
(124) 東洋學藝雜誌 第二十一巻 二二二頁 明治三十七年(一九〇四)
(125) Hemsley W.B.:「On *Itoa*, a new genus of Bixineae」植物學雜誌 第十五巻 一―二頁 明治三十四年(一九〇一)
(126) Hemsley W.B.:「*Itoa orientalis*, Hemsl.」『Hooker's icones plantarum 4th Series』v.7, plate 2688, 1901

(127)呉征鎰主編『雲南の植物』第三巻 日本放送出版協会 三二三頁 昭和六十一年(一九八六)
(128)Sleumer H.:「Über die Zugehörigkeit der Gattung Mesaulosperma v. Slooten」Notizblatt des botanischen Gartens und Museum zu Berlin-Dahlem, 11:1024-1026, 1934
(129)大森實「伊藤圭介からシーボルトに贈られた腊葉標本について(I)—特に四一一番~六二七番の腊葉群について(I)—」シーボルト研究 法政大学フォン・シーボルト研究会会誌 第二号 四三—一一一頁 昭和五十八年(一九八三)
(130)伊藤篤太郎『最新植物學教科書』三省堂 明治三十六年(一九〇三)
(131)磯野直秀「伊藤圭介編著『植物図説雑纂』について」参考書誌研究 第五十九号 一—四五頁 平成十五年(二〇〇三)
(132)北山太樹「海藻標本採集者列伝(3)宮部金吾」海洋と生物 第三十五巻 二四〇—二四一頁 平成二十五年(二〇一三)
(133)土井康弘「植物学者伊藤篤太郎の生涯—北海道大学北方資料室蔵、伊藤篤太郎の宮部金吾宛て書簡の紹介をかねて—」科学医学資料研究 第三十一巻 二五八—二七四頁 平成十五年(二〇〇三)
(134)東洋學藝雜誌 第二十巻 五〇三—五〇四頁 明治三十六年(一九〇三)
(135)Ito T.:「Notes on some Himalayan plants collected by the Rev. Keikai Kawaguchi in 1902」植物學雜誌 第十七巻 一五七—一五九頁 明治三十六年(一九〇三)
(136)伊藤篤太郎「ひまらや植物ト日本植物トノ類似ニ就テ」東洋學藝雜誌 第二十巻 四五七—四六二頁 明治三十六年(一九〇三)

(137)河口慧海『第二回チベット旅行記』講談社 三一七、七三頁 昭和五十六年(一九八一)
(138)植物學雑誌 第二十九巻 四二五－四二八頁 大正四年(一九一五)
(139)『伊藤 昭氏寄贈品目録』名古屋市東山植物園 十八頁 平成十五年(二〇〇三)
(140)Ito T.:「Japanese species of Triuridaceae」植物學雑誌 第二十一巻 八四－八五頁 明治四十年(一九〇七)
(141)「文學と植物」国立国会図書館古典籍資料室所蔵[請求記号 W391－N40(42)]
(142)岩津都希雄「伊藤篤太郎著「文学と植物」－改訂復刻と註釈－」『伊藤圭介日記』第二十一集 名古屋市東山植物園 二六九－二九〇頁 平成二十七年(二〇一五)
(143)「神農氏像」国立国会図書館古典籍資料室所蔵(請求記号 特七－七一七)
(144)山本武利『近代日本の新聞読者層』法政大学出版局 四一二頁 昭和五十六年(一九八一)
(145)『三省堂の百年』三省堂 七二、八一頁 昭和五十七年(一九八二)
(146)『日本百科大辭典』第一巻 三省堂 三六八頁 明治四十一年(一九〇八)
(147)原寛『日本種子植物集覧』第三巻 二二七頁 昭和二十九年(一九五四)
(148)牧野富太郎「日本産おきなぐさ屬諸種ノ検索表」植物學雑誌 第十一巻 三〇〇－三〇四頁 明治三十年(一八九七)
(149)Makino T.:「Observations on the flora of Japan」植物學雑誌 第二十八巻 一七四－一八六頁 大正三年(一九一四)
(150)奥山春季「園藝植物新考(1)」植物研究雑誌 第三十巻 三九－四四頁 昭和三十年(一九五五)

（151）『日本百科大辭典』第五巻　三省堂　二九一、八六四頁　明治四十四年（一九一一）
（152）Nakai T.：「Notulae ad plantas Japoniae et Koreae XXXII（日鮮植物管見32）」植物學雜誌　第四十巻　四六三－四九五頁　大正十五年（一九二六）
（153）大井次三郎『日本植物誌』顕花篇、シダ篇　改訂新版　至文堂　七一二頁　昭和四十年（一九六五）
（154）伊藤篤太郎『大日本植物圖彙』第一巻第一輯　大日本植物圖彙出版社　明治四十四年（一九一一）
（155）伊藤篤太郎『大日本植物圖彙』第一巻第二輯　大日本植物圖彙出版社　明治四十四年（一九一一）
（156）伊藤篤太郎『大日本植物圖彙』第一巻第三輯　大日本植物圖彙出版社　明治四十五年（一九一二）
（157）伊藤篤太郎『大日本植物圖彙』第一巻第四輯　大日本植物圖彙出版社　大正二年（一九一三）
（158）伊藤篤太郎『大日本植物圖彙』第一巻第五輯　大日本植物圖彙出版社　大正四年（一九一五）
（159）伊藤篤太郎『大日本植物圖彙』第一巻第六輯　同文館　大正十三年（一九二四）
（160）伊藤篤太郎「動物ノ卵（第一）」動物學雜誌　第一巻　八－一一頁　明治二十一年（一八八八）
（161）伊藤篤太郎「*Lühdorfia puziloi*, Ersch. ニ就テ　附　吉田平九郎翁略傳」動物學雜誌　第一巻　三七七－三七九頁　明治二十二年（一八八九）
（162）伊藤篤太郎「蟻の菌畑」昆蟲世界　第八巻　四一八－四二二頁　明治三十七年（一九〇四）
（163）Forel A.: Fourmis du Japon. Nids en toile. *Strongylognathus Huberi* et voisins. Fourmilière triple. *Cyphomyrmex Wheeleri*. Fourmis importées. Schweiz. Ent. Ges. 10 : 267 - 287, 1900
（164）Forel A.: Quelques fourmis de Tokio. Annales de la Société Entomologique de Belgique 56 : 339 - 342, 1912

（165）Forel A. : Quelques fourmis des Indes, du Japon et d'Afrique. Revue Suisse de Zoologie 21 : 659 - 673, 1913

（166）Terayama M. and T. Satoh : Taxonomic notes on two Japanese species of Formicidae（Hymenoptera）. Jpn. J. Ent. 58, 532 - 532 ,1990

（167）Ito T. : Formicidarum Japonicarum species novae vel minus cognitae. Annales de la Société Entomologique de Belgique 58 : 40 - 45, 1914

（168）Bolton B. : Ant genera of the tribe Dacetonini. J. Nat. Hist. 33 : 1639 - 1689, 1999

（169）Terayama M. and T. Satoh : A new species of the genus *Camponotus* from Japan, with notes on two known forms of the subgenus *Myrmamblys*（Hymenoptera, Formicidae）. Jpn. J. Ent. 58 : 405 - 414, 1990

（170）Onoyama K. : Taxonomic notes on the ant genus *Crematogaster* in Japan（Hymenoptera: Formicidae）. Entomological Science 1: 227 - 232, 1998

（171）Forel A. : Etudes myrmécologiques en 1917. Bull. Soc. Vaud. Sc. Nat. 51 : 717 - 727, 1918

（172）Brown W. L., Jr. : Contributions toward a reclassification of the Formicidae. II. Tribe Ectatommini（Hymenoptera）. Bull. Mus. Comp. Zool. Harvard 118 : 173 - 362, 1958

（173）伊藤篤太郎「本邦に於ける科學的昆蟲學の始祖宇田川榕菴翁と其原稿」『名和靖氏還暦記念寄贈論文集』名和昆蟲研究所　一八二―一八六頁　大正六年（一九一七）

（174）名和靖『薔薇之壹株　昆蟲世界』名和昆蟲研究所　明治三十年（一八九七）

（175）伊藤篤太郎「ナワコシボソアリ（*Crematogaster Auberti* Em. var. *Nawai* nov. var.）（新稱）」昆蟲世界

第十八巻　一三五一―一三八頁　大正三年（一九一四）
（176）伊藤篤太郎「ナワオホアリ（*Camponotus fallax* Nyl. var. *Nawai* Ito）（新稱）」昆蟲世界　第二十五巻　三頁　大正十年（一九二一）
（177）日本学士院編『明治前日本生物学史』第二巻　日本学術振興会　二四頁　昭和三十八年（一九六三）
（178）『東北大学理学部生物学教室五十年史』東北大学理学部生物学教室五十年史刊行委員会　昭和五十五年（一九八〇）
（179）平野 恵『十九世紀日本の園芸文化：江戸と東京、植木屋の周辺』思文閣出版　二六六―三一一頁　平成十八年（二〇〇六）
（180）磯野直秀、田中 誠「尾張の嘗百社とその周辺」慶應義塾大学日吉紀要・自然科学　四十七号　一五一―三九頁　平成二十二年（二〇一〇）
（181）伊藤篤太郎「高山に於ける植物の分布」地學雑誌　第三十四巻　十二―十六頁　大正十一年（一九二二）
（182）Ito T.:「De nova *Asari* specie ex Japonia australi」東北帝國大學理科報告 Fourth series（生物學）第一巻　四五―四九頁　大正十三年（一九二四）
（183）松村任三編『帝國植物名鑑』下巻後編　五三頁　明治四十五年（一九一二）
（184）小泉源一「オホバカンアフヒ」Acta phytotaxonomica et geobotanica　第十巻　一三七頁　昭和十六年（一九四一）
（185）Ikeda H., Shimizu A. and Sugawara T. Authorship and typification of Asarum lutchuense and Heterotropa lutchuensis（Aristolochiaceae）J. Jpn. Bot. 86 : 242-244. 2011

(186) Honda M. Nuntia ad Floram Japoniae XLIV. Bot. Mag.（Tokyo）55 : 201-204. 1941
(187)『日本百科大辭典』第二巻 三省堂 一一三五－一一三七頁 明治四十二年（一九〇九）
(188) 高階繪里加「佐久間文吾 和氣清麿奏神敎圖」國華 第一三八二號 三四－三六頁 平成二十二年（二〇一〇）
(189) 伊藤篤太郎「*Collybia nameko*, sp. nov. : a new edible fungus of Japan」帝國學士院紀事 第五巻 一四五－一四七頁 昭和四年（一九二九）
(190) Molisch H.:「Botanische Beobachtungen in Japan I～IX」東北帝國大學理科報告 Fourth series（生物學）第一巻 七五－八二、九七－一八八頁 大正十三年（一九二四）
(191) Ito T. :「Symbolae ad mycologiam Japonicam. I. *Aleurodiscus*」植物學雜誌 第四十三巻 四六〇－四六六頁 昭和四年（一九二九）
(192) Ito T. :「Symbolae ad mycologiam Japonicam. II. *Peniophora*」植物學雜誌 第四十三巻 五一五－五二四頁 昭和四年（一九二九）
(193) Ito T. :「Symbolae ad mycologiam Japonicam. III. *Corticium*, *Gloeocystidium*, et *Asterostroma*」植物學雜誌 第四十三巻 六三三－六四三頁 昭和四年（一九二九）
(194) Ito T. : Symbolae ad mycologiam Japonicam. IV. *Asterostromella* et *Hymenochaete*」植物學雜誌 第四十四巻 八九－九三頁 昭和五年（一九三〇）
(195) Ito T. :「Symbolae ad mycologiam Japonicam. V. *Hymenochaete*」植物學雜誌 第四十四巻 一五一－一五七頁 昭和五年（一九三〇）

(196) Lloyd C.G.:『Index of the mycological writings of C. G. Lloyd』VII, p. 1157, 1922

(197) 今井三子「食用菌なめこニ就キテ」植物學雜誌　第四十七巻　三八四－三八九頁　昭和八年（一九三三）

(198) 川村清一『原色日本菌類圖鑑』第五巻　風間書房　五三八－五四〇頁　昭和二十九年（一九五四）

(199) 今関六也、本郷次雄『原色日本菌類図鑑』保育社　六三－六四頁　昭和三十二年（一九五七）

(200) 根田仁「ナメコの学名」『日本菌学会五十周年記念大会講演要旨集』五二頁　平成十八年（二〇〇六）六月三日～四日

(201) Neda H.: Correct name for〝nameko〟. Mycoscience 49: 88-91, 2008

(202) Ito T.:「Notes on Japanese fungi」J. Jpn. Botany 7: 1-3, 1931

(203) 北山太樹「標本が語る海藻学の黎明期」milsil　第四巻（第三号）二〇－二二頁　平成二十三年（二〇一一）

(204) 北山太樹「海藻標本採集者列伝（18）伊藤篤太郎」海洋と生物　第三十七巻　六四〇－六四一頁　平成二十七年（二〇一五）

(205) 北山太樹「海藻標本採集者外伝」（参）カサノリ採集者」海洋と生物　第三十七巻　六四二－六四三頁　平成二十七年（二〇一五）

(206) 吉田忠生「Kjellman（1846－1907）と日本の海藻」藻類談話室　藻類講座　http://www.sourui-koza.com

(207) Ito T.: Notes on *Acetabularia mediterranea*, Lamour. from the Luchu Islands. Hedwigia 38: 184-186,

1899.

（208）岡村金太郎「琉球産ノ海藻ニ就テ」植物學雜誌　第七巻　三六九―三七六頁　明治二十六年（一八九三）

（209）『日本百科大辭典』第二巻　三省堂　七二九頁　明治四十二年（一九〇九）

（210）岡村金太郎『日本藻類圖譜』第六巻第七集　七一―七二頁　昭和七年（一九三二）

（211）伊藤篤太郎「伊藤圭介翁と翁に關するシーボルトの遺稿」現代之科學　第七巻　一二七―一三五頁　大正八年（一九一九）

（212）吉川芳秋『尾張郷土文化医科学史攷：随筆』尾張郷土文化医科学史攷刊行会　二六―二七頁　昭和三十年（一九五五）

（213）伊藤篤太郎「隠れたる博物學者栗田萬次郎を偲ぶ」臺灣博物學會會報　第二十六巻　九七―一〇〇頁　昭和十一年（一九三六）

（214）伊藤篤太郎「家藏ノ和蘭解體書クルムス―『ターヘル・アナトミア』ト同書ノ和解ニ就テ」解剖學雜誌　第十巻　三二九―三三七頁　昭和十二年（一九三七）

（215）磯野直秀　著者への私信

（216）近世歴史資料研究会編『植物図説雑纂／伊藤圭介著』近世植物・動物・鉱物図譜集成［諸国産物帳集成　第Ⅲ期］第二十五～四十巻　科学書院　平成二十四～二十七年（二〇一二～二〇一五）

（217）遠藤正治　著者への私信

（218）伊藤　昭「伊藤圭介翁の遺品保存に関する体験―先祖の遺品伝承に立ちはだかる戦後のハードル」

『伊藤圭介日記』第十三集　名古屋市東山植物園　一四九－一五四頁　平成十九年（二〇〇七）
(219) 伊藤 昭「伊藤圭介翁の遺品保存に関する体験－先祖の遺品伝承に立ちはだかるハードル」『伊藤圭介日記』第十二集　名古屋市東山植物園　一六五－一七〇頁　平成十八年（二〇〇六）
(220) 伊藤篤太郎「染井吉野櫻と其命名者藤野寄命翁」櫻（櫻の會）第二十二号 二五－三三頁　昭和十七年（一九四二）
(221) 幸田正孝・三浦重徳・蒲原政幸「伊藤圭介の『木庵伽羅笠記』と伊藤圭介先生遺蹟顕彰会Ⅱ」『伊藤圭介日記』第十八集　名古屋市東山植物園　一九三－二一七頁　平成二十四年（二〇一二）
(222) 「名古屋市居住者全図　昭和四年調昭和八年調」名古屋市鶴舞中央図書館製作および所蔵（請求番号NA二九五／〇〇一三二／二九）昭和十三年（一九三八）
(223) 圭介文書研究会編『伊藤圭介日記』第二十集　名古屋市東山植物園　一〇一頁　平成二十六年（二〇一四）
(224) 『伊藤圭介日記』明治二十二年十二月十日の条　名古屋市東山植物園所蔵（整理番号一二－一七一）
(225) 『地籍台帳・地籍地図［東京］』第一巻　台帳編一　柏書房　平成元年（一九八九）

《伊藤篤太郎 年譜》

＊：篤太郎に関するもの
・：伊藤家関係者に関するもの
＋：他者に関するもの

和暦		西暦	数え年齢	事歴
慶応	元	一八六五 一八六六	一歳	＊慶応元年十一月二十九日（西暦一八六六年一月十五日）、名古屋七間町二丁目十八番地に生まれる（父延吉二十五歳、母小春二十二歳、祖父圭介六十四歳）
明治	三	一八七〇 一八七一	五歳	・十月十一日、妹順子（延吉・小春長女）生まれる ・十一月、圭介上京し、十二月、大学出仕を命ぜられる
	四	一八七一	六歳	・この頃、圭介、東京本郷真砂町十四番地に正式に転居
	六	一八七三	八歳	・この年、妹良子（延吉・小春次女）生まれる ＊七月二日、預けられた東京の圭介の許より湯島小学校に入学するも、馴染めず不登校となる
	七	一八七四	九歳	＊四〜五月頃、名古屋の小学校に入る ＊九月、愛知外国語学校（後の愛知英語学校）に入学

明治 八	一八七五	十歳	・四月、圭介著・謙編次として『日本植物圖説』草部イ初篇を刊行 ・六月一日、圭介、小石川植物園に時々出仕すべき旨の沙汰あり ・七～八月、謙、内務省博物科の田中芳男が率いる「信州諸山採薬行」の調査に加わり、八月九日に戸隠、高妻山山腹の大洞沢最上流あたりにて「後にトガクシソウと命名される植物」を採取し、根を掘って持ち帰り、小石川植物園に植栽する
九	一八七六	十一歳	・四月、前年植栽した「後にトガクシソウと命名される植物」が開花し、加藤竹齋がそれをスケッチする *この頃、鳥の模写図である「伊藤篤太郎禽譜稿」を描く
十	一八七七	十二歳	*この年、愛知英語学校（二月廃校し、愛知県中学校となる）を退学 ・九月二十日、圭介（七十五歳）、東京大学理学部員外教授となり、引き続き植物園にて植物取り調べを担当 ・十月二十九日、弟功次郎（延吉・小春次男）生まれる *十二月四日、東京大学医学部（旧東京医学校）予科に入学（この頃より東京の圭介の許に再び預けられる）
十一	一八七八	十三歳	*この年、東京大学医学部予科を退学 ・クモマグサがフランシェとサヴァチエにより、謙に因んだ学名の *Saxifraga Idsuroei* Franch. et Sav. として、『Enumeratio Plantarum in Japonia（日本植物目録）』第二巻に正式に記載される
十二	一八七九	十四歳	・一月、圭介が東京学士会院の創立会員に選出される *二月、圭介に命じられて宇田川榕庵の『菩多尼訶經』および吉雄常三の『西説觀象經』を翻刻公刊

				・八月二十六日、謙死去（享年二十九歳） ＊十月十日、横浜入港中のスウェーデンのヴェガ号を圭介と伴に訪ね、船長のノルデンショルドとウプサラ大学のキェルマンと会う ＊十二月十一日、報文「北氷洋瀕海之地所産ノ植物幷新薬硫酸規尼涅傑列乙ノ説」が郵便報知新聞に載る
	十三	一八八〇	十五歳	・七月二十四日、祖母で圭介の妻の貞死去（享年六十五歳）
	十五	一八八二	十七歳	・この年、妹睦子（ちかこ）（延吉・小春三女）生まれる ＊四月十六日、圭介により上野不忍生池院にて八十賀寿耋筵會が開催され、これを受けて『錦窠翁耋筵誌』巻一を圭介の指導の下に編纂し、自ら論文「トビトビムシ説」を執筆 ＊五月二十六日付でロシアのマキシモヴィッチへ英文の書簡および書籍を送る
	十六	一八八三	十八歳	＊七月十日付および二十一日付でマキシモヴィッチへ英文の書簡、書籍、標本を送る ＊九月三十日、アルゼンチンのスペガッツィーニより書簡、写真、菌類の標本を受け取る ＊十月中旬、東京の自宅近くにてツルドクダミおよびクコの葉に寄生する真菌を採取し、次いで標本を作製してスペガッツィーニに送り、同定を依頼
	十七	一八八四	十九歳	＊三月十二日、英国での研究留学のため、横浜をシティ・オブ・トウキョウ号にて出発 ＊五月、ケンブリッジ大学の研究室に入り、ヴァインズおよびフランシス・ダーウィンらの指導の下に植物生理学と植物解剖学を学ぶ

明治	十九	一八八六	二十一歳	*二月、日本人によって初めて新種としての学名が付けられたトガクシソウ（*Podophyllum japonicum* Ito ex Maxim.）およびキイセンニンソウ（*Clematis ovatifolia* Ito ex Maxim.）が、サンクト・ペテルブルク帝国科学院生物学会雑誌中のマキシモヴィッチの論文に記載される ・三月、圭介、東京大学教授を非職になる *三月、キュー王立植物園に研究の場を移し、J. D. フッカー、チセルトン・ダイア、オリヴァー、ヘムズレーらの下に植物分類学の指導を受ける *十月一日、篤太郎の名前が学名に付けられた植物寄生性真菌 *Phyllosticta tokutaroi* Speg. がスペガッツィーニにより Revue mycologique 誌に新種として発表される
	二十	一八八七	二十二歳	・この年、妹圭子（延吉・小春四女）生まれる *三月二十三日、リンネ協会誌に「日本産メギ科植物通覧」を発表、また独立種だったナンブソウを *Achlys triphylla* DC. var. *japonica*（Maxim.）T.Ito として変種に格下げにし、これが日本人による初めての新変種名としての学名提案となる *この頃、ロンドンのリンネ協会会員（Fellow of Linnean Society, F. L. S.）に推挙される *八月、ガーディナーとの共著で Annals of Botany 誌に「アメリカシシガシラとレガリスゼンマイの粘液分泌細胞の構造について」を発表 *八月、Journal of Botany 誌に「On the history of botany in Japan」として日本の江戸期の本草学者達を圭介の肖像画と伴に紹介

			*十月六日、Nature 誌に「Botany of the Riukiu（Loochoo）Islands」を発表 *十一月六日、英国留学を終えてオクサス号にて神戸に帰着し、ついで八日、東京本郷真砂町圭介宅に戻る
二十一	一八八八	二十三歳	・五月七日、圭介、矢田部良吉らと伴に我が国初の理学博士の称号を受ける *六、八、九月、植物學雑誌に「蓴菜粘稠液細泡論」、「含羞草動作實驗新説」、「植物ニ於ケル原形質ノ収斂力」、「東洋植物學ノ一大改革ヲナサヾル可ラス」など、留学の成果というべき植物生理学の論文を次々発表 *八月二十二日、日本人によるものとしては三番目となる新種としての学名が付けられたユキワリイチゲ（*Anemone keiskeana* T. Ito ex Maxim.）がサンクト・ペテルブルク帝国科学院紀要中のマキシモヴィッチの論文に記載される *十月、Journal of Botany 誌に属名としては日本人として初めての命名となる新属 *Ranzania* を提唱し、*Podophyllum japonicum*（トガクシソウ）をこれに移して、新組み合わせ *Ranzania japonica*（T. Ito ex Maxim.）T. Ito を発表（これが「破門草事件」に発展） *十一月十五日、圭介による両国香樹園での多識會第一会開催を助ける *十一月十五日、動物學雑誌の創刊号に「動物ノ卵（第一）」を発表 *十二月十七日、『多識會誌』第一輯を編輯し、自らはミヤマミミカキグサ（ムシトリスミレ）を記載

二十二	一八八九	二十四歳	＊五月十五日、圭介が多識會第二会を両国香樹園で開催するのを助ける ＊九月十五日、動物學雑誌にヒメギフチョウを論説した「*Lühdorfia puziloi*, Ersch. ニ就テ　附 吉田平九郎翁略傳」を発表 ＊十月十五日、圭介が多識會第三会を上野美術協会で開催するのを助ける ＊十二月、東京本郷区西片町十番地に二三号に転居
二十三	一八九〇	二十五歳	＊この年、愛知県尋常中学校の教諭となり、名古屋市七間町の実家に転居 ＊十二月五日、『多識會誌』第二輯にキリシマソウ（後年キリシマシャクジョウと改訂）を記載し、新和名を提唱
二十四	一八九一	二十六歳	＋二月十六日、マキシモヴィッチ、インフルエンザにて急逝 ＋三月、矢田部良吉が帝国大学を非職になる ＊八月、御岳、木曾駒ヶ岳、乗鞍岳等の高山に登り、植物採集を行う ＋九月十日、矢田部良吉がトガクシショウマ（トガクシソウ）に対し、新属として *Yatabea* Maxim. ex Yatabe を植物學雑誌に発表
二十五	一八九二	二十七歳	＊七月五、六日、圭介の九十賀寿を名古屋市門前町愛知博物館で開催し、圭介の後継者であることを周知させる ・九月三十日、妹順子（二十三歳）『萩花集説』を刊行
二十六	一八九三	二十八歳	＊十二月十八日、『錦窠翁九十賀壽博物會誌』を編輯刊行し、自身も「日本産ひなの志ゃくぢゃう科植物説」、「琉球産たなかさう（新名）ニ就テ」、「日本産志ほがまぎく屬説」など五編の論文を発表
二十七	一八九四	二十九歳	＊一月二十日、植物學雑誌の雑録欄に須川長之助の処遇についての意見が掲載される

				*三月十五日付で発令があり、鹿児島高等中学造士館嘱託として植物、動物、英語、ラテン語を教えることになり、鹿児島に転居 *七～八月、奄美、沖永良部、沖縄、宮古、石垣、西表の諸島に植物採集を行い、九二九種を得る *十月、桜島で植物採集を行う
	二十八	一八九五	三十歳	+四月、大久保三郎が帝国大学を非職になる *十一月七日付で造士館の教授となる
	二十九	一八九六	三十一歳	*四月、帝国大学動物学教授の箕作佳吉が鹿児島に来た際に海産動物の採集を手伝う *九月、造士館は廃校になり失職する
	三十一	一八九八	三十三歳	*この頃、東京成城学校講師となり上京する *五月二十五日、東洋學藝雑誌に「理學博士伊藤圭介翁小傳」を発表
	三十二	一八九九	三十四歳	*五月二十五日、Nature 誌の三十周年記念号に、日本人の特別寄稿家として南方熊楠と伴に選ばれ、論文「Mangroves growing in Japan」が載る ・六月、圭介が雑誌「太陽」に「明治十二傑」の一人として福沢諭吉らと伴に選出される *七～十月号として、ドイツの隠花植物専門雑誌の Hedwigia にカサノリについての論文「Notes on *Acetaburalia mediterranea*, Lamour.」が載る *八月、東京本郷区弓町一丁目九番地に転居 +八月八日、矢田部良吉、鎌倉にて急逝（享年四十九歳） *十二月、植物學雑誌に「北アフリカおよび中国産アカザ科植物比較生態學」を発表

明治			
三十三	一九〇〇	三十五歳	＊二月～十二月、妹高垣良子とその夫が中国で採集した標本を整理研究し、それらをまとめた論文「高垣良子採集支那植物」を植物學雑誌に十回にわたってシリーズで発表 ＊三月、植物學雑誌に「*Zeuxine* 屬及其分布」を発表 ＊三月三十日、東京帝国大学松村任三教授との共著で東京帝國大學紀要理科に「琉球植物志　第一篇」を発表し、新種 *Euonymus lutchuensis* T. Ito（リュウキュウマユミ）と *Camellia lutchuensis* T. Ito（ヒメサザンカ）および変種に格下げした *Polygala sibirica* L. var. *japonica*（Houtt.）T. Ito（ヒメハギ）などの記載を行う ＊六月六日、「日本植物ニ於ケル熱帯及亞熱帯ノ原素」と題した英文の論文により、理学博士の学位が授与される
三十四	一九〇一	三十六歳	＊一月頃、圭介と篤太郎の両伊藤に因んだ属名が付けられた新属新種となる植物の *Itoa orientalis* Hemsl. についての手紙（一九〇〇年十一月一日付）を英国ヘムズレーから受け取り、その概要を植物學雑誌に発表（発行日は一月二十日） ・一月二十日、圭介、九十九歳の生涯を閉じる ＊三月、東京小石川区指ヶ谷町八二番地に転居 ＊この頃、立教中学校その他で教鞭をとる ＊この年、ヘムズレーが『Hooker's icones plantarum』に *Itoa orientalis* Hemsl. を発表
三十五	一九〇二	三十七歳	＊九月、日光白根山にて植物採集を行う

三十六	一九〇三	三十八歳	＊二月三日、三省堂より『最新植物學教科書』を出版 ＊四月九日、柳本直太郎次女京子（二十三歳）と結婚（届は八月八日付） ＊十月三日、小石川植物園内植物学教室で開かれた東京植物学会例会において、河口慧海が「予の實見した西藏の地理幷に植物」と題した講演を行い、次いで篤太郎がその解説を行う ＊十月、植物學雑誌に「河口慧海氏採集ヒマラヤ植物」を発表 ＊十一月二十五日、東洋學藝雑誌に「ひまらや植物ト日本植物トノ類似ニ就テ」を発表
三十七	一九〇四	三十九歳	・四月八日、長男圭彦生まれる ＊四月二十五日、東洋學藝雑誌に南方熊楠との間の誌上応問が掲載される ＊十月十五日、昆蟲世界に講話「蟻の菌畑」を発表 ・十一月二十九日、父延吉（六十三歳）隠居
三十八	一九〇五	四十歳	＊二月、東京小石川区白山御殿町一一〇番地に転居
三十九	一九〇六	四十一歳	・四月八日、長女さくら生まれる ＊五月、東京小石川区林町四番地に転居 ＊十二月二十一日、名古屋に住んでいた両親を林町の自宅に引き取る
四十	一九〇七	四十二歳	＊四月、「ほんがう草科ノ日本産植物ニ於テ」を植物學雑誌に発表 ＊十一～十二月、「文學と植物」が四回にわたって文藝週報に連載される
四十一	一九〇八	四十三歳	・三月七日、次男梅松生まれる ＊十一月、『日本百科大辞典』第一巻が三省堂より発刊「以後大正八年（一九一九）四月まで全一〇巻が刊行され、そのうち植物に関する項目の多くを執筆」

明治	四十一	一九〇八	四十三歳	＊十一月、『日本百科大辞典』第一巻に新変種 *Idesia polycarpa* Maxim. var. *albobaccata* T. Ito（シロミイイギリ）を発表
	四十二	一九〇九	四十四歳	＊五月、台湾総督府植物調査嘱託として、台湾で植物調査をする ・六月二十三日、延吉死去（享年六十八歳）
	四十四	一九一一	四十六歳	＊十一月、『大日本植物圖彙』第一輯（第一巻）を発刊〔以後大正四年（一九一五）十二月の第五輯（第一巻）発刊まで五冊を次々出版〕 ・十二月一日、次女篤子生まれる ＊十二月五日、『日本百科大辞典』第五巻に新組み合わせとなる *Tarenna subsessilis*（A. Gray）T. Ito（シマギョクシンカ）および変種への格下げとなる *Parnassia foliosa* Hook. f. et Thoms. var. *nummularia*（Maxim.）T. Ito（シラヒゲソウ）を発表
	四十五	一九一二	四十七歳	・五月七日、叔父の恭四郎死去（享年五十九歳） ＊この年、スイスのフォーレルにより、篤太郎に献名されたアリの新種 *Camponotus itoi* Forel（イトウオオアリ）が発表される
大正	二	一九一三	四十八歳	＊一月、牧野富太郎が新種ルリシャクジョウを篤太郎に因んだ学名である *Burmannia itoana* Makino と名付け、植物學雑誌に発表 ＊十月、札幌の東北帝国大学農科大学宮部金吾教授宛に、亡くなった同大学植物生理学大野直枝教授の後任人事についての就職斡旋を願う書簡を送る

三	一九一四	四十九歳	*この年、ベルギーの昆虫学の雑誌に新種、新変種となる計四種のナワオオアリ（後にナワヨツボシオオアリ *Camponotus nawai* Ito と呼称変更される）、ナワコシボソアリ（後にツヤシリアゲアリ *Crematogaster nawai* Ito と呼称変更される）、ヤマトウロコアリ *Strumigenys japonica* Ito［後に *Pyramica japonica*（Ito）Bolton として属が移される］およびサクラアリ *Prenolepis sakurae* Ito［後に *Paratrechina sakurae*（Ito）Emery として属が移される］を発表 *四月十五日、昆蟲世界に「ナワコシボソアリ」を解説 ・十二月二日、三男篤男生まれる
四	一九一五	五十歳	*十一月二十七日、小石川植物園内植物学教室で開かれた東京植物学会例会において、河口慧海が「西藏ノ高山植物採集ニ就テ」と題して再び講演を行い、次いで篤太郎が「河口慧海師採集西藏植物」と題して解説を行う
五	一九一六	五十一歳	*三月十二日、『日本百科大辞典』第七巻に *Ranzania*（トガクシソウ属）および *Ranzania japonica*（トガクシソウ）の記載文（full description）を掲載 *この年、東京市外滝野川町東三軒家一八九九番地に転居
六	一九一七	五十二歳	・九月七日、四男篤介生まれる *十月七日、『名和 靖氏還暦記念寄贈論文集』に「本邦に於ける科學的昆蟲學の始祖宇田川榕菴翁と其原稿」を寄稿

大正	七	一九一八	五十三歳	*この年、フォーレルにより、篤太郎の名に因んだアリの新種イトウカギバラアリ *Sysphincta itoi* Forel［後に *Proceratium itoi*（Forel）Brown と属が移される］が発表される
	八	一九一九	五十四歳	*二月、現代之科學に「伊藤圭介翁と翁に關するシーボルトの遺稿」を発表 *四月、『日本百科大辭典』第十巻が発刊され、シリーズとしての辞典は完結
	九	一九二〇	五十五歳	*五月一日、圭彦を連れて神奈川県藤沢の片瀬海岸にて海藻の採集を行う
	十	一九二一	五十六歳	*一月十五日、昆蟲世界に「ナワオオアリ」を解説 *八月十四日、圭彦と梅松を連れて東京郊外の小仏にて植物採集する *十月より、東北帝国大学理科大学生物学科講師として植物分類学を担当することになり、仙台市片平町五八番地に転居 ・十二月十二日、五男篤生まれる
	十一	一九二二	五十七歳	*一月十八日、地學雜誌に「高山に於ける植物の分布」を発表 ・十月二十六日、母小春死去（享年七十八歳）
	十二	一九二三	五十八歳	*五月十三日、圭彦を連れて仙台郊外の太白山にて植物採集を行う
	十三	一九二四	五十九歳	*三月、『大日本植物図彙』第六輯（第一巻）を久々発刊する *八月、東北帝國大學理科報告にフジノカンアオイ（*Asarum fudsinoi* T.Ito）についての論文「南日本産カンアオイ属の新種」を発表
	十四	一九二五	六十歳	*一月一日、植物界（中京植物学会）に「家王父伊藤圭介先生を想ふ」を発表

昭和	三	一九二八	六十三歳	*三月、東北帝国大学を退職し、東京滝野川町東三軒家一八九九番地の自宅に戻る *この年、札幌博物學會會報に「露國植物學者マキシモヴヰッチ氏ヲ想フ」が載る
	四	一九二九	六十四歳	*三月、帝國學士院紀事にナメコについての論文「新種 *Collybia nameko*：日本の新食菌」を発表 *九月～昭和五年（一九三〇）三月、植物學雜誌に「日本菌學への寄与Ⅰ～Ⅴ」を次々発表
	五	一九三〇	六十五歳	*三月、「日本菌學への寄与Ⅴ」に新組み合わせ *Hymenochaete intricata*（Lloyd）T. Ito（ミヤベオオウロコダケ）の学名を提案
	六	一九三一	六十六歳	*一月、植物研究雑誌に「日本菌類雜録」を発表し、大型の白色の傘が特徴的なキノコ *Paxillus giganteus* Fr. = *Leucopaxillus giganteus*（Fr.）Sing. に対し、オオイチョウダケの新和名を提唱
	八	一九三三	六十八歳	*ナメコを *Pholiota* 属に移した *Pholiota nameko*（T.Ito）S.Ito et Imai ex Imai が今井三子によって発表される
	九	一九三四	六十九歳	・三月二十三日、圭彦、吉田登志と結婚
	十	一九三五	七十歳	*五月一日、「水谷豊文先生ノ〈莨菪図〉ニ題ス」を書く（昭和三十年に吉川芳秋著『尾張郷土文化医科学史攷：随筆』に掲載） *十月一日、雑誌「科學」に「文政年代に於ける東西文化の偉大なる交換者 Philipp Franz von Siebold」を発表
	十一	一九三六	七十一歳	・一月二十三日、初孫昭（圭彦・登志長男）生まれる

昭和	十二	一九三七	七十二歳	・三月二十四日、二番目の孫光彦（圭彦・登志次男）生まれる ＊八月、解剖學雑誌に「家藏ノ和蘭解體書クルムスノ『ターヘル・アナトミア』ト同書ノ和解ニ就テ」を発表（口演は三月四日） ・八月二十一日、長男圭彦死去（享年三十四歳） ＊十月、東京中野区野方一丁目八六五番地に転居
	十三	一九三八	七十三歳	＊四月二十四日、「ワニグチソウ考」を書き、これを『植物圖説雑纂』に収録
	十五	一九四〇	七十五歳	＋一月一日、牧野富太郎が實際園藝に「戸隱升痲のイキサツ」について論述した「園藝植物瑣談（其十三）」を発表 ＊この頃、孫の昭（四歳）に対して植物採集の手解きを始める ＊九月十日、『東京帝國大學理學部植物學教室沿革　附 理學部附属植物園沿革』に「伊藤圭介翁と小石川植物園」が掲載される
	十六	一九四一	七十六歳	＊二月二十四日、東京科学博物館の奥山春季氏へ寄託してあったトガクシソウの標本についての解説となる書簡を送る ＊三月二十一日、篤太郎、脳内出血にて死去（享年七十六歳） ＊三月二十八日、東京青山の青山葬議場にて葬儀が行われ、遺骨は東京駒込の染井霊園に埋葬される
	十七	一九四二		＊四月二十日、雑誌「櫻」に「染井吉野櫻と其命名者藤野寄命翁」が載る
	十九	一九四四		＊この頃、妻京子の決断で、篤太郎の蔵書は上野の帝国図書館（現国立国会図書館）に、また標本類は上野の東京科学博物館（現国立科学博物館）に寄贈される
	三十四	一九五九		・五月十七日、妻京子死去（享年満七十七歳）

10） 正名以外の学名は異名（synonym; syn. と略す）と称される。
もしもある学名を発表後に、同じ生物に対して別の学名が存在していたことがわかった場合、新学名は異名として扱われる。

11） 亜種、変種、品種の表現。
一つの種（sp.）がさらに下のレベルの分類段階の亜種（ssp.）や変種（var.）あるいは品種（f.）に分けられることがある。これらの学名の表現は種小名の後にそれぞれの略称の ssp.、var. あるいは f.（これらはローマン体で表わす）を付け、その次に種小名に準じた方法で名前を付けることになっている。たとえば、変種では以下のように表す。
Acer oblongum var. *itoanum*（クスノハカエデ）

12） 種間交雑種の表現。
同じ属内の異なる種と種の間で生じた交雑種を種間交雑種という。野生の場合と人工の場合がある。

桜の品種のソメイヨシノはオオシマザクラ（*Prunus speciosa*）とエドヒガン（*Prunus pendula* f. *ascendens*）の交雑種で、種小名の前に「×」の記号を付けて表わす。

Prunus × yedoensis Matsum.（ソメイヨシノ）

13） ex の意味。
ex は「……より」を意味し、命名者が論文で正式に発表していなかったり、記載を伴わなかったりした場合、「……が代わりに発表した」ことを表わしている。
Anemone keiskeana T. Ito ex Maxim.（ユキワリイチゲ）
伊藤篤太郎（T. Ito）が命名したが、正式な発表は Maximowicz の論文の中で行われたということを意味している。

5) 正式には末尾にその命名者の名前を表記するが、その名前が長い場合は省略名がしばしば用いられる。

Pinguicula ramosa Miyoshi（コウシンソウ）

三好 学 の命名であることを示す

Drosera rotundifolia L.（モウセンゴケ）

Linné（=L. と略す）の命名であることを示す

Glaucidium palmatum Sieb. et Zucc.（シラネアオイ）

Siebold et Zuccarini（= Sieb. et Zucc. と略す）の命名であることを示す（et は and の意、& と表わすことあり）

6) 書体はイタリック体（斜字体）にすることが多いが、下線（アンダーライン）を引くことによって区別することもある。

Akebia quinata（アケビ）

Akebia quinata

7) 学名は最も早く、合法かつ有効に発表されたものが優先権を持ち、正名となる。

この優先権争いに時に分類学者が学者生命をかけることがある。日本人による初めての新属の命名に関し、トガクシソウ（トガクシショウマ）を巡っての伊藤篤太郎と矢田部良吉の争いは本文で解説した。

8) 新種を sp.nov.（sp.n., n.sp.）、新属を gen.nov.（gen.n., n.gen.）と略すことがある。

Podophyllum japonicum sp.nov.（トガクシソウ、新種）

Ranzania gen.nov.（トガクシソウ属、新属）

9) ある分類群の所属、特に「属」が移されることがある。この場合、元の命名者は ( ) 内に示し、移した者の名をそれに続いて示す。

たとえば、イワカガミは1843年に Siebold と Zuccarini によって *Schizocodon soldanelloides* の名のもとに新種として発表記載されたものだが、1907年に牧野富太郎はこれより記載の早い *Shortia*（イワウチワ）属に所属を変更した方が適切として、次の「新組み合わせ（combinatio nova; comb.nov. と略す）」を発表した。

Shortia soldanelloides（Sieb. et Zucc.）Makino comb.nov.

公知性に欠けるので、このようなものに発表したものは無効とされている。

そして有効発表の日付とは、印刷物ならばそれが刊行された日付であり、電子著作物であればそれが配布された日であって、原稿などが受理された日付あるいは学会で口頭発表が行われた日付ではないことに留意すべきである。

C. 二名法による学名の決まり

生物の種類は学名をつけて区別している。

学名の付け方はリンネの提唱した二名法に従って、分類群の基本単位である「種」に対して付けられている。

1) 学名は属名（generic name）と種小名（specific epithet）から成り立つ（種小名のことを種形容名ともいう。また単に種名ということもあるが、正式には前二者が正しい）。文中に同じ学名が繰り返し出てくる場合、属名のアファベットの頭文字一字あるいは二字にピリオドを添えて、略して表記することができる。

Pinus densiflora（アカマツ）= *P. densiflora*

属名　種小名

2) 属名は大文字で書き始め、種小名には小文字を使う（ただし、種小名は人名や地名のように固有名詞由来の場合は著者の選択により大文字でもよい）。

Rhododendron indicum（サツキ）

大文字　小文字

Primula sieboldii（サクラソウ）は *Primula Sieboldii* と表記

小文字　大文字

することあり。

3) 属名には名詞を、種小名には形容詞を用いるのが望ましい。

Viola minor（ヒメスミレ）

名詞　形容詞（「小さな」という意）

4) 学名はラテン語が基本であるが、元になる言葉がラテン語でない場合はラテン語化して、ローマ字で表記する。

Pedicularis nipponica（オニシオガマ）

いう。

なお、holotype、isotype、syntype、lectotype、neotypeが標本である場合、それぞれ正基準標本、副基準標本、等価基準標本、選定基準標本、新基準標本という邦訳語が使われることがある。

このような次第であるから、タイプ、特にholotypeなどは、永久的に管理責任のとれる機関で注意深く保管されなくてはならない、と命名規約は強く要求している。

2）記載の言語

1935年（昭和10年）1月1日から2011年12月31日までの間は、新分類群（藻類と化石を除く）の学名は、正式な発表となるためには、ラテン語の記載文または判別文を伴うか、以前に有効に発表されたラテン語の記載文または判別文の出典引用を伴わなければならないとある。ただし、1934（昭和9年）12月31日以前の設定ではこの限りではない。また、2012年1月1日以降は、新分類群の学名は、正式な発表となるためには、ラテン語または英語の記載文または判別文を伴うか、以前に有効に発表されたラテン語または英語の記載文または判別文の出典引用を伴わなければならないとされている。

一方、国際動物命名規約ではこれとは異なり、「広く通用する言語で書かれた要約を掲載すべき」としている。

3）新学名の公表

新学名の公表は印刷物が（販売、交換または寄贈により）一般公衆に対して、または、少なくとも、広く利用できる図書室をもった科学研究機関に対して配布されることによって、発表は有効とされる。2012年1月1日以降に国際標準逐次刊行物番号（ISSN）または国際標準図書番号（ISBN）を伴ったオンライン出版物中で、ポータブル・ドキュメント・フォーマット Portable Document Format（PDF）で電子著作物 electromic materialが配布されることによっても、発表は有効とされる。ただし、2012年1月1日より前に電子著作物を配布することは有効発表とならないとしている。

また、公表された内容が世界各国の分類学者や研究者の間に公知しにくいものであってはならないことになっている。となると、それは分類学関係の学術雑誌でかつ世界中で広く読まれているものが理想だが、著作（本）でも構わない。ただし、書簡（手紙）、講演抄録などは

B. 国際藻類・菌類・植物命名規約とは

国際藻類・菌類・植物命名規約（International Code of Nomenclature for algae, fungi, and plants, ICN）は藻類、菌類および緑色植物の科学的な命名法をきめる際の唯一の国際的な規範である。同様な任にある国際動物命名規約、国際細菌命名規約と合せて、生命の学名命名の基準になっている。国際藻類・菌類・植物命名規約は、旧来、国際植物命名規約（International Code of Botanical Nomenclature, ICBN）と呼ばれていたが、2011年7月にオーストラリアのメルボルンで開催された第18回国際植物学会議にてその名称が変更された。そもそも国際植物命名規約は1868年に最初に制定され、近年は6年毎に開催される国際植物学会議の際に変更を議論され、改訂されているものである。

国際藻類・菌類・植物命名規約には細部にわたるまで色々規定があるが、これらをもとに、基本的なことを述べると次のようである。

1）学名とタイプ

分類群の学名の適用はタイプ（type）によって決定される。属および属と種の間の各階級のタイプは基準種（type species）である。種以下の階級のタイプは、植物の場合、単一の標本（specimen）または一つの図解（illustration）である。またタイプが標本である場合、これをタイプ標本（type specimen）という。

命名規約上、最も重要なタイプはholotype（ホロタイプ）と呼ばれる。これは命名者が新学名の発表の際に使用したものか、発表時にタイプとして指定したもので、ただ一つしか存在しない標本あるいは図解である。

これに対し、isotype（アイソタイプ）とはholotypeの重複標本あるいは図解をいう。また、syntype（シンタイプ）とは命名者がholotypeを指定せずに複数の標本あるいは図解を引用した場合、そのすべての標本あるいは図解をいう。lectotype（レクトタイプ）とは命名者がholotypeを指定しなかったか、またはholotypeが失われた場合に、holotypeの代わりに選定された一つの標本あるいは図解のことをいう。もしisotypeがあればそれをlectotypeとして選び、isotypeがなくsyntypeが存在するならば、その中から一つの標本あるいは図解をlectotypeとして選定する。

もしもholotype、isotypeあるいはsyntypeのいずれも失われた場合、新たにタイプを指定することがあり、これをneotype（ネオタイプ）と

《学名関連用語の簡単な解説》

植物分類学で学名云々という話になると、いろいろな決まり事が登場して、むずかしいという話をよく聞く。確かに、一般の方なら植物を識別する際に和名があれば国内ではおおよそ事足りるし、聞き慣れないラテン語で表記された学名などはむしろ厄介以上の何者でもないかもしれない。

ところが、少し学問的な話になると学名はやはり必要だと感じるだろうし、外国では和名は全く役に立たない。

この項では、学名関連の植物分類学上の学術用語について、簡単な解説を行ってみた。

もし、本文を読み進むにあたって、分類学上の決まり事に関しての不明な点が浮かび上がったら、ぜひこの項を参照していただきたいと思う。

A. 生物の分類体系と学名

分類の仕方には種々の方法があるが、ここでいう分類とは進化の道筋や近縁関係などを重視して分類する、いわゆる系統分類のことである。

この分類の方法を進めていく際に分類階級という概念を認識すると理解しやすい。その主な分類階級を上の方から下の方に向かってあげてみると、「界《かい》 kingdom」、「門《もん》 division」、「綱《こう》 class」、「目《もく》 order」、「科《か》 family」、「属《ぞく》 genus」、「種《しゅ》 species」があり、一つの種は一つの属に属し、その属はある科に属するというふうに分類されていく。

これらの主要な階級の他にも、中間的な階級が設けられていて、科と属の間に「連《れん》 tribe」、属と種の間には「節《せつ》 section」があり、また種の下には「亜種《あしゅ》 subspecies」、「変種《へんしゅ》 variety」、「品種《ひんしゅ》 form, stirps」がある。

また、最近では遺伝子レベルでの近縁関係の解明が進み、属と種の関係、あるいは種とその下位の関係が見直されつつあるようである。

現在の植物分類学では「種」を基本として、「属」と「科」の階級を重視している。

階級中で形態的類似性が現れるのは、「属」のレベルからである。

学名は万国共通の名前であり、一つの生物に一学名が原則である。これに対して、和名や俗名、地方名は我が国あるいは限られた地方のみしか通用しない名称である。

人名索引

頻出する項目である伊藤篤太郎、伊藤圭介、伊藤小春、伊藤延吉（中野延吉）、伊藤 謙については索引を省略した。

生物名索引（学名・和名等）

太字の口絵数字は口絵番号を示す。

著者
岩津 都希雄（いわつ・ときお）
1949 年（昭和 24 年）東京生まれ。医師。伊藤篤太郎の妹である順子（岩津家に嫁ぐ）の孫にあたる。千葉大学医学部卒業。皮膚科学および医真菌学を専攻し、千葉大学医学部、成田赤十字病院などの勤務を経て、1987 年（昭和 62 年）より千葉県我孫子市にて岩津皮膚科医院を開業。著書（すべて分担執筆）に、『病原真菌同定法の指針』（「黒色真菌」、奥平雅彦編、文光堂、1986）、『微生物の分離法』（「各種環境からの日和見真菌の分離」、宇田川俊一ほか編、R&D プランニング、1986）、『真菌症と生体防御機構』（「クロモミコーシスとフェオミコティック・シスト」、宮治 誠ほか編、協和企画通信、1988）、『病原真菌ハンドブック』（「黒色真菌症」、宮治 誠編、医薬ジャーナル、2007）、『1 冊でわかる皮膚真菌症』（「黒色真菌症」、望月 隆ほか編、文光堂、2008）などがある。

伊藤篤太郎 —初めて植物に学名を与えた日本人—〈改訂増補版〉

2016年 3月10日　初版第1刷発行

著　　者　岩津　都希雄
発 行 者　八　坂　立　人
印刷・製本　シナノ書籍印刷（株）

発 行 所　（株）八　坂　書　房
〒101-0064　東京都千代田区猿楽町1-4-11
TEL.03-3293-7975　FAX.03-3293-7977
URL.：http://www.yasakashobo.co.jp

ISBN 978-4-89694-198-2